证据科学技术译丛/丛书主编：李玉基　郑志祥/丛书主审：魏克强　郭武

Scientific Examination of
Documents Methods and Techniques

文书科学检验方法与技术

（原书第四版）

〔英〕D.埃伦（David Ellen）

〔英〕S.戴（Stephen Day）　　　　　**著**

〔英〕C.戴维斯（Christopher Davies）

贾宗平　**主译**

甘肃省证据科学技术研究与应用重点实验室　**组译**

科 学 出 版 社

北 京

图字：01-2022-5635 号

内 容 简 介

《文书科学检验方法与技术》（原书第四版）对前几版进行了修订和扩充，囊括了最近 10 到 15 年间文书检验领域中发生的变化和取得的成果，详细介绍了检验可疑文书的最新技术和方法，能够反映该领域的最新研究成果，内容通俗易懂。

本书内容包括：当前对笔迹内涵的理解；意外和故意修改笔迹；笔迹样本的收集；破碎文件的检验；专业资质的认证标准及培训；利用数字成像技术对刮擦、涂抹掩盖等变造文书材料进行图像重建。第八章的内容被全部更新，主要讨论了基于当前技术的印刷、复印方法以及对此类文件的检验；介绍了传真、复印、打印等现代办公技术，并讨论了手写、复印和打印文档（包括喷墨与激光打印）检验相关的问题；强调了在检查过程中坚持科学方法的重要性；探讨了当前拉曼光谱、UV-VIS、质谱和 SEM 分析技术在文件检验中的应用；强调了在文件检验中充分利用文件上的生物物证和指纹证据的重要性。

本书对于相关领域的文件检验人员、辩护律师、侦查人员、调查人员，在工作过程中处理可疑文件具有指导作用，是一种宝贵的资源。

图书在版编目（CIP）数据

文书科学检验方法与技术：原书第四版／（英）D. 埃伦(David Ellen)，（英）S. 戴(Stephen Day)，（英）C. 戴维斯(Christopher Davies) 著；贾宗平主译. 一北京：科学出版社，2023.8
（证据科学技术译丛／李玉基，郑志祥主编）
书名原文：Scientific Examination of Documents Methods and Techniques
ISBN 978-7-03-076002-9

Ⅰ. ①文… Ⅱ. ①D… ②S… ③C… ④贾… ⑤陈… ⑥魏… Ⅲ. ①文件检验 Ⅳ. ①D918.92

中国国家版本馆 CIP 数据核字（2023）第 130068 号

责任编辑：谭宏宇／责任校对：杨　然
责任印制：黄晓鸣／封面设计：殷　靓

科学出版社 出版
北京东黄城根北街 16 号
邮政编码：100717
http://www.sciencep.com

南京展望文化发展有限公司排版
广东虎彩云印刷有限公司印刷
科学出版社发行　各地新华书店经销

*

2023 年 8 月第 一 版　开本：B5(720×1000)
2024 年 8 月第二次印刷　印张：14 1/2
字数：245 000
定价：140.00 元
（如有印装质量问题，我社负责调换）

编委会

丛书主编：李玉基　郑志祥

丛书主审：魏克强　郭　武

编　　委：(按姓氏笔画顺序)

丁要军　史玉成　安德智

李玉基　郑永红　郑志祥

秦冠英　郭　武　魏克强

　　证书科学技术译丛为甘肃省级一流学科——证据科学学科建设特色成果之一。本书的翻译和出版得到了甘肃省高等学校产业支撑计划项目(2020C-32);甘肃省重点人才项目(2022RCXM085);甘肃省高等学校创新基金项目(2022A-295)和甘肃政法大学微量物证信息解读技术研究创新团队的支持。

丛 书 序

　　证据是"以审判为中心的刑事诉讼制度改革"的核心要素。证据科学是研究证据采集、物证鉴定、证据规则、证据解释与评价的一门证据法学与自然科学的交叉学科,其理论体系与应用研究是一个具有创新性和挑战性的世界性课题。证据科学是发现犯罪、证实犯罪的重要手段,是维护司法公正和公平正义的有力武器之一。随着科学技术的迅速发展和我国法治化进程的快速推进,我国证据科学技术研究、学科发展和人才培养取得了长足发展,国内专家也已出版多部证据科学技术领域的著作,并形成了一套相对完善的证据科学理论和方法体系。然而,相对欧美等国家对证据科学研究和应用,我国对于证据科学的研究仍处于起步阶段,对国外证据科学体系了解相对欠缺,在一定程度上限制了我国证据科学技术与国际前沿的有效衔接。为顺应学科交叉融合发展和司法实践需要,甘肃省证据科学技术研究与应用重点实验室以甘肃省级一流学科"证据科学"为依托,历时三年完成《证据科学技术译丛》系列丛书的编译工作,为我国证据科学技术注入了国外血液,有力推动了我国证据科学技术的发展与实践应用。

　　该译丛遴选了国外证据科学技术领域最前沿或影响力较大(多次再版)的经典著作,其内容涵盖了犯罪现场勘查技术、血迹模拟技术、枪伤法庭科学技术、文件检验技术、毒品调查技术、反恐程序与技术、火灾现场证据解读技术、网络及数字取证与调查技术、指纹技术、法医植物学、法医微生物学、法医毒理学、法医病理学、爆炸物识别调查与处理技术、法医影像技术、法医人类学、毒品物证信息解读技术、犯罪现场毛发和纤维、爆炸物和化学武器鉴定技术、法医埋葬学土壤分析技术、环境物证及犯罪心理学技术等多个领域。该译丛是我国第一套证据科学技术领域的译著,是一套物证信息解读技术研究与应用及我国法庭科学/司法鉴定高层次专业人才培养和科学研究工作非常有价值的国外参考资料,对推动我国证据科学学科发展、法学与自然科学的深度交叉融合发展具有十分重要的意义。该译丛汇集了领域多位知名专家学者的集体智慧,可供广大法庭科学/司法鉴定从业人员和相关研究人员借鉴和参考。

中国工程院院士,法医毒物分析学家

2023 年 1 月 16 日

译者前言

甘肃省证据科学研究与应用重点实验室组译证据科学技术译丛，其中就包括《文书科学检验方法与技术》（第四版）一书。本书的翻译出版，能够帮助读者了解国外文件检验的发展历程及最新研究成果，通过学习和借鉴提升我们自己的理论水平，推动文件检验领域的方法、技术和实践创新，促进我国文件检验事业的进一步发展。

《文书科学检验方法与技术》（第四版）由大卫·埃伦、斯蒂芬·戴、克里斯托弗·戴维斯三人合著，他们均是当代文检方面的资深专家，实践经验非常丰富，本书是他们对文检工作的经验总结和理论提升。1989 年第一版出版以来，受到了司法和鉴定领域的广泛欢迎，2019 年，在他们的帮助下本书得以更新，对部分章节进行了修改。关于笔迹检验部分的内容在很大程度上保留了原稿内容，为了顺应时代发展的需求，本书修改了办公技术、材料分析、理论和检验等章节的内容，在每一章末尾添加了最新的参考文献，使本书在内容上更加完善、成熟。本书既可以作为文件检验的考试用书，也可作为自学的教材，为那些对该学科有兴趣的非本专业人员提供指导。

本书所涉及的检验对象、原理、方法、技术与我国目前的情况极为接近，对我们在文书检验方面具有重要的价值和指导意义，对于我国广大文书鉴定人员和从事文检相关工作的教学科研人员及院校的学生，都有所裨益。

本书主译贾宗平为甘肃政法大学教师，长期从事文件检验相关的教学与科研，虽然对此领域有一定的了解和研究的热情，但是翻译专业性如此强的书籍难度的确很大，不仅要求译者具有文件检验方面的专业知识，还需具备较高的英语水平，实属不易。在翻译过程中，遇到许多技术以及知识方面的难题，通过查阅大量的参考资料才得以解决，但由于译者的水平有限，译著中的错误在所难免，敬请读者批评指正。

最后，要感谢甘肃省证据科学研究与重点实验室提供了平台，译者团队才有机会翻译此书,感谢译丛主编重点实验室主任郑志祥教授对本书翻译工作提出的许多建设性的意见,在其帮助与指导下翻译工作才能顺利开展并最终得以完成。感谢贾涛涛、魏科、陈壮三位老师参与本书部分内容的翻译工作,感谢钟若允、杨爱丽、杨生杰三位同学对本书翻译工作的帮助。同时,对所有在本书的翻译和出版过程中给予我们帮助的同仁表示衷心的感谢。

贾宗平,理学硕士,甘肃环县人,中共党员。甘肃政法大学司法警察学院副教授,司法鉴定方向硕士生导师。主要研究方向为毒品检验与文件检验,长期从事物证技术学、文件检验、毒品及其检验、光学仪器检验与分析、文件检验技术专题等课程的教学。曾获甘肃省科技进步奖三等奖、甘肃省教学成果奖一等奖、甘肃省高校科技进步奖二等奖、兰州市科技进步奖三等奖、甘肃省药学发展奖等;参与完成国家社科基金 1 项、主持及参与省级科研项目 10 余项;具有微量物证鉴定、文书鉴定资质,近年来参与文书鉴定类案件侦破 2 000 多起;发表相关论文 20 余篇。

前　言

　　1989年第一版《文书科学检验方法与技术》出版以来,文书检验与笔迹的比较检验一直是研究的热点,实物文件是大多数交易的重要组成部分,尤其是签名为主要的身份识别手段。之后,随着大多数金融业务网络化,涉及的文件往往只是为了再保证,而不是具有持久的有效性;而书写已经不再是一种熟练的技能,但在许多非金融犯罪中依然会出现手写笔迹。对于调查员、律师或法庭科学工作者而言,如何很好地理解文书检验并为案件的调查提供有用的信息仍然很重要。因此,这本书的作用现在变得更加重要。

　　在原作者大卫·埃伦、斯蒂芬·戴博士和克里斯托弗·戴维斯博士的帮助下,本书得以更新,部分章节进行了必要的修改。关于笔迹检验部分的内容在很大程度上保留了原稿内容,为了顺应时代发展的需求,本书修改了办公技术、材料分析、理论和检验等章节的内容。本书既可以作为文件检验的考试用书,也可作为自学的提纲,为那些对该学科有兴趣的非本专业人员提供指导。

　　在每一章末尾的参考文献和拓展阅读列表中,我们保留了与之相关的原始引用,同时也添加了更多的最新参考文献。我们还讨论了是否要囊括关于打字机打印的相关内容,最终我们认为有必要将其包含进来,虽然打字机现在已经很少使用了,但它包含了许多现在正在使用设备的基本原理,这样本书知识体系就显得完整而无缺失。按照出版商的要求,本版采用了美式拼法。

致　谢

感谢出版商的耐心等待以及在每一个环节中给予我们的帮助,并感谢福斯特和弗里曼有限公司提供的最新插图。

作者简介

大卫·埃伦从事法庭科学工作已有43年。在29年的时间里,他专门从事对可疑文件的科学检验,先后在英国伦敦警察厅法庭科学实验室、澳大利亚南部阿德莱德的法庭科学中心任职,最后在伦敦的私立机构就职。1990年在阿德莱德举行的国际法庭科学学会上,他担任可疑文件检验协会的秘书,培训和激励了新一代的文件检验人员,现已退休。

斯蒂芬·戴拥有布里斯托大学的理学士和博士学位。1981年,他在伦敦警察厅法庭科学实验室(Metropolitan Police Forensic Science Laboratory)担任文件检验员,开始了自己的职业生涯。1993年,他转任英国内政部法庭科学服务部门(Home Office Forensic Science Service),成为可疑文件检验小组的负责人。他鉴定了数千份可疑文件,并多次作为专家证人出庭。1999年至2006年,他担任法庭科学服务处的首席科学家,2002年至2004年,他担任欧洲法庭科学研究所联盟可疑文件工作组主席。2011年,斯蒂芬就职于东安格利亚大学,成为法医和调查化学MChem学位项目的课程主任,这意味着拓宽了他在法医学各方面的知识。如今他仍在东安格利亚大学担任法医化学高级讲师。

克里斯托弗·戴维斯于1981年开始在伦敦警察厅法庭科学实验室工作,在那里他接受了可疑文件检验方面的培训。直到1996年,伦敦警察厅实验室成为法庭科学服务中心的下属部门,他成为高级文件检验人员,主要负责处理包括反恐案件在内的重大案件。2010年,当可疑文件检验机构被关闭后他离开了伦敦实验室,但继续担任可疑文件检验方面独立顾问。他也是英国认可服务ISO/IEC 17025的技术审核员,负责可疑文件检验标准的制定工作。

目　录

第一章

概　述

在法庭科学领域中,文件科学检验的目的是为法庭提供关于文件历史的信息,或者在庭审之前为警察或调查人员提供可能存在于文件中的证据。法庭科学中普遍存在的哲学原理也同样适用于文件检验——将科学方法和技术应用于文件检验。

第一节　科　学　方　法

科学方法是一种思维方式,它是基于宇宙存在和规律具有一致性的哲学基础,对观察到的现象进行研究,并寻找它们之间的相关性。人类对天空、动物和化学变化的观察已经经历了多个世纪,通过观察到的现象总结其背后本质性的科学规律,从而推动了 20 世纪科学技术的飞速发展。

观察的科学方法是先构建一个假设,并通过其他观察、测量和专门设计的实验来检验它。如果这些都证实了假设,那么它就是成立的,如果不是,就需要构建一个新的假设并检验这个假设,验证假设的过程中形成了一个可靠的知识库,也为知识库的进一步扩展提供了依据。[1]

然而,科学不仅仅是哲学;它具有目的性。以科学为基础的发现正在造福人类,也已经成为 19 世纪和 20 世纪的标志(并一直延续到 21 世纪),同时也促进了分析方法的发展,比如可以测定许多物质中的成分或杂质的比例。

第二节　分　析　方　法

分析方法是指在一定的学科背景知识下对相关材料的测试。例如,为了检测溶液中是否存在硫酸根离子,可以加入氯化钡进行检测,如果有沉淀物生成则表明溶液中含有硫酸根离子,因为在这种情况下生成了不溶于水的硫酸钡,但是测试的前提是掌握了钡以及其化合物的相关化学知识方可得到可靠的结果。类似的分析技术也可用于其他复杂物质的分析,通过利用这些分析方法实现对许多材料的定性和定量分析。

诸如此类的科学分析在许多领域都有应用价值,其中一个领域是调查犯罪和其他法庭关注的事项。法庭科学中可利用其他学科的分析技术对物证进行识别、测量和比对。比如对毒品和酒精的检验就是利用分析化学领域中常规的定性、定量方法。同样,比较分析法在整个犯罪侦查中都很重要。如被遗留在犯罪现场的血迹、玻璃、油漆和纤维,或被嫌疑人从现场带走的物质以及在现场犯罪分子遗留的工具痕迹、手印或鞋印,通过比较的方法来确认以上痕迹或物质是否与它们可能的来源相匹配,根据匹配度确定检材来源。同样,比较检验法也适用于法庭科学中的文件检验。

自从这本书的第一版印刷出版以来,法庭科学工作者都面临着越来越大的压力,要求他们能够证明分析结果的可靠性以此来佐证他们的鉴定意见,而文件检验人员也面临同样的问题。Risinger、Saks 和 Denbeaux 写了几篇论文,公开批评该学科缺乏标准,缺乏一致性,缺乏外部质量控制程序,且将笔迹的比较检验等同于巫术。[2,3] 为了改变这种现状,英国和美国的监管机构均要求制定详细的操作规程和标准。在美国,美国材料与试验协会(ASTM)发布了涵盖法庭科学的一系列标准,[4] 包括文件检验相关标准;在欧洲,欧洲法庭科学研究所联盟(ENFSI)在各个学科建立了工作组,负责制定和维护标准。与可疑文件检验相关的两个机构是欧洲法庭笔迹鉴定专家协会(ENFHEX)(笔迹)和欧洲文件检验工作组(EDEWG)(文件检验其他方面),两家机构都对一些检验流程制定了相应的标准。由 Found 和 Rogers 领导的澳大利亚研究人员已经发起了质量保证测试,以建立笔迹和签名比较的专业知识;[5] 英国的大多数实验室都必须通过 ISO 17025 认证,在司法机关从业之前还得经过英国认证服务机构(UKAS)的评估。因此,近年来文件检验相关标准的制定有了长足的进步。这些标准为检验人员提供了检验的依据,使检验不再依赖于个人的声誉,打破了通过资历衡量检验能力的现状,但这些标准并非万能的,文件检验中的错误也是在所难免的。

第三节　文　　件

　　狭义的"文件"是指书写或打印的物质材料。而现在许多以电子方式储存的文件不在本书的讨论范围。当下的无纸化办公、云计算、虚拟账户和多个电子设备上共享的加密信息标志着信息时代的到来,对于打印合同、手写支票、签名的依赖程度也大大降低,也许有人认为对文件检验人员的要求越来越低。然而,事实却并非如此,当你走进任何一间现代化的办公室,这种想法就烟消云散:电脑上的便利贴、清单、凭据、打印的电子邮件、复印件等都可能与调查有关,甚至范围和种类可能会更广,但均属于文件的范畴。本书中所指的文件通常是纸质的,但也包含木板、墙壁甚至身体为承载体的其他书写材料。

　　一份文件包含两个层面上的信息:表层信息,即文件的内容是通过书写、打字或印刷形成,或是上述方法组合形成;深层信息,只有文件检验人员方可发现的一些潜在的证据,如书写人的身份信息,打字机或印刷品的来源,刮擦痕迹等。很多其他领域的人员也有可能对这些深层信息感兴趣,一旦这些信息中含有犯罪信息时,必然会引起侦查人员的关注,甚至会成为法庭中的证据。如果一份文件被改动,除表层信息外,其所包含的深层次信息或原始信息对于民事、刑事案件来说显得至关重要。而文件所包含的深层信息或原始信息只有通过文件检验专业人员进行检验后方可得出,检验结论可以书面材料或口头阐述的形式提交法庭作为证据。

　　通过将一份文件与一份或多份其他文件进行比较而得出可靠的结论,可以为法官或陪审团做出裁决提供相应的证据,也可以确定犯罪并排除嫌疑。利用比较检验的方法所涉及的原则与法庭科学其他分支中的原则相同:测试各种参数并结合专业背景知识,最终得出结论。同样,除了比较之外,还可以通过其他方法从文件中挖掘信息,尤其是利用其他方法找出肉眼不可见的信息,可以获得对检验人员或法庭有价值的信息。

　　只有在科学规范和标准下进行文书检验,检验的结果才有保障,得到的证据才有价值。但在世界各地,仍有很多检验人员未按照标准方法进行检验,从而导致出现错误的鉴定意见和结论。[6]有些甚至是在证据不足的情况下得出确定性的结论,那鉴定结论的价值将大打折扣。这种现象尤其是在笔迹检验方面更加突出,有些"专家"在没有经过正规的培训和练习的情况下仅凭自己直觉从事检验工作。然而,大多数文件检验人员都能遵循检验的标准和规范从事鉴定工作并为侦查人员和法院提供鉴定服务。读者应该注意区分文件检验鉴定人与从事笔相学研究的人。本书关注的是笔迹鉴定人,即通过笔迹特征分析完成对人的同一认定。而笔相学研究人员是通过笔迹来推断一个人的性格等,两者有较大的区别,尤其是在犯罪侦查中的作用不可同日而语(请参阅下面的"文件检验人员"相关内容进一步了解)。

在任何学科领域中都有未知的知识,人们永远不可能获得本学科的全部知识。在某些学科领域中,可以利用测量工具进行精确测量,对测量数据分析后可得出准确的结果。对于文件检验人员而言,尽管已经很努力地尝试对笔迹进行精确的测量,但到目前为止,还无法通过精确地重复测量计算出一份笔迹出自同一人书写的概率,仍然需根据经验做出判断。[7]大多数法庭学科都是如此(DNA数据库除外),所以测量的精密度与结果的准确性是两个概念,不应混为一谈。没有一种技术或方法能够自动产生准确的结果,所有分析方法都必须依赖分析人员的经验和能力,这就意味着主观性在检验过程中必然存在。

每一种分析方法都有其局限性。尽管存在这些局限性,但掌握该方法的局限性以及其适用范围后,按照此方法的标准进行检验,也可以得出正确的结论,反之结论有可能是错误的。[7]

在笔迹的比较检验中对笔迹的复杂性应该有充分的认识,对个人笔迹的变化性也应该加以考虑,不能根据一般性特征不同就得出不是同一人书写的结论;同样,不能根据一般性特征符合点多就得出是同一人书写的结论,还应该分析符合特征偶然巧合的可能性。此外,还需识别一份笔迹是否通过以欺诈或转移视线为目的的摹仿、伪装形成,虽然无法通过计算而得出结论,但是笔迹检验人员还是应该考虑以上可能性,不能忽视这些可能性,否则就有可能作出错误的结论。

第四节　文件检验人员

本书主要阐述文件检验人员对可疑文件检验的工作内容("可疑"一词是指对文件上记载内容的真实性产生争议)。从事该职业的男性或女性既可以是全职也可以是兼职,可以被称为鉴定专家、文书司法鉴定人员、文件检验人员、文件检验专家、笔迹专家或其他。文件检验人员可以在私立机构开展工作,也可在公立大学或地方大学的实验室开展工作,或者在公安技术部门开展工作。这类人员一般会经过专业的学习或培训,获得相应的专业学位或博士学位,而具体的学历及相关要求应遵照行业规定。

以上人员对文件检验的侧重点不同,有的专攻笔迹检验,有的专攻变造文件检验,有的专攻打印文件检验,有的专攻墨水成分分析,有的文件检验人员则是专门从事身份证件和假币检验工作。

对文件检验必须采取系统的检验,需全面分析组成文件的各个要素,不能着眼显而易见的特征而忽略其他部分。一个经验丰富或者经过专业培训的文件检验人员在一定的情况下可以利用多种分析方法和技术对文件进行系统的检验。尤其是扫描电子显微镜和质谱仪等复杂分析方法被应用于文件检验,尽管这类仪器需要专业人员进行操作,但对于文件检验人员来说掌握这些新技术和方法将对文件的系统检验起到进一步提升作用。在任何检验中所采用的技术很有可能为交叉检验。例如,一页纸上的条目系两个人用不同的墨水书写,如果不对这两部分的墨水进行比较检验,有可能无法正确区分这两部分内容,且容易产生混淆。如果要检验护照照片上签名,则笔迹和墨水成分均需要进行检验。当然,笔迹检验和其他检验可以分别进行,方可实现全面地分析可疑书件,从而获得更多的信息。

第五节 资质和培训

文件检验所涉及的学科范围非常广泛,单一学科无法完成其检验。化学家、物理学家、生物学家等都会参与其中。在德国,很多心理学家被邀请参与笔迹检验,并不是因为他们研究书写人的心理,而是因为笔迹是人类心理活动的一种外在表现形式。

无论从事哪类学科研究,从事文书检验活动最基本的条件是必须经过专业培训。通过学习可以获得文件检验的理论知识,但实践经验却无法通过课堂教授习得。因此,文件检验工作者从事文件检验之前必须经过在职培训。文件检验专业实验室或法庭科学实验室会为新人提供培训,私立机构可培训鉴定人助理。

　　虽然一再强调按照标准执行,但实际操作起来却困难重重,因为具有从事文件检验执业资格对应的专业文凭较少,但可以通过采取其他措施来弥补。在美国,由美国法庭文件检验委员会颁发执业资格证书。在英国,目前还没有专门针对文件检验人员资质相关的机构。英国法庭科学特许学会(The Chartered Society of Forensic Science)已经停止了其前身法庭科学学会(The Forensic Science Society)提供的一系列文凭,包括可疑文件检验资格证书,取而代之的是一种可以在任何学科获得的一般正式资格证书。在澳大利亚,澳大利亚法庭科学文件检验协会(Australian Society of Forensic Document Examiners)的会员具有相应的资质,因为该协会的会员资质是经过同行评价认可后获得的。

　　通常情况下受雇于公职部门文件检验人员所任职的机构要求他们必须达到规定的能力后才能从事此工作。但有一个强制性的要求,就是任何机构的文件检验人员都要通过 ISO/IEC 17025 认证。那些非公职部门的私立机构中的文件检验人员为了顾忌自己的声誉,大部分以前都在公职部门的实验室接受过相关的培训。

　　并不是所有的文件检验人员按照相关要求在从业之前就经过了培训或已掌握了专业知识或具备解决实际问题的能力,从而导致出现以下现象:没有经过专业培训和通过考核取得资质的情况下,任何人都可以声称自己是文件检验人员并开始从业。然而令人遗憾的是当事人可能无法区分哪个是有资质的专业人士,哪个是"江湖郎中"。在法庭上,评价一个专家的能力往往依据此人是否具有相关经历,这恰恰是对能力的误导,有些自称有长期从事本行业经历的人却不一定具备相应的能力。因此,对于那些需要借助笔迹专家来帮助他们解决问题的当事人而言,这是他们面临的一个问题。

　　经常有人将笔迹鉴定专家和笔相分析学家混淆,笔相分析学家是通过笔迹分析书写人的性格特征,这与笔迹鉴定专家截然不同。甚至一些笔相分析学家也错误地认为这两个学科之间没有区别。也许"笔迹专家"这个术语是造成混淆的原因之一,因为法庭科学领域与笔相分析领域中均有"笔迹专家"这个称谓。法律意义上的"笔迹专家"是指具有笔迹检验专业知识且能为法庭提供证据的人,不包含笔相分析学家。虽然这两者有称谓上的相同性,但他们具有不同的专业技能,所以在寻求帮助时注意将两者区分开来。

第六节　本书的读者

　　本书概述了文件检验所采用的原理、方法和技术,读者为律师、警察和其他调查人员等,通过对本书的阅读,达到对本学科全面的了解。本书以概述为主,虽然并非文件检验专业的教科书那般细致,但却全面涵盖了本学科领域的基本知识,是一本难得的入门级经典指南书籍,更是广大司法鉴定实践人员的工具书之一。

　　根据文件检验的对象将本书分为不同章节。由于笔迹比较检验的复杂性和重要性,所以这部分内容所占篇幅较多。第一章为概述;第二、三章论述了笔迹的特征及其变化;第四章论述了关于笔迹鉴定结论的出具;第五章论述了笔迹比较检验所需要的条件;第六章是关于打字机和打字稿;第七章探讨文件材料的分析方法;第八章探讨了打印文件检验;第九章和第十章探讨了打印文件检验的其他方法;最后一章讨论了如何向法院出示检验结果。

第七节　文件检验相关参考文献

一、书籍

　　关于文件检验方面已经出版的书有很多,有些书甚至比本书内容更加详细,但彼此的侧重点和适用性不同。有关法庭科学系列书籍中都含有文件检验方面的内容,其中许多书已经绝版,有的则被其他出版商再版。

　　第一本关于文件检验的英文书是 A. S.奥斯本的 *Questioned Documents*,由博伊德出版社分别于 1910 年和 1929 年在美国印刷出版。在英国,W.R.哈里森的 *Suspect Documents*(Sweet & Maxwell, London, 1958 and 1966)是此领域的代表作品。以上两本书已被芝加哥的尼尔森大厅再版。可疑文件检验的其他书籍,如奥德威希尔顿的 *Scientific Examination of Questioned Documents*(CRC Press, Boca Raton, FL, 1993)、*Evidential Documents* 由詹姆斯 V.P 康威撰写(Charles C. Thomas, Springfield, IL, 1972)、*Handwriting Identification: Facts and Fundamentals*（CRC Press, Boca Raton, FL, 1999）由 R. A.胡贝尔和 A. M.亨德里克撰写,也是这方面的代表作品。德语标准教材是由 Lothar Michel 撰写的 *Gerichtliche Schriftvergleichung*（de Gruyter, Berlin, 1982）和 Manfred R. Hecker 撰写的 *Forensische Handschriftenuntersuchung*（Kriminalistik Verlag, Heidelber, 1993）。Gary Herbertson 所著的 *Document Examination on the Computer: A Guide for Forensic Document Examiners*（WideLine Publishing, Berkeley, CA, 2003）中的内容也与文件检验工作紧密相关,但在本书中未涵盖这些内容。

二、期刊

和其他专业一样,法庭科学也有专门的组织负责出版期刊、组织会议等,致力于其发展。许多论文是为这些出版物撰写的,或在学术会议上被阅读,通过这些方式使该学科的进展公布于众。文件检验作为法庭科学的一个分支,在这些领域有很好的代表性。

发表文件检验相关论文的期刊有英国的 *Science and Justice*,其前身为 *Forensic Science Society*, *and Medicine*, *Science and the Law*;美国的 *Forensic Sciences*、*Forensic Science Review*、*Forensic Science International*;加拿大的 *Canadian Forensic Society*;德国的 *Kriminalistik and Archiv für Kriminologie* 和 *Mannheimer Hefte für Schriftvergleichung*。由国际刑事警察组织（International Criminal Police Organisation）出版的 *International Criminal Police Review* 也刊载了有关文件检验方面的文章,但这些期刊的发行量有限。专门研究文件检验的期刊是 1995 年加拿大出版的 *International Journal of Forensic Document Examination* 和 1998 年美国出版的 *Journal of the American Society of Questioned Document Examiners*。

国际法庭科学学会（International Association of Forensic Sciences）和欧洲法庭科学研究所联盟（European Network of Forensic Science Institutes, ENFSI）每三年召开一次会议,美国法庭科学学会（American Academy of Forensic Sciences）每年召开一次,这些会议内容包括文件检验。还有英国法庭科学特许学会（Chartered Society of Forensic Sciences）的会议,该机构还安排了关于文件检验的会议,并定期在德国就这一问题举行专题讨论会。美国文件检验协会（American Society of Questioned Document Examiners）每年为其会员和受邀嘉宾举行一次会议。加拿大、澳大利亚、印度和世界其他地区的国家和组织也会定期举行会议。

在本书中每一章的末尾都列出了参考文献,部分是在上述或其他期刊和出版物上发表的论文,有些还在文本中交叉引用,并单独列出,这些都与本章所讨论的内容相关,较为详细地涵盖了该主题的部分内容。不可能列出每一篇论文,重点以近期的出版物为主。

第八节 研 究 进 展

新技术的应用使文件检验取得了长足的进步,其中一些技术是由文件检验人员发明的,还有一些技术则是由其他学科引入。如静电检测压痕技术、激光技术、分析油墨的可见光谱技术和液相色谱技术、笔迹的模式识别技术等,已被广泛应用于文件检验。

因为新技术的快速发展,使得这本书在出版前有可能在某些方面已过时了,而且会随着时间的推移越来越明显。但此现象在任何学科领域中都是不可避免的。在此版本中,我们尝试尽可能地更新已发生重大变化的一些技术,并列出参考文献,以便感兴趣的读者可以进一步了解这些技术。办公技术已发生了翻天覆地变化,而且还在持续的改变之中。在纸上印字的新方法和现代印刷和影印方法造成了不同的问题。然而,这里描述的大多数一般原则和方法可能会保持不变或只在很小的程度上进行修改。无论采用何种技术,科学检验方法的运用仍将是最重要的因素。

参考文献

1. Karl Popper, *The Logic of Scientific Discovery*, Hutchinson: London, 1959.
2. Risinger, D.M., Denbeaux, M.P., and Saks, M.J. Exorcism of ignorance as a proxy for rational knowledge: The lessons of handwriting identification expertise. *University of Pensylvania Law Review*, 137, 731, 1989.
3. Saks, M. and VanderHaar, H. On the "general acceptance" of handwriting identification principles, *Journal of Forensic Sciences*, 50(1), 119-126, JFS2003387-8, 2005, https://doi.org/10.1520/JFS2003387. ISSN 0022-1198.
4. Lentini, J.J. ASTM Standards for Forensic Science, *Journal of Forensic Sciences*, 40(1),

146 - 149, 1995.

5. Sita, J., Found, B., and Rogers, D. Forensic handwriting examiners' expertise for signature comparison, *Journal of Forensic Sciences*, 47(5), 1 - 8, 2002, https://doi.org/10.1520/JFS15521J. ISSN 0022 - 1198.

6. Beck, J. Sources of error in forensic handwriting evaluation, *Journal of Forensic Sciences*, 40 (1), 78 - 82, 1995, https://doi.org/10.1520/JFS13764J. ISSN 0022 - 1198.

7. Srihari, S., Cha, S., Arora, H., and Lee, S. Individuality of handwriting, *Journal of Forensic Sciences*, 47(4), 1 - 17, 2002, https://doi.org/10.1520/JFS15447J. ISSN 0022 - 1198.

第二章

笔迹：正常书写笔迹的变化

引　言

在法庭上，专家证据通常是手写笔迹，而提供这种证据的人习惯被称为笔迹专家，这个称谓并不是刻意而为之。"笔迹专家"这个称谓可能让人误以为这些人对书法了如指掌，了解迄今为止有多少不同的写法，了解它们的发展史，了解它们的传播过程，了解它们是如何受到环境的影响，了解人们为什么会以这样的方式书写等等，但事实情况却并非如此。的确，有人研究不同民族文字的演变过程，有人研究书法与性格之间的关系，还有人专门从事书法教学，以上这些都可以被称为笔迹专家，但在法庭上的"笔迹专家"特指那些通过对可疑笔迹进行检验完成书写人的同一认定或可识别出摹仿签名笔迹及其他的专业人员。

在科学的基础上，有必要通过研究不同情况下的笔迹来积累笔迹检验的知识。因此，要检验一个人的笔迹，就必须知道这个人的笔迹与其他人的笔迹有什么不同，还要知道自身的笔迹有哪些变化。不一定非要知道为什么一个人要这样书写、别人是如何教他书写以及所采用的教学方法，但掌握这些内容可能对笔迹检验会有所帮助。作为文件检验人员最重要的是掌握对文件中笔迹进行检验的方法，最终完成笔迹的同一认定。本章和接下来的两章内容将对此进行论述。

在这一章中主要讨论手写笔迹的形成过程及同一人笔迹的变化和不同人笔迹的差异。在第三章中探讨由偶然因素或主观故意引起的笔迹变化。第四章讨论如何运用第二章和第三章中涉及的基础知识得出笔迹检验的结论。第五章探讨样本的收集方法，这是法庭科学笔迹比较检验很重要的一个方面。由于笔迹检验的特殊性决定了以上几章内容中出现了一些重复的观点，以避免过多的交叉引用。

第一节　笔迹的变化

21 世纪的英国人书写的笔迹之间有许多共同之处,但与前几个世纪的英国人笔迹相比也有着一定的差异。同样与同时代的法国人笔迹也存在一定的差异。维多利亚时期经典的铜版风格今天已经很少见了。数字"1"的左边有一个长长的侧起笔画在法国人的笔迹中很常见;字母"s"收笔处的拖尾在美国人的笔迹中很常见,但以上特征在英国人的笔迹中都很少见。

出现这些"类型"特征的原因可能是受教学风格或地域等因素的影响,导致不同人的笔迹在外观上具有整体的相似性。在本书中关于笔迹的这些特征将被称为风格特征。但即使是在一个国家的特定时期内,不同的教学方式也会导致书写风格的不同。虽然教学方式很明显会影响学习者的笔迹,但是没有一个老师能使他所教的学生的笔迹完全相同[1]。事实上,许多教师发现他们能识别出每个孩子的笔迹——在这些孩子获得书写技能的早期阶段。因此,个人笔迹特征的快速形成为法庭科学中的笔迹鉴定提供了检验的基础。

诚然,一个人按照一种书写风格学习书写,但在学习书写的过程中注入了自己所独有的书写方法,从而形成了个人的书写风格——与其他任何人都不一样的书写风格。所以很有必要去掌握每个人学习书写的过程中所使用的方法以及与其他方法有何不同。

完成一个复杂的书写动作行为所采用的方法不同,从而导致结果千差万别,如大脑有意识或无意识地控制手臂、手腕和手指用笔绘制一个简单的图形。因此,文件检验人员必须了解这些能够引起结果发生变化的因素,掌握与这些变化因素有关的知识,尽可能将这些知识系统化,从而总结出变化的规律。

第二节　大写印刷体笔迹

西欧语言中的罗马字体有三种书写形式:大写印刷体、草书体和楷书体。楷书体经常写得像草书,但彼此没有连接。大写印刷体是书写的首选。

一、字母的构造方法

有人认为不同人书写的大写印刷体之间的差别不大，这是不正确的。以大写字母"E"为例，它可以有两种形状，一种是半圆中间有一条垂直的水平线；另一种是更常见的直线形状，即由四条特殊排列的线段组合在一起构成。用笔书写字母"E"时，如果每一笔都分开写，那么它们的顺序是无关紧要的，任何一个笔画都可以先写，笔画的方向也可以是任意的。因此，只要改变笔画的顺序和方向，就可以有很多种方式来构成这个字母。如果将某些笔画与其他笔画连接起来书写，又增加构成的方法和数量。因此，从理论上讲，可以找到许多书写人的代表性笔迹，而每个人的书写方式都有别于其他人。

但是事实并非如此，理论上的方法只有少数几种被应用于实践，大概是因为这些方法比其他方法更容易操作，而且书写人也会下意识地选择对他们来说最容易的书写方式。因此，一些书写方法被经常使用，而另一些则很少甚至几乎未被使用。通常用来书写大写字母"E"的方法如图 2.1 所示。

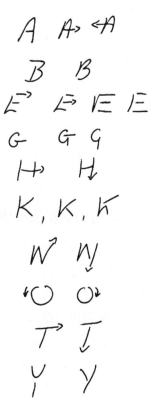

同样，所有大写字母都可以以不同的构造方法形成。除了单笔画字母"C"和"S"的运笔方式变化较少外，其余笔画越多的字母，运笔的方式就越多，变化就越多。在一些字母中，不同的运笔会导致字母的形状略有不同。比如字母"G"的右下角的直线笔画既可以是水平笔画也可以是垂直笔画，也可以是在垂直笔画上面再加一个水平笔画；哪怕选择最后一种方法，字母"G"右下角的形状至少也可以用三种不同的方法来书写。

其他字母如"I"和"U"也可被书写为不同形态。字母"I"有的上方有一个点，字母"U"右边结尾处有额外向下的笔画，严格来说这两种形式在大写字母中都是不正确的，但却很常见。有时字母"I"的顶部和底部分别有一条横笔画。字母"H"和"K"相对比较复杂，构造方法也多种多样。在大写字母"H"的构造过程中，首先书写的是左边的竖笔画，接下来可

图 2.1　大写印刷体字母的不同构造方法。

以先写右边的竖笔画,也可以先写中间的横笔画。在字母"K"的构造过程中,一般是先写竖笔画,但两条对角线可以用多种不同的方式书写(见图2.1)。在写字母"T"时,横与竖笔画两者都可以先写。

许多字母如"B、D"等由一个竖笔画和弯曲的笔画组成。它们往往是先写左边向下的竖笔画后再返回顶部书写其余的部分,但整个过程使用连笔完成;或者分开书写,先写竖笔画、提笔、再写其余部分。这两种构造方式的差异有时候并不是很明显,如果提笔动作较轻,也会在纸上留下连笔笔画,导致无法明确区分这两种构造方式。

诚然,每个字母都有许多种构造方式,每个书写人在很大程度上会采用一种构造方法进行书写,他们不知道自己为什么选择这种方法,甚至不知道还有其他的构造方法可以选用。而有些构造方法主要出现在用左手书写的笔迹中,如顺时针方向书写的字母"O",这是由生理结构的特点决定。对于一个书写人而言,使用一种以上的字母构造方法是比较罕见的,如将半圆形的字母"E"和矩形的字母"E"连用的构造方法。这两种形式的构造方法出现的相对频率是个人书写习惯的体现,两种形式都应该被记录下来,以便将来进行比较检验。但也有例外,两种不同的构造方法出现在同一人的笔迹中,如字母"N"最后的竖笔画既可以由下到上也可以由上到下书写,这种现象是比较常见的。此外,对于由竖笔画和弯曲笔画组成的字母也存在着不同的构造方法,如字母"B""D"等,同一书写人会使用不同构造方式,既可以是一笔书写形成,也可以是两个笔画分开书写形成。

二、笔的运动轨迹检测

有以下两种方法可以检测组成字母笔画的先后顺序。一是观察或记录书写时笔的运动过程,二是从字母的构造方法中确定笔顺,后者是文件检验人员经常使用且有效的方法。

字母是由笔在书写的运动过程中形成的一系列笔画构成的。连续的笔画有时会被混淆为一个笔画,但其实不是一个书写动作形成;同样,看似一笔一画的动作,其实也可能是笔折返后的连笔书写形成。如字母"A、R、N"的构造过程是先写左侧的竖线,笔再折返到竖笔画的起笔处继续书写剩余部分,很少从竖笔画的收笔处书写剩余部分。通常在显微镜下放大约20~40倍进行检验,可以确认两条紧挨的笔画之间是否有停顿、笔是否并未脱离纸面而仅仅是改变了方向沿着原笔画折返了回去。

即使是在书写过程中抬笔的时候，也可以确定笔的运动轨迹。笔尖离开纸面是一个逐渐上升的过程，并不像直升机垂直上升，而像有翼飞机的起飞。在抬笔的过程中笔画变得越来越细直至消失。然而与飞机不同的是笔经常会在离开纸面之前就改变了方向，向下一个着陆点移动。同样，当笔在"降落"的过程中，再次接触到纸面之前，可能已改变运动方向。由于笔的"着陆"不是垂直的，而是沿着一定的角度向前移动，所以形成的笔痕是由轻到重逐渐加深的。鉴于此，通过笔画可以确定出笔的运动轨迹。在某些情况下，笔没有完全脱离纸面，从而在一个字母内或字母间留下非常细的连接线痕迹，通过连接线也可以判断出笔的运动轨迹。

三、墨迹

笔画的墨迹也能证明书写的方向。利用圆珠笔开始书写时，因笔尖上油墨较少，导致在笔画开始的位置油墨堆积较薄。在某些客体表面上墨迹的方向可以从两个笔画的交叉点进行确定。尤其是使用液体墨水笔在光滑纸上书写时这种现象比较明显。仔细观察可以看到笔画的边缘如同"有轨电车轨道"，这些轨道是墨水干燥浓缩形成的。两条线相交时，第一条线的轨道会被第二条线覆盖，只留下与第二条线等宽的轨道。另一种判断笔画运行方向的方法是根据圆珠笔墨迹在纸张上的两条呈"V"形交叉纤维的堆积情况，当然只有在墨迹较淡、显微镜放大倍数为 100 倍左右的情况方可观察到此现象[2]。当圆珠笔改变方向形成曲线时，可能会在曲线完成后的位置立即沉积大量的油墨，根据这些"沉积点"在笔画上的位置可以判断运笔的方向。

四、纹线

另一种判断运笔方向的方法是利用圆珠笔在笔画中留下的细小纹线。在笔画线条内部这些细小的纹线是由球座的损坏或污垢造成的，它会刮掉球珠上的墨水并阻止墨水均匀流动。当这样的细小条纹从笔画的外缘溢出时，溢出的方向就是运笔的方向（图 2.2）。[3]用一个空的除臭剂容器做实验就能很快证明这一现象。并不是所有这些方法都能明确地指示运笔的方向，但如果应用得当也可给出正确的结果。通常情况下，每个字母中都会出现几处以上特征，结合上述方法判断，就可确定笔的运笔方向。

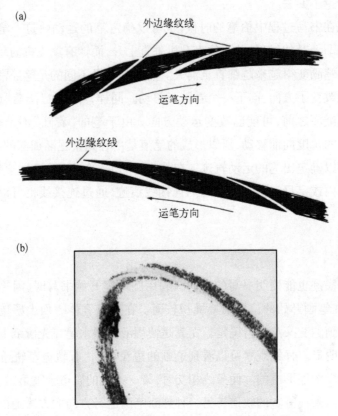

图 2.2　（a）圆珠笔笔画运笔方向的测定。（b）圆珠笔笔画的放大照片，运笔方向是从照片的右侧至左下移动。注意曲线从内侧到外侧的横纹和笔画完成后的曲线"粘连"。

五、字母间的搭配比例

在大写字体笔迹中，单个字母的构造方式并不是区分两个人笔迹的唯一方法，还可以根据字母的搭配比例进行区分。在考虑构造方法时，所涉及的构造形式大部分是离散的，相对容易定义，而且彼此之间也不会有交叉，但是字母"B、D"是个例外。字母中搭配比例的区分界限不是很明确。例如，一个人书写的字母"O"又高又瘦，而另一个人书写的字母"O"又矮又胖，虽然这种描述是正确的，但对于特定的字母区分起来并不容易，因为书写不像机器一遍又一遍地生产同一种产品，而是存在着变化。变化同样存在于人类的其他活动中，变化幅度因人而异。因此，当考察一个人书写的某个大写字母的搭配比例的变化范围时，往往取决于样本的一致性。

　　然而，不同人书写的同一个字母，仅仅通过高度或宽度描述其在比例上的差异是不够的，还可以根据上下两部分之间的比例，如结构稍微复杂的字母"B、S"等，顶部可能比底部宽，反之亦然；还可以根据曲率，有弧度的字母的弧线曲率在不同人的笔迹中也会不同；还可以根据组成部分的高度和宽度，如字母"M"一半的高度或宽度也会因人而异；还可以根据回描笔画的位置，在字母"A"或其他有回描笔画的字母中，可能会出现更细微的差异，它们的起笔是一个向下的竖笔画，然后再回描，所以有时可以看到两条线，回描笔画与竖笔画的分叉点有可能在回描笔画的顶部、中间或底部；还可以根据起笔的相对位置，虽然每一个字母起笔的相对位置不会完全相同，但却在一个范围内变化，根据此特征可以区分不同人的笔迹。

　　因此，字母表中每个字母中的搭配比例有许多可能的变化，这些变化通常独立于字母的构造方法。

六、字母在单词中的比例

　　字母在单词中的比例是区分大写手写体笔迹的另一个依据。有些人把某些字母写得比其他字母小。例如有时字母"O、I"会比其他字母短，字母"P、R、T"可能比其他高（横笔画在相邻的字母之上），字母"Y"的尾部可以在格线的下面也可以在格线的上面。此外，字母在单词或句子中的位置也是一个重要的判断依据，如有人习惯把句子中的首字母写得比其他字母高。

　　一些人的笔迹中会出现使用小写字母代替大写字母，无论是书写一个或多个字母都采用小写的形式，似乎不会用大写的形式进行书写。

　　以上只是部分区分大写字体笔迹的依据，书写时压力大小、页面上笔痕的深度、笔画线条的质量（即曲线是平滑还是抖动）、字母是否相连、文字在页面上的位置、是否留有空白、单词之间的间距等特征也是区分两个人笔迹的依据。

第三节　数　字

　　数字0~9可以看作是大写印刷体的书写形式。它们在构造方法和搭配比例上也表现出相应的差异。数字8和0在起笔、收笔的位置都是可变的，行笔的方向也有所不同,如同字母"O"一样,可能与书写人的左右利手有关。虽然数字有时是唯一被质疑的字迹,但数字通常与其他字迹同时出现,如英镑、美元符号等,有时也可利用以上字迹的差异特征来区分笔迹。

第四节　草　　书

草书之所以称作草书是因为它是快速书写的(拉丁语"*currere*"为"奔跑"之意)。如果考虑易读性,通常首选大写印刷体,草书则不同,它具有结构和速度上的优势,还包括连笔的运用。人们为自己的书法之美而自豪,并对其予以高度重视,斜体的写作风格就是一个很好的例子。在教授草书时要比写大写字母谨慎,而且有多种风格可供选择,具体风格则是由老师、学校或教育权威人士选择,选择的因素取决于是否时尚、是否有新方法的发明等。一旦掌握了书写的基本技能,书写人就不会完完全全按照字帖上的标准去书写,或多或少都会有一定的变化,究其原因,要么是为了表现个性要么是因为其他一些难以确定的内部因素。不管是什么原因导致出现变化,但是有一点是明确的,那就是每个人的笔迹都是独特的,既不同于老师所教也不同于其他人,老师在此过程中对学生的影响远不像印刷机印刷那样会产生一模一样的结果。

一、草书的发展过程

一个人的书写风格常常被儿童或青少年视为一种自我表达的方式,所以在此阶段他们会根据个人喜好在书写规范的要求下,尝试改变笔画的倾斜程度、大小等因素以此来表达自我,并逐渐提高书写技能。最终,通过不断地练习与巩固形成个人的书写习惯,这种书写习惯很可能在一生中都保持不变。有些人会习得不止一种书写风格,会随心所欲地在斜体与草书间切换,而另外一部分人只会慢速与快速两种书写模式。有些人双手都会进行书写,但两只手的笔迹特征不同。几乎很少有人能利用双手灵活地书写,且两只手的流利程度相当。

虽然一部分人可以用一种以上的草写方式,但大多数人不具备这种能力。这听起来匪夷所思,因为人们普遍认为,一个人的书写方式可以很容易地改变。事实上,只是改变了字的大小、笔画的匀称性等,而基本方法和构造形式并没有改变,而且改变的程度并不均匀。一些书写人几乎不受外界因素的影响,能够高度集中注意力来保持笔迹的稳定性。另外一部分人书写的笔迹也没有明显的不一致，只是字迹的大小、斜度程度、整洁程度表现出些许不同。

二、个体笔迹的差异

众所周知，不同个体间的笔迹差异非常大。大多数人在收到手写信件时，都能根据信件上手写笔迹特征判断出信件的书写人。因为我们每个人都有一个记忆库，储存着许多熟人的笔迹特征，可供快速地查阅。根据笔迹的整体外观特征（通常称作"风格"特征）与记忆库中的笔迹特征进行比较，从而很容易识别出信件的书写人。这是因为记忆库的存储量较小，涉及的笔迹相对较少，比较起来并不难。但是如果两篇笔迹有些相似，那么比较起来就不那么容易了，很可能出现判断失误的情况。

虽然有许多笔迹一眼就能看出不同，但是笔迹的变化数量远远超过书写人的数量。因此，通过快速浏览笔迹的概貌特征就得出两份相似笔迹是同一个人书写是不可靠的，因为许多人的笔迹的概貌特征基本相同。同样，根据概貌特征不同就得出两份笔迹不是同一人书写也是不可靠的。

实践中，根据笔迹的细节特征来区分书写人比用概貌特征来区分所占的比例更大。正如前面讨论的大写字母，即使在一个人通用的书写风格中，每个字母的构造方法和搭配比例也会显示出巨大的差异，草书也不例外。草书中一些字母也可以有多种构造方式，尽管比大写字母的构造方式要少一些，但变化体现在字母内部和字母之间的搭配比例上。

三、单个字母的构造和搭配比例

以字母"a"为例，通常构造这个字母的方法是从曲线的顶部开始，沿逆时针方向画一个圆，然后在右侧加一个向下的竖笔画；另一种构造方法是从底部开始逆时针循环，结束时和前面的一样；第三种方法是用两笔分别写一个圆和右侧的一个竖笔画，或在顶部用一根横笔画连接。类似的字母如"d、g"，在构造上也有相同的变化，但基本上不会改变字母的最终形状。然而，大多数情况下，不同的构造方法或运笔会影响字母的形状。对于字母"b、r"有两种或两种以上的构造方法。字母"b"第一种构造方法为向下竖笔画接一个近似于顺时针方向的圆，第二种构造方法为向下竖笔画接一个顶部有开口的碗状曲线。字母"r"可以在顶部有一个环，也可以在顶部有一个向下的折线，与下一个字母呈一定的角度。

运笔的不同也会导致在最终形状上产生一定的差异,比如字母"f、y"的底部环形的方向,笔向下移动后可以向左或向右转并形成一个圆圈,或者急剧改变方向形成一个倾斜的尾巴代替圆圈。

　　不同笔迹之间更大的差异是单个字母的搭配比例。这在某种程度上取决于字母的构造方法,但在任何一种构造方法中都可以发现巨大的差异。字母之间的连接方式可能会导致更大的差异。在前面提到的字母"a"中,第一种构造方法是向下的竖笔画在右边接一个逆时针的圆,但是,这可能会因为与前一个字母相连而变得复杂,比如"a"是单词首字母或者是不定冠词,它可以以一个类似的笔画(称为"引入"笔画)开始。

　　字母"a",这个看似简单的图案却有许多变化。字母"a"的环形部分可以是椭圆形,椭圆既可以向上倾斜,也可以纵向倾斜,还可以与垂直方向约呈45度;形状可以是狭窄的椭圆形或近似圆形;连接或引入的笔画有可能存在也有可能不存在,引入的笔画既可以是锐角也可以是小环,引入笔画还可以深入到圆的右侧然后再画圆。字母"a"右边的竖笔画可高可矮,它可以与左边圆的起始位置相连或分开。

　　字母"a"是一个相对简单的字母,而其他的字母如"h、k",在不同人的笔迹中有着更大范围的变化。字母"h"通常是在一个动作中完成的——首先是环,然后是字母的下半部分,全部是一笔完成。虽然搭配比例大不相同,但并不影响识别。环可以是一条直线,也可以是又高又瘦,又短又胖,或者介于两者之间。它可以是梨形,或者一边是直的,另一边是弯的。当不同的人书写时,回描的高度相对于拱门的高度也会不同;环的底部相对拱的起点的位置也会有差异,拱的形状也不同。弓形可以开始作为向下笔画的精确折回,向上延伸,或者它可以在早期阶段分离,产生一个可窄可宽的角度。因此,如前所述,存在多种变化。

　　所有其他字母,无论是草写的大写字母还是小写字母,都可以进行类似的分析。需要注意的是字母"i",因为"i"中的点的变化较多,点的位置可高、可低、可左、可右,点可以被写成一条线、一个小"v"、一个圈,或者根本不写点。字母"t"的横线也有很多变化,相对于字母的垂直部分横线的长度、角度、高度和位置都可变,有时它被写在远离垂直部分的地方,有时甚至在完成一行书写后最后一笔书写它。

　　圈和尾的长度之比(有时被称为书写的上下区)以及和字母的主体(中间

区）长度之比,在不同的字母之间通常是相似的,但在不同的书写人之间有很大的差异。

四、单词内部的变化

除了单个字母的变化外,那些短的、经常使用的单词如"of、to、the"也存在着变化。有时在同一人书写的笔迹中,同一个单词在不同位置其书写方式也不同;不同人书写同一个单词也存在很大的差异,如字母之间的间距不同,相同单词之间的距离也不同。

一个单词中的每个字母并非需要与下一个字母紧密相连,有的书写人连笔书写不超过三个字母,而有的书写人会连笔书写多个字母,且字母之间不会出现间断。有些书写人似乎不愿意将单词中一个字母和下一个字母进行连笔书写,也许是因为他们还没有掌握连笔书写的技能。

第五节　楷 书 体

另一种偶尔出现的书写形式是楷书体。可以看作是大写印刷体和草书体之间的过渡体。不同于草书的连笔书写,它是将字母分开进行书写,虽然降低了书写的速度,但更有利于识别与阅读。

楷书体大写字母的形状通常与书写人书写的大写印刷体相同,小写字母的形状则与其书写的草书一致。有时一个特定的字母由于书写时的连笔与否而表现出完全不同的形态,但同一个人采用楷书或草书体书写的同一个小写字母在很大程度上存在着一定的符合特征。

第六节　签 名 笔 迹

签名通常是草书的另外一种形式,需要单独考虑。一部分人的签名用大写印刷体,另外一部分人通常用草书。一般来说,草书签名可分为两种:一种是与草书写法非常相似的签名,实际上是他(她)们的正常签名笔迹;另外一种是带有明显标记的签名,通常难以辨认或完全无法辨认的。

无论字母在草书体中的形态特征是什么,但签名笔迹必须单独进行考虑。不管写的是全名还是首字母,或者只是首字母和姓,都是有意识的选择。首字母可以相互连接,也可以与姓氏相连,也可以分开,整体具有潜在的复杂性。

不经常书写的人,他们的签名很有可能是经常书写的字迹,所以签名可能比其他字迹更加流利且符合规范。于是就给人留下笔迹的正文和其后面的签名是由不同人书写的假象。当然,有时候是存在这种可能性:一个人书写收据、协议等其他文件的正文内容,而另外一个人进行签署。遇到此类情况,应该将签名笔迹与其他笔迹进行比较,同时更应该注意签名笔迹的写法特征以及书写的熟练程度。

和书写其他文字一样,一个人的签名笔迹也存在着变化。签名笔迹不可能像印刷过程一样准确地重复再现,通常一个人的签名笔迹之间也存在一定的差异。有些人书写的签名笔迹前后比较一致且变化较少,而有些人书写的签名笔迹则变化较大。因为签名可以在不同的场合进行,书写条件较好则字迹流利自然,书写条件较差则字迹发生改变。签名笔迹的变化特征将在下一章讨论。

第七节　布　局　特　征

除笔迹自身之外,纸张上的其他组成要素也是检验的一部分内容,因为有些要素可体现出书写人的书写习惯。文字在页面上的排列方式、行距、标点符号、正文两边的空白、段落、缩进等布局特征也可能因人而异。

比如信件和支票等这类特殊文件,在不同书写人之间有着较大的差异。写在信封上的地址既可以从信封的顶部开始,也可以从下面开始;行距有大有小。逗号或句号可以出现在行尾或门牌后面。部分支票可以用多种方法的组合来写。日期、金额的书写方式,数字、收款人姓名的位置和其他特征可能会有很大差异。

即使书写人在写作风格上做了刻意的改变,但布局特征倾向于稳定,这些稳定的特征可以为笔迹的认定提供依据。

第八节　个人笔迹的变化

前文已简要地提到了个人笔迹的变化及差异,尤其是书写速度等因素导致笔迹整体外观上出现较大的差异，但是如前文所述的许多细节特征将保持不变，尤其是一些稳定的、独有的特征仍然能被发现。所谓的稳定并不是意味着一个人书写字母表中的同一个字母能够高度一致，以至于像印刷字母一样可以完全重合。

以字母"h"为例，在大多数情况下可以口头描述其由一个又高又细的梨形圈和一个狭窄的拱形构成，虽然它们并不完全相同。然而，它们都不同于被描述为没有环和有一个宽拱。这是典型的样本笔迹，尽管彼此不完全相同，但它们的变化范围相对较小，并且排除了该字母的其他许多变体。

通常，两个人的样本笔迹包括一些无法区分的字母。换言之，就是一个特定字母在两个样本中的变化有可能是相同的。在众多笔迹中，一部分字母可以体现出这种相似性，但总有一些字母始终是不同的。

一个人的笔迹中每个字母的变化是在一个确定的范围内，但偶尔也有例外，有些变化不在这个范围内。究其原因，可能是由于笔的晃动、在页面底部不易书写、开始书写不同的字母，或者是由于其他因素导致书写的字母与其他字母差异较大，超出了此范围，但是这种差异不应被视为不同人书写的依据。如果一个样本与另一个样本中同一字母的变化范围均不同，方可得出样本可能是不同人书写的结论。有时，那些在每个样本中重复出现的一致性差异，哪怕差异非常小，但是它们反而比单个样本的较大差异更有价值，单个样本的较大差异很可能是一次性的、非典型的。正常情况下，一个人的自然样本中几乎没有稳定性差异，而两个人的笔迹中则会有多处稳定性差异。

一、同一人使用不同的书写形式

有时，同一个人对于一个特定的字母会使用不同的书写形式。如前所述的字母"b"的两种书写形式都可以在一个人的样本笔迹中出现，即一个人可以随机地使用大写印刷体或草书书写同一个大写字母。同样，书写其他字母也可以采用两种或多种形式，具体采用哪一种形式主要取决于它们在单词中的位置。有时，一种书写形式通常只出现在单词的末尾，而另一种书写形式则出现在单词的中间或开头。当一个字母出现两种书写形式时，这两种书写形式之间几乎没有关联，所以最好的办法是将它们视为不同的字母。同样，其他字母也有不同的书写形式，每一种书写形式都存在着一定的变化范围，变化范围的大小取决于书写人。当然，大多数人在书写时只采用一种书写形式。

二、个人及风格特点

不同人笔迹中的差异特征出现频率不同,有些特征出现得相当频繁,而另一些特征则很少出现。有些人在书写中加入一些与众不同的特征,这些特征被称为个人特征,表明它们具有个性特征。因为这些不寻常的个性特征,很难在其他人的笔迹中被发现,所以可以用这些个性特征来区分两个人的笔迹,采用此方法区分两个人笔迹的可靠性较高。

对于那些平时很少进行书写的人的笔迹而言,他们的笔迹与最初学到的标准规范可能没有太大的差异。在他们的笔迹中发现许多特征都有一个共同的来源,那就是最初通过教学习得的特征。因此,这些特征并不是个性特征,而是具有同源的共性特征,被称为"风格"特征。

第九节　不同书写人笔迹之间的差异

根据笔迹中字母的大小、笔画坡度、线条质量、曲率的平滑度、整体布局等特征进行综合判断,可以将一个人书写的楷体、草书体与其他人的笔迹进行区分(图2.3和图2.4)。

由于每个字母都存在许多的变量,不同人笔迹中的这些变量也各不相同,而且不同人的笔迹中又有很多相同的字母可供比较,因此这些变量为笔迹的区分提供了可能性。当然,变量完全相同的可能性在理论上是成立的,但在实践中是可以忽略不计的。这仅仅是指理想状态下一个人书写的笔迹。如果说"每个人都有其独特的书写方法"也可能是正确的,但是不能说"每个人的笔迹与他人的笔迹都不相匹配"。对于任意一份笔迹而言,这句话的真实性取决于笔迹的数量以及个性特征的价值。如果能够提供大量的笔迹,那么就会发现每个人的笔迹的综合特征与他人各不相同,相同的综合特征在两个人的笔迹中实现匹配的可能性是不存在的。但是,如果提供笔迹的数量越少,实现匹配的概率就越大。

在司法鉴定中如何考虑笔迹的这些影响因素,完成笔迹的同一认定,将在第四章进行详细的论述。

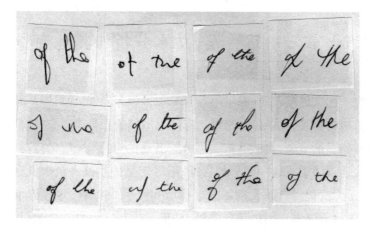

图 2.3 不同人书写的"of"和"the"，请注意字母搭配比例上的巨大差异。

(a)

(b)

图 2.4 （a）12个人书写的两个单词，显示了每个字母的构造方法和字母之间的搭配比例。（b）图 a 中的一个放大图，可以看到在字母 E 和 H 中笔没有完全抬起的连接线。

第十节　拼写错误,文本分析和其他变量

在研究不同人的笔迹时,除了笔迹自身和排版布局外,还可以从其他方面获取更多有价值的信息,比如拼写错误。有些人不擅长正确拼写,在他们的笔迹中能发现拼写错误的现象,类似的错误也可能出现在他们所书写的检材中。

外行人通常很重视这一明显的特征,但对于文件检验人员来说这类错误很常见,以至于无法提供有意义的证据。像"forty"和"ninety"这样的单词经常被拼错,不应该过分强调它们的相似之处,把重点放在它们身上。然而,在一般情况下,文件检验人员并不认为自己是拼写错误发生频率方面的专家,因此也不愿对其进行评论。在法庭上,陪审团可能会被告知:通过比较笔迹得出的结论与某些单词的拼写方式无关,拼写方式对结论没有任何影响,他们从中选择的任何证据都高于从笔迹中获得的证据。在考虑单词的拼写方式时应该记住拼写错误是一个明显的特征,很容易被摹仿。书写人也可能会突然学会正确地拼写这个单词,而错误的拼写就会突然消失。

对文本的分析也是有意义的,但很少有笔迹检验人员尝试。在某些情况下专门从事文本分析的人可以从中获取很多信息。对文本进行比较则需要相当多的样本,而且无须考虑笔迹的承载体。例如,手写笔迹可以与印刷字迹相比较。进行文本分析时考虑的因素包括句子长度、句子长度的比例、动词/形容词的比例、特定单词的使用(如"however")以及音节与单词的比例。对以上这些特征的适当评价可以在某些情况下提供有用的证据,可以在被告的陈述受到质疑时使用。有关文本分析的更多细节,请参见 Coulthard 等的文献。[4]

第十一节　非罗马体

上述的罗马体英文笔迹检验原则同样适用其他语言和文字书写的笔迹。无论笔迹是从右到左还是从左到右书写、无论是基于语音还是基于表示单词而非字母的字符,同一人的笔迹和不同人的笔迹之间都存在着差异,从这些差异中可以得出重要的证据。

在同样使用拼音字母的非罗马文字手稿中,同一人的笔迹和不同人的笔迹之间也会出现与罗马文字手稿相同的变化。有些字母比其他字母的变化范围更大。在阿拉伯文字笔迹中,一些字母通过点的数量来区分,点的数量介于 1 到 3之间,点高于或低于所有字母。然而,同一个字母单独写出来,或者放在任何一组字母的开头、结尾或中间是有区别的,这样的群体不一定是一个词。因此,在这些笔迹检验中需要大量的可用于比较的材料。

在汉语中,汉字是分开书写的,而不是按音标进行书写。汉字由八种不同的笔画构成,每一种笔画都有"阴影"——笔画的宽度逐渐变化。在传统书写中汉字是用毛笔写的,即使使用圆珠笔,一些"阴影"也是存在的,可以用来区分不同书写人。和其他文字一样,笔画的顺序在区分不同人的笔迹中起着重要的作用,这在很大程度上是因为书写汉字的复杂性。汉字宽度和高度的比例也很重要,就像每个笔画本身一样。这些笔画内楔形的开始或线形的结束可能是为了形成"阴影"或重点强调。汉字中的对称笔画、平行笔画、倾斜程度和间距也有不同程度的变化。汉字笔迹中也存在拼写错误,因为同一字音可能会出现不同的汉字,而书写人可能没有意识到应该使用哪个汉字。人类的个性和非机械的可变性跨越了国别和种族的界限。[5~10]

第十二节 笔迹的分类

某些特征在一些笔迹中出现,而在另外一些笔迹中不出现,因此可以根据这些特征对笔迹进行分类。这种分类方法的好处如下:首先,可以测量某些特征出现的频率;其次,为系统的检索提供方便,系统只需检索匹配的笔迹,而不需要搜索集合中的每个示例。

这种分类并不容易。尽管两个人的笔迹特征明显不同,将这两份笔迹区分开来的特征在其他笔迹中不一定适用,因为这些特征在其他笔迹中不一定出现,因此,很难定义一条明确的分界线对笔迹进行区分。而且由于一个人的笔迹的可变性更增加了这个问题的难度,一个人笔迹的变化范围可以跨越选定的分界线。

尽管存在以上问题,人们还是设计出了几种笔迹分类系统,其中包括已在德国使用多年的一个系统,这个系统是基于字母表中不同字母的共同特征,而不是对字母进行详细的检验。同样,在英国使用的被盗支票分类系统,很大程度上是基于"英镑"这个词的特征。伦敦警察厅法庭科学实验室开发的另一种分类方法是基于大写字母的构造方法,这种方法的优点是,笔迹之间的差异是明确的,而且不同书写人之间使用的特征往往是一致的,该系统提供了有关不同构造方法出现频率的相关信息。

其他一些分类是基于草书和签名完成的。[11~13]然而,实际上还没有收集到足够的定量数据促进文件检验,因此对文件检验人员的工作影响不大,他们更多地依赖于自己的观察和经验。

第十三节　模式识别技术

随着机器识别技术的发展,人们开始应用这些技术来区分不同人的笔迹。基于计算机的模式识别方法非常复杂,需要很强的专业知识。例如,可以比较和测量特定区域的高度和面积,并提供相应的数据。同样,圆形字母的角度和面积也可以计算出来。但是这些方法尚未被广泛地应用到文件检验领域。

在德国,已使用机器识别技术尝试从大量样本中检索与检材特征类似的笔迹。在英国,已开展了利用机器识别技术鉴定销售点的签名研究。纽约州立大学布法罗分校的文件分析与识别中心也做了大量类似的工作,关于这项工作更多信息可以访问 www.buffalo.edu 网站。由于大多数法律体系要求个人对所提供的证据负责,因此在短期内,法庭上的证据似乎不太可能完全基于模式识别技术。然而,机器识别技术在笔迹检验中一定有着广泛的应用前景。[14]

参考文献

1. Srihari, S.N., Meng, L., and Hanson, L. Development of individuality in children's handwriting, *Journal of Forensic Sciences*, 61, 1292, 2016.
2. Fryd, C.F.M. The direction of pen motion and its effect on the written line, *Medicine, Science and the Law*, 15, 167, 1975.
3. Snape, K.W. Determination of the direction of ballpoint pen motion from the orientations of burr striations in curved pen strokes, *Journal of Forensic Sciences*, 25, 386, 1980.
4. Coulthard, M., Johnson, A., and Wright, D. *An Introduction to Forensic Linguistics: Language in Evidence*, second edition, Routledge：London and New York, 2017.

5. Leung, S.C. The scientific examination of Chinese handwriting, *Forensic Science Review*, 6, 97, 1994.
6. Leung, S.C., Tsui, C.K., Cheung, W.L., and Chung, M.W.L. A comparative approach to the examination of Chinese handwriting, Part 1, *Journal of the Forensic Science Society*, 25, 255, 1985.
7. Leung, S.C., Tsui, C.K., Chung, M.W.L., Cheung, S.Y.L., and Mok, M.M.C. A comparative approach to the examination of Chinese handwriting, Part 2, *Journal of the Forensic Science Society*, 27, 157, 1987.
8. Leung, S.C., Tsui, C.K., Cheung, W.L., Chung, M.W.L., and Cheung, S.Y.L. A comparative approach to the examination of Chinese handwriting, Part 3, *Journal of the Forensic Science Society*, 28, 149, 1988.
9. Leung, S.C. and Cheung, Y.L. A comparative approach to the examination of Chinese handwriting, Part 4, *Journal of the Forensic Science Society*, 29, 77, 1989.
10. Leung, S.C., Chung, W.L., Fung, H.T., and Cheung, Y.L. A comparative approach to the examination of Chinese handwriting, Part 5, *Journal of the Forensic Science Society*, 33, 9, 1993.
11. Evett, I.W. and Totty, R.N.A study of the variation in the dimensions of genuine signatures, *Journal of the Forensic Science Society*, 25, 207, 1985.
12. Wing, A.M. and NimmoSmith, I. The variability of cursive handwriting measure defined along a continuum: Letter specificity, *Journal of the Forensic Science Society*, 27, 297, 1987.
13. Johnson, M.E., Vastrick, T.W., Boulanger, M., and Scheutzner E. Measuring the frequency occurrence of handwriting and handprinting characteristics, *Journal of Forensic Sciences*, 62, 142, 2017.
14. Srihari, S.N. and Singer, K. Role of automation in the examination of handwritten items, *Pattern Recognition*, 47, 1083, 2014.

拓展阅读

Al-Hadhrami, A.A.N., Allen, M., Moffat, C., and Jones, A.E. National characteristics and variation in Arabic handwriting, *Forensic Science International*, 247, 89, 2015.

Ansell, M. Handwriting classification in forensic science, *Visible Language*, 8, 239, 1979.

Brown, M. Teaching handwriting in an English innercity area, *Journal of the Forensic Science Society*, 25, 313, 1985.

Casey-Owens, M. The anonymous letter writer—A psychological profile, *Journal of Forensic Sciences*, 29, 816, 1984.

Conway, J.V.P. The identification of handprinting, *Journal of Criminal Law, Criminology and Police Science*, 45, 605, 1955.

Crown, D.A. and Shimaoka, T. The examination of ideographic writing (Chinese and Japanese), *Journal of Police Science and Administration*, 2, 279, 1974.

Cusak, C.T. and Hargett, J.W. A comparison study of the handwriting of adolescents, *Forensic Science International*, 42, 239, 1989.

Daniels, J.R. Unusual formation of cursive lower case letter "p", *International Journal of Forensic Document Examiners*, 1, 209, 1995.

Dawson, G.A. Internal consistency in handwriting, *Canadian Society of Forensic Science Journal*, 20, 57, 1987.

Eldridge, M.A., NimmoSmith, I., and Wing, A.M. The dependence between selected categorical elements of cursive handwriting, *Journal of the Forensic Science Society*, 25, 217, 1985.

Eldridge, M.A., NimmoSmith, I., Wing, A.M., and Totty, R.N. The variability of selected features in cursive handwriting: Categorical measures, *Journal of the Forensic Science Society*, 24, 179, 1984.

Foley, R.G. Characteristics of synchronous sequential signatures, *Journal of Forensic Sciences*, 32, 121, 1987.

Found, B., Rogers, D., and Schmittat, R. A computer program designed to compare the spatial elements in handwriting, *Forensic Science International*, 68, 195, 1993.

Franks, J.E. The direction of ballpoint penstrokes in left and righthanded writers as indicated by the orientation of burr striations, *Journal of the Forensic Science Society*, 22, 271, 1982.

Franks, J.E., Davis, T.R., Totty, R.N., Hardcastle, R.A., and Grove, D.M. Variability of stroke direction between left and righthanded writers, *Journal of the Forensic Science Society*, 25, 353, 1985.

Gamble, D.J. The handwriting of identical twins, *Canadian Society of Forensic Science Journal*, 13, 11, 1960.

Gupta, S.K. Protecting signatures against forgery, *Journal of the Forensic Science Society*, 19, 19, 1979.

Hardcastle, R.A. Forensic linguistics: An assessment of the CUSUM method for the determination of authorship, *Journal of the Forensic Science Society*, 33, 95, 1993.

Hardcastle, R.A. and Kemmenoe, D. A computerbased system for the classification of handwriting on cheques, Part 2, cursive handwriting, *Journal of the Forensic Science Society*, 30, 97, 1990.

Hardcastle, R.A., Thornton, D., and Totty, R.N. A computerbased system for the classification of handwriting on cheques, *Journal of the Forensic Science Society*, 26, 383, 1986.

Hung, P.S. and Leung, S.C. Some observations on the morphology of a ballpoint pen stroke, *International Journal of Forensic Document Examiners*, 1, 18, 1995.

Jasuja, O.P., Komal, and Singh, S. Examination of Gurumukhi script: A preliminary report, *Science and Justice*, 36, 9, 1996.

Kapoor, T.S., Kapoor, M., and Sharma, G.P. Study of the form and extent of natural variation in genuine writings with age, *Journal of the Forensic Science Society*, 25, 371, 1985.

Levinson, J. Questioned document examination in foreign scripts, *Forensic Science International*, 22, 249, 1983.

Ling, S. A preliminary investigation into handwriting examination by multiple measurements of letters and spacing, *Forensic Science International*, 126, 145, 2002.

MacInnes, S.E. Adolescent handwriting—Nature versus Nonnature, *Canadian Society of Forensic Science Journal*, 27, 5, 1994.

Marquis, R., Taroni, F., Bozza, S., and Schmittbuhl M. Size influence on shape of handwritten characters loops, *Forensic Science International*, 172, 10, 2007.

Masson, J.F. A study of handwriting of adolescents, *Journal of Forensic Sciences*, 33, 167, 1988.

McMenamin, G.R. Forensic stylistics, *Forensic Science International*, 58, 1, 1993.

Miller, J.J., Patterson, R.B., Gantz, D.T., Saunders, C.P., Walch, M.A., and Buscaglia J.-A. A set of handwriting features for use in automated writer identification, *Journal of Forensic Sciences*, 62, 722, 2017.

Miller, J.T. Writing machines, *Forensic Science International*, 13, 1, 1979.

Muehlberger, R.J. Class characteristics of Hispanic writing in southeastern United States, *Journal of Forensic Science*, 34, 371, 1989.

Purtell, D.J. Modern handwriting instructions, systems techniques, *Journal of Police Science and Administration*, 8, 66, 1966.

Saxena, H.M. and Singh, M. Classification of writing elements in Devanagari script, *Journal of the Forensic Science Society*, 32, 143, 1992.

Sedeyn, M.J. Handwriting examination: A practical approach, *Forensic Science International*, 36, 169, 1988.

Srihari, S., Huang, C., and Srinivasan, H. On the discriminability of the handwriting of twins, *Journal of Forensic Sciences*, 53, 430, 2008.

Srihari, S.N., Cha, S-H., Arora, H., and Lee, S. Individuality of handwriting, *Journal of Forensic Sciences*, 47, 1, 2002.

Strangohr, G.R. and Alford, E.F. Synthetic signatures, *Journal of Forensic Sciences*, 10, 77, 1965.

Taylor, L.R. and Chandler, M. A system for handwriting classification, *Journal of Forensic Sciences*, 32, 1775, 1987.

Totty, R.N., Hardcastle, R.A., and Dempsey, J. The dependence of slope of handwriting upon the sex and handedness of the writer, *Journal of the Forensic Science Society*, 23, 237, 1983.

Totty, R.N., Hardcastle, R.A., and Pearson, J. Forensic linguistics: The determination of authorship from habits of style, *Journal of the Forensic Science Society*, 27, 13, 1987.

Twibell, J.M. and Zientek, E.L. On coincidentally matching signatures, *Science and Justice*, 35, 191, 1995.

第三章

笔迹：偶然变异和故意修改

引　言

在前一章中描述了正常手写笔迹,主要探讨了不同人的笔迹之间以及同一人笔迹之间的差异及其原因,如果考虑到书写过程中的偶然性和故意修改等因素,笔迹的鉴定会变得更加复杂。本章中主要讨论这些复杂性。在下一章中,我们将讨论在这种背景下如何对两种或两种以上的笔迹进行比较检验而得出结论。

第一节　笔迹的偶然变异

上一章已对个人笔迹变化的必然性进行了阐述,无论书写人如何刻意地控制,变化都会发生。哪怕是书写熟练程度很高的书法家用固定的方法去书写同一个字母,表面看起来这些字母是相同的,但实际上没有两个字母是完全一模一样的。具有和书法家一样的书写控制力和熟练程度的人,即使在理想的状况下,他们所写字母表中的同一个字母也会表现出相当明显的差异。

如果书写条件不理想,笔迹的质量会因身体原因、笔的质量、书写承载体表面等因素的影响而改变;广义上讲书写者的姿势及健康状况也可能导致这种情况发生。

一、书写工具

时下可用于书写的笔种类繁多,有使用水性墨水的宽笔尖钢笔,有使用墨水的马克笔(笔尖是由毡或压缩纤维形成的多孔材料),还有使用油墨的圆珠笔

（油墨在球珠的转动下被附着在纸面上）。无论一个人使用哪种笔进行书写，其笔迹都具有一定的稳定性。这是因为现在几乎所有的笔都是用单点书写的笔，如尖头纤维笔、圆珠笔、钢笔（其笔尖带有圆形或近似球形的硬金属）。当使用宽笔尖或宽纤维笔尖的笔进行书写时可能会产生差异，这是由于笔在向上移动时，笔尖与纸面很难成直角。在大多数现代书写工具中，不同的笔和纸张表面产生的摩擦而形成的差异几乎可以忽略不计。当然，有缺陷的笔尖或表面粗糙的纸张都会对笔迹产生影响。如笔尖破损的钢笔、纤维尖变形的马克笔、球珠受损的圆珠笔都可能导致墨水在纸上分布不均，形成笔画的宽度不一。此外，当在粗糙表面进行书写时，承载面会影响笔的预期运动，特别是在改变书写方向时影响较明显，导致书写人比正常情况下更频繁地提笔，因此会给人一种"构造方法不同"的错觉。一个特殊的例子是用圆珠笔在灰泥墙上写字。由于圆珠笔的油墨是依靠重力流出，当用笔向上书写时，油墨无法流出，继续书写时只在灰泥墙表面留下比较深的笔痕而无油墨，与铅笔由于摩擦而在承载面上附着了石墨相类似，从而形成了与铅笔相同的现象。对书写人的影响是：迫使其把每个字母减少为一系列独立的笔画，而没有尖锐的角度或曲线。在不太粗糙的表面书写时，笔移动的阻力相对较大，也会出现类似的现象。

当一张纸被放置在粗糙的客体上时，客体表面的粗糙程度也会影响笔画线条的质量，形成的笔画线条不平滑、不连续，而是一条被不规则的下表面打断的线。如果在纸下面有一个未被刨平的木头表面，笔画就会形成一个和木头纹理一致的图案。当笔在纸面的凸起部位划过时，留在纸上的墨水相对较多；当笔在纸面上凹槽上划过时，留在纸上的墨水相对较少。这种现象可能会与摹仿笔迹相混淆（稍后讨论），但这种不均匀的规律性恰恰能反映出衬垫物表面特征。

因光滑纸张的吸墨效果不良，书写在其上的笔画通常会被误认为是使用质量差的钢笔导致缺少墨水一样。在这种情况下有时可能会发现重复笔画，这是因为书写人为了改善不着墨的现象而进行的二次书写，这种现象可能与摹仿笔迹相混淆，如果再加上运笔不稳定等因素会增加与摹仿笔迹区别的难度。从事书写活动时，因笔在纸面上的摩擦而形成笔画线条，但在表面较为光滑的客体上书写时因摩擦力减小，导致笔画难以到达预定的路径，从而形成了与正常笔迹之间的差异。

虽然粗头纤维笔或毡头笔对书写人的动作几乎没有影响，但却很难通过笔迹确定运笔动作。

二、书写姿势

书写姿势对笔迹也会有影响,假如书写人处于一手拿笔一手拿笔记本的别扭姿势,那么其对笔的控制就会比理想状态下的控制要弱。这种情况可能发生在门口签收挂号信或送达记录时,同样,将货物送到工厂或建筑工地时,一般会在任何方便可用的物品上签收送货单,但现在大部分时候都是通过电子签名方式签收。有些交易记录可能在移动的车辆、飞机或船舶上完成,这些票据上的笔迹有可能反映出非正常的书写姿势,但须与正常手写笔迹比较方可得知。[1]

因书写姿势的改变笔画不能按照预定的轨迹运行,从而与正常笔迹形成差异。如字母"a"不是由一个闭合的圆组成的,而是在圆的顶部有一个缺口或者与右边的垂直部分不相交。(笔画线条被明显拉长、封闭的区域被打开、笔画转折处与快速书写明显不同。)此外,由于对笔的控制力相对较差而出现一些反常的笔画,如形状怪异的圆圈及特别长的笔画线条等。但是随着书写姿势的调整,笔迹的质量也发生相应的变化。因此,笔迹中有些单词书写正常,而有些单词则会过度变形。

书写文字的位置(非写作姿势)也会影响书写的结果,比如书写或签名是在页面底部有限的空间里。字母的基本特征如构造方法等不会改变,这是因为在潜意识中将笔指向某一特定方向的行为是根深蒂固的,但字母与字母、单词和单词之间的搭配比例会发生变化。

在墙壁和其他垂直表面上书写时,书写介质通常是粉笔或刷子,因书写条件的变化从而导致与正常笔迹有较大的差异。最大的差异是增加了单个字母笔画的数量,这是由于书写工具和承载体表面之间的摩擦力增大而形成,但整体构造方法以及字母、单词间的搭配比例不变,另外就是笔画中圆圈的形状变化较大。

三、生理状况

精神障碍、手有残疾、身体虚弱等生理状况也会对笔迹有影响。通过对病人笔迹的检验可用于诊断某些身体和精神疾病,但疾病和笔迹之间的关系研究是一个较大的主题,在这本书中将不作详细讨论。然而,在许多情况下笔迹检验人员需要检验的笔迹是疾病期间书写的笔迹、服药后书写的笔迹或饮酒后书写的笔迹。有时一些有争议的遗嘱上的签名可能是在重病期间签署的,要么声称是在重病期间签署的。

　　将上述的这些签名与身体状况良好下的签名笔迹进行比较,发现它们之间存在着很大的差异,要么是因为疾病所致,要么是因为书写人不同所致。考虑这两种可能性对于笔迹检验很重要。

　　研究表明,老年人或患有衰弱疾病的人的笔迹在一定程度上取决于衰弱的程度和疾病本身。有些病症会引起颤抖,如帕金森病;有些疾病会影响握笔的能力以及手或手指的移动,如关节炎;视力减退也会影响一个人的笔迹。疾病对笔迹影响也具有一定的规律性,笔迹特征在一定情况下是可预测的,如手的震颤表现为笔画的均匀抖动,而协调不良则会导致笔画出现弯曲处不平滑、错位笔画、圆圈连接不佳、拖尾代替提笔等现象。如果笔迹的某一部分出现抖动,那这种抖动通常会贯穿整个写作过程。但在写作过程中因疲劳而导致笔迹质量下降除外。

　　身体的状况不佳会影响笔迹的质量,笔迹的质量会随着时间的推移而改变。尤其是那些随着年龄增长而逐渐恶化的疾病,通过其笔迹也能反映出疾病的逐渐恶化。在某些情况下由于使用药物控制了疾病的症状,其笔迹的质量有可能会发生改变甚至逆转。在处理这类案件时,尽可能从书写人的医疗笔记中获取有用的信息,以便充分了解健康状况对书写人控制书写工具能力的影响,有助于区分帕金森病患者的笔迹与摹仿笔迹。Dziedzic 最近研究了俯卧姿势书写(如在临终遗嘱中可能遇到的姿势)对笔迹质量的影响。此类病理笔迹的检验,最重要的是要能够提供同期的样本笔迹,而且样本笔迹的时间跨度越大越好,能够将检材笔迹涵盖在内。

　　(一) 引导签名

　　对于重病患者,有时会由另一人握着患者的手协助其完成签名。在某些情况下,笔可能在引导者手中,但引导者只是控制笔的移动形成笔画,而其自身的书写习惯很难留下,因此,在此类签名笔迹中也反映不出引导人与签名之间的关系。但如果患者的手完全无力,引导人的书写习惯将在签名中会有所体现。

　　此类引导签名可能是由许多格式不佳且分开的笔画构成,也可能是由书写水平较高的引导者的笔迹构成,与个人在健康状况良好时所写的签名笔迹相比,参考价值不高。

　　另一种情况,引导者仅仅只是支撑患者手臂,书写的签名笔迹与被引导者正常的签名笔迹之间没有太大差异。在这两个极端之间,由此产生的签名可能是患者和引导者的笔迹的混合体。但有一个较为明显的特征是书写压力越大,笔

画线条质量就越差，笔画的走向也会更曲折。此外，还可能产生与正常签名差异很大的偶然特征。

引导签名与摹仿签名的特征很像。因此，区分这两种签名与普通签名的特征的不同是非常重要的。这些特征，在后文中有阐述，摹仿签名的方式还包括临摹和描摹等，都与引导签名的特征有所不同。[2]

（二）服药后和酒后的笔迹

患者服用药物会改善疾病的症状，并使患者能够流畅自如地书写，停药后则相反。在糖尿病、帕金森病和通过镇静剂缓解紧张状态的治疗中都发现了此现象。

在研究药物成瘾对书写的影响时发现，在麻醉剂和酒精的影响下，书写水平会随着书写人对自身肌肉控制能力的下降而改变。对受控对象的研究表明，麻醉剂和酒精对每个人的影响都是不一样的，但共同的特点是字形变大、结构松散，而构造方法和搭配比例不变，但后者可以通过放大和变形进行修正。吸毒者和酗酒者的笔迹不但会受到高浓度药物的影响，也会受到戒断反应的影响，在低浓度药物的作用下他们的笔迹是最自然的。

（三）视力障碍

视力受损也会影响笔迹。即使全盲也可以进行书写，但往往会把笔画连在一起，或者就会把笔画放错位置，也可以用尺子或其他直边工具作为引导。这种笔迹很容易识别，许多字母的底部出现了水平线。使用直边来保持文字的位置并不局限于视力不好的书写人，其他书写人也可能会用到，比如必须将文字和数字书写在有限的空间内时。

在视力受损者的笔迹中发现的另一个特征是把签名分成两部分，两部分的写法都是正确的，但排列方式不对，这是因为笔离开纸面后，再落到纸面的位置产生了偏差，此特征与视力正常的人明显不同。

第二节　故意改变的笔迹

在许多情况下，当书写人故意去改变书写方式时，笔迹会发生一些异常的变化。书写人获得书写技能后，可通过书写来表达思想，只要书写的笔迹具有可读性，很少有人考虑书写技能是如何获得。正常的书写是一种潜意识的行为，书写人不会关注每一笔的运笔动作；因此，书写是一种习惯的体现，而不是有意识的行为。但在许多情况下书写人为了娱乐或欺诈而故意改变书写方式，在刑事和民事案件中较为常见。

　　这些经过故意改变的非正常笔迹可以分为两类，一是伪装笔迹，即使其看起来不是由书写人本人书写；二是摹仿笔迹，即摹仿其他人的笔迹。伪装笔迹与摹仿笔迹的界线并不是特别明确，因为书写人通过摹仿可有效地掩盖自身的书写习惯。

一、伪装笔迹

　　每年二月许多信件都是以匿名的形式进行发送，其目的是让收信人通过笔迹识别情人节卡片的发送者。然而，匿名邮件也被经常用于那些目的不纯的欺骗行为，如恐吓信、淫秽信件、爆炸装置和在银行柜台间传递的汇款纸条等。在这些案件中，很多书写人都通过伪装而改变书写风格和书写习惯，有时提取的样本笔迹也经常被伪装。

　　一个人的笔迹最明显的特征就是整体外观特征，如字的大小和倾斜程度这类显而易见的特征。因此，最有可能的伪装手段是通过改变字的大小或倾斜程度，从而达到改变整体外观的目的，因为页面上的文字的前倾与后倾、小字与大字的整体效果明显不同。在前一章中我们讨论了单个字母的细节特征，这些细节特征是在潜意识中形成的，不会受倾斜程度和大小变化的影响。每个字母的写法和搭配比例基本上保持不变，如圆形笔画的高度和其包围的区域之间的比例关系几乎保持不变，虽然可能会存在一些差异，但差异不大。

　　然而，伪装笔迹可能会故意改变字母的形态和搭配比例。书写人有可能改变他们认为最明显的特征，与正常笔迹完全不同的一些比较怪异的书写形式。还可以用非利手书写进行伪装，如左利手用右手书写，右利手用左手书写。因非利手对笔的控制不如利手，从而导致笔迹凌乱、不规则、字变大等特征。

　　当然，另一种伪装的方法是改变字的形体，即有时使用大写字母进行书写，有时使用小写字母进行书写，或者两者混合使用。与其说是形体的改变不如说是书写方式的改变。还可以用低水平书写进行伪装，即高水平书写人摹仿低水平人的笔迹，一笔一画刻意地慢速书写，像初学写字时那样，能够控制每一个笔画，且重复性高。

　　有多种草书体书写技能的人可以使用收信人不熟悉的那一种进行书写。这很难说是伪装笔迹,因为这类笔迹都是自然状态下书写的正常笔迹,但其目的是伪装。当然,具有这种能力的人毕竟是少数,大多数人不具备这样的能力。

伪装书写的难点

书写习惯是潜意识的、根深蒂固的,有意识地去改变书写习惯需要高度集中的注意力。如果只是改变字倾斜程度和大小相对比较容易,但即使刻意选择一个倾斜角度去书写,结果是有些字比其他字倾斜得更厉害,而有些字可能与正常笔迹的倾斜程度一致,并不会形成完全一样的倾斜程度,这就意味着伪装笔迹中字的倾斜程度缺乏一致性。

对细节特征进行检验时也会发现两者的差异。例如,一封伪装书写的匿名信,不仅倾斜方向是反的,而且字母"g、y"的下半圈也变成了双环"8",这与书写人正常笔迹中的单循环形成了鲜明的对比。在伪装书写的过程中因注意力不集中又回归到正常的书写习惯——单环形式,但为了保持一致性,再用额外的笔画加以修饰形成双环,这是典型的伪装笔迹特征。

和其他人类活动一样,伪装的能力因人而异。擅长于此的人可以通过不断改变笔迹的特性进行伪装,而不擅于伪装的人书写的伪装笔迹与正常笔迹间的差异很小,几乎没有什么改变。当然,通过不断地练习,伪装的能力是可以得到提升的。一个想要伪装自己笔迹的人可能会花上几天或几周的时间使其笔迹的书写风格发生变化,与其以前的笔迹完全不同。实际上这种情况很少见,因为企图犯罪或进行欺骗的人通常不会下这么大的功夫。因此,字数少的伪装并不难,但字数多的伪装相对较难,因为书写人不可能长时间保持高度集中的注意力,在其笔迹中总会暴露出一些书写习惯。

在侦查中,提取犯罪嫌疑人的样本笔迹是很常见的,犯罪嫌疑人会采用非常规的方法书写,从而达到伪装目的。所以收集的此类笔迹作为比对样本时,要考虑到伪装的可能性。有关这个问题将在下文进行全面讨论。

用大写形式的伪装不常见。也许因为大写字母辨认起来较费劲且很难体现出书写人的个人特征,导致人们认为这没必要去伪装。当使用大写形式伪装书写时,书写人更倾向于使用字帖中字母的写法,每个字母用尽可能多的笔画构成,或者用额外的衬线来装饰字母。

二、伪装签名

在刑事调查中会遇到一些伪装签名笔迹。一种常见的欺诈方法是签署文件后否认签名，这种方式常见于贷款申请材料中的签名，尤其是贷款以申请人的房屋为抵押的情况下。他们试图声称一个看起来正常的签名是复制件，以期达到欺诈目的。当然，这些被否认的签名最终还是会被认定。当事人会经常说一句典型的话："我从来没有那样写过'J'"。在许多情况下，书写人为了防止收件人将签署文件上的笔迹与他的信用卡、驾照或其他文件上签名进行比较，所以在伪装签名时还要避免与正常签名笔迹的差异过大，这就导致伪装签名笔迹的大部分特征不会改变，只有一些明显的特征会被改变，如将字母大写。

这种伪装签名笔迹的特点是笔画流利，字母的搭配比例等细节特征匹配度高，最大的差异就是字母的大写，这类签名对于文件检验人员完成同一认定并不难。如果认为是他人摹仿，那么细节特征的匹配与一般性特征的差异将无法得到合理的解释，所以，最合理的解释是书写人伪装书写形成。

当然，除了上述方法外，还可以使用设计签名进行伪装。设计一个与平时书写形式完全不同的签名，如果将来受到质疑时，签署人可以声称这不是他本人的签名，而是摹仿签名。当然，设计签名很容易实现，只要将正常签名笔迹中的几个字母书写形式进行改变就能达到与正常笔迹完全不同的效果。但是这种签名又会产生新的问题，那就是既没有证据表明不是他们的签名，也没有证据表明是他们的签名。还有一种伪装方法就是签名被书写成潦草的字迹，导致难以辨认，但在这些签名中，有时会发现与正常签名一致的运笔动作，如果有人摹仿此类签名，只能是在整体外观上匹配，但在细节上无法实现。

另一种很少见的方法是，让伪装者书写另一个人在摹仿签名时所形成的特征。这类签名在部分笔画的运笔等方面与正常签名笔迹有一些相同的特征。在德国进行的一项研究中发现，一小部分被要求伪装签名的人选择了这种方法。[3]

第三节 摹 仿 笔 迹

通常有两种方法来摹仿他人的笔迹。第一种就像绘画一样的临摹，之所以称为临摹是因为摹仿时手不受如前所述的母本的约束。第二种方法是使用书写工具在母本上进行描画，称为描（套）摹。虽然临摹与描摹这两种方法不同，但有时不准确的描摹与临摹特征类似，因此，需要检验人员在临摹或描摹之间做出选择。

　　这两种方法的结果都是形成了具有欺骗性的伪造笔迹。然而,"伪造"一词隐含着欺骗的含义,在描述摹仿笔迹时最好避免使用这个词,因为无论是临摹还是描摹,有可能是由一个没有任何犯罪意图的人书写的,并且得到当事人的授意。当然,如果以欺骗为目的地代写签名,哪怕笔迹中没有任何特征与被代写签名相同,也属于伪造。

　　如前所述,笔迹并不是一成不变的,会因人而异,同一个人书写的两份笔迹不可能完全相同,毕竟还是存在着一定的差异,因此,摹仿笔迹也不可能达到百分之百的完全一致,所以评价一份笔迹是否为摹仿笔迹,还要在一定的范围内包容其存在的差异。

一、徒手临摹

　　临摹的对象既可以是签名也可以是其他笔迹,但临摹签名更常见。自 16 世纪以来签名就被认为是一种证明身份的手段。即使在那时,人们也意识到签名存在着被摹仿的风险,所以在书写签名时增加了一些额外、夸张的动作和笔画,以期降低被摹仿的风险,而这种方法一直被沿用至今。还有一些人在签名中加入比较复杂的动作笔画,也是为了预防被摹仿。

　　摹仿一个签名笔迹时,摹仿者尽可能使笔迹的整体外观与仿本相同,从而达到欺骗的目的而不被对方发现。像银行职员或汽车租赁职员只要看一眼出示的签名和信用卡或驾照上的签名大致相同时就会通过,很少会去仔细检查签名的真伪,尤其是业务繁忙的情况下。所以在许多情况下几乎不需要做一个非常吻合的摹仿笔迹就可以达到欺骗的目的。当然,如果需要更高明的摹仿还需下更大的功夫。

　　要想摹仿出外观形态一致且笔画流利自然的签名,必须满足两个条件,一是签名笔迹的形状和搭配比例与仿本一致,二是笔画的运笔必须流畅。虽然这两个条件分开来考虑都不难,但对大多数人而言无法同时满足以上两个条件,因为在通常情况下,要么是通过慢速书写来达到外观形态上的相同,要么是通过快速书写来达到笔画的流畅。

二、慢速摹仿

　　为了实现与仿本形态一致,最好的方法是降低书写速度,但降低书写速度使得笔画流畅性大打折扣,笔画的转折与环形不是逐渐地从较小的曲率转向较大的曲率,而是角度的变化变得更加突兀,从而给人一种不光滑的感觉。

正常书写时施加在纸面上的压力是不一致的,快速书写的笔画线条的笔力相对较轻,而有些需要改变方向笔画线条的笔力相对较重。当抬笔书写下一个字时,笔力逐渐减小,笔画的末端也逐渐缩小。在进行慢速临摹时,笔力的变化是难以摹仿的。因为仿本是正常速度书写,笔力有轻有重,但当有意识地去摹仿一个不熟悉的笔迹时,书写速度降低,笔在纸上保持着恒定的压力,书写出的线条更宽,笔画的末端呈现的是钝形而非正常速度书写的锥形。

尽管小心翼翼地摹仿(绘制),但摹仿签名总会有一些特征与真实签名的特征不符,如签名的整体搭配比例可能有误,首字母和其他字母以及字母与字母间距可能无法准确摹仿。尤其是环形、复杂的下划线等通常很难摹仿。考察摹仿签名笔迹,发现它们与真实签名笔迹的变化范围不同,摹仿笔迹的变化范围小,而真实的签名笔迹的变化范围大,这是因为摹仿者通常只有一个可供摹仿的仿本,所以无法呈现出应有的变化。

正常书写时,笔很可能会在不离开纸面的情况下写出大部分甚至整个单词,签名也是如此,在同一行书写时,笔只会在特定字母或单词中某个地方出现规律性停顿。当摹仿签名时,笔移动的距离越短,其准确性就越高。结果是摹仿签名的笔画比原签名的笔画要多,而且笔画有停顿。肉眼观察不容易发现停顿,但是在显微镜下使用20~40倍的放大倍率检验,可以观察到笔画线条中的停顿。当摹仿一个签名笔迹时,摹仿人的注意力主要集中在形态上,尽可能与仿本相同,但很少会注意到签名是如何构造的,即笔是如何移动来组成字母并将它们连接起来的。因此,摹仿笔迹中部分字母笔画的运笔方式可能与仿本不同,这种字母或单词运笔上的差异是本质性差异,属于不同人的笔迹,是认定摹仿笔迹的有力依据。

摹仿签名相当于画签名,与正常书写签名不同,有可能出现倒写(画)签名的可能性。阿拉伯语签名及某些文字的签名是从右向左书写的(这种书写方式是否便利还需斟酌),而摹仿者有可能从左到右书写,这类摹仿笔迹在运笔的方向上与正常签名截然相反,也是认定为摹仿笔迹的依据。

当摹仿一个签名或其他字数较多的笔迹时,难免会出现错误,当出现错误时摹仿者就会对其进行修正,从而形成修饰笔画。如为了使已经书写的字母"a、d、g"顶部的环闭合,对其进行修正,相应地出现了修饰笔画。当然,有时为了增加字母"t"的长度或字母与字母之间的连接,也会有修饰笔画出现。这就是笔迹中所谓的"修饰",这也是摹仿笔迹的另外一个典型特征。

摹仿笔迹中偶尔还会出现另外一个特征:在摹仿签名笔迹中把一个字母错写成另外一个字母。形成此现象的原因是仿本中的字母不清晰且不能被准确识别,摹仿者误以为是另外一个字母,从而出现错写,而且还写得比较清晰,但这个字母却在此人名字中是不存在的。

三、低水平签名笔迹的摹仿

徒手临摹虽然比较难,但是当仿本的签名比较短、写得又慢、书写水平又比较低时,那摹仿的难度就会大大降低。这类摹仿笔迹笔画线条质量与仿本笔迹笔画线条质量都不高,且摹仿笔迹的变化处在正常笔迹的变化范围内,两者的差异不明显。这种类型的摹仿笔迹与正常签名笔迹是很难区分的。

四、符合度高的签名笔迹

如果仿本的个性特征很少,且与字帖上的书写风格几乎一样,正好摹仿者也熟悉此字帖书写风格时,那么摹仿者就会以自己的风格书写他人的签名笔迹,这类摹仿笔迹的检验难度较大,有可能对一些简单的签名往往也会出现不确定的意见。

对动态签名的研究表明,如果仿本的书写风格与摹仿者的书写风格碰巧相似,那么摹仿就比较容易;相反,如果签名笔迹是高度个性化的,而且包含模糊的字母和一些复杂的笔画,那么摹仿的难度就大,高度符合的概率就低。如果符合度高,那么这个签名要么是真实的签名,要么就是摹仿形成。[4]

五、快速摹仿

摹仿他人签名笔迹的技能因人而异,有些人通过练习使摹仿能力得以提高,但另外一些人则不能。[5]实际上,通过摹仿他人笔迹而获取利益的过程并不需要摹仿者具有多高的绘画技巧和艺术造诣。如在一个小商店内进行的交易,通常需要交易人在店主面前签字,当交易人签署他人的姓名时,只能通过忆摹的方式进行签署,而店主核实文件上签名时通常只会粗略地看一眼。在此类交易中,伪造者不可能坐下来边看边摹仿,而是需要在别人面前快速书写出他人的签名笔迹,具备这种能力的前提是在其他地方已通过练习记住了他人的签名笔迹,在现场进行记忆摹仿。虽然这种记忆摹仿的签名笔迹与真的签名笔迹有很大的差异,但通常会蒙混过关。

　　以上通过记忆摹仿他人签名笔迹的方式,同样也适用于摹仿其他字数较多的内容,最可能的结果是摹仿笔迹的概貌不准确,但是笔画线条质量并未受到影响。记住被伪造签名的所有特征,或者在当事人书写签名时通过观察并记住所有特征,这几乎是不可能实现的,摹仿笔迹始终会超出正常笔迹的变化范围。通过练习可使摹仿笔迹与被仿者的笔迹更加接近,但是在字母的相对高度、大写字母之间的间距、环形笔画的形状等方面还会有一定的差异。此外,仿本中单个字母的运笔方式可能不会被注意而未被摹仿。以上笔迹特征都是证明该笔迹是摹仿笔迹的依据(图3.1)。

图3.1　图片的右侧显示了一个真实的签名。左边是三个不同的人徒手摹仿的两次签名。注：（1）形态不准确（2）笔画线条质量差　（3）每对中字母D与真实签名的差异。

六、套摹签名

　　套摹是摹仿的另外一种方法,被广泛地用于签名笔迹的摹仿,特别是要尽可能精确地再现被摹仿的笔迹时,通常采用此方法。当然,除了签名之外的其他笔迹也可以被套摹,但这需要拥有足够的书面材料,包含套摹对象所需的所有文字。

　　要实现套摹签名,必须将要仿写对象以一定的方式放置在文件的适当位置,可以有多种方法。

　　方法一：复写法。在文件上放一张复写纸,在复写纸上面放置要套摹的签名笔迹,用笔沿着签名轻轻地描写,将在下方的文件上产生复写印痕,再用墨水覆盖复写的印痕,于是就形成一个与真实签名形态相同的摹仿签名。

　　方法二：压痕法。将原件放在文件中需要签名的位置,在原件的笔画上用力描写,就能在下面的纸上留下压痕,再用笔沿着压痕书写,使墨水覆盖压痕,从而形成一个套摹笔迹。这种方法形成的笔迹形状与仿本相同,但后书写的笔画与前面留下的压痕可能不完全相同(图3.2)。

图 3.2　来自图 3.1 中真实签名的套摹签名，用侧光拍摄。套摹形成的压痕清晰可见。

方法三：透光法。是将需要摹仿的文件放在仿本之上，然后将这两张纸放到一扇窗户前，这样可以透过上面的纸看到下面的签名，再用笔在上面的纸上沿着下面的签名书写。用来检查透明片或照相底片的灯箱也能达到同样的效果，让被摹仿的签名能被显示在上面的纸上。

方法四：硫酸纸法。将硫酸纸放置在仿本上，在硫酸纸上描写，再用比较柔软的铅笔在硫酸纸的另一面涂上石墨，然后将硫酸纸覆盖在文件上，沿着第一次描写的痕迹再次描写，在下面的纸上就会留下石墨印痕，用墨水或者其他介质覆盖印痕，用橡皮擦除石墨。

还有一些不常用的方法也可以实现套摹签名，无论用哪种方法套摹签名都会产生类似的结果：摹仿笔迹的形状与仿本十分接近，有时甚至会比另一个真实的签名在形状上更加接近，但是普遍表现出笔力平缓、运笔晦涩等迹象，就像慢速书写、徒手绘制一样。在正常书写时，由于笔的移动速度不同导致笔力有轻有重，笔画显得流利自然，而摹仿笔迹由于书写速度较慢，导致笔力分布较均匀，笔画质量较差。

套摹与临摹不同，它几乎不受观察能力和摹仿能力的影响，除了个别的点或其他不被注意到的小特征外，通常套摹笔迹与仿本在形态上几乎相同。除了透光套摹外，其他套摹方式几乎都会存在指引线，借助一定的光源检查，会发现指引线存在的证据。因伪造者不可能完全按照指引线进行书写，所以在一些地方会出现墨迹与指引线不一致。如果指引线是凹痕，可以利用侧光下或静电压痕仪检测，如果指引线是铅笔或碳，可以通过低倍率放大设备或红外设备进行检测，即便指引线被擦掉了，依然可以发现压痕，同时擦除工具会在摹仿笔画上形成污迹，并损坏纸张表面。

在大多数套摹的方法中，原始签名上也会出现被覆盖的迹象；因此，在原始签名中出现指引线时，是确定此签名已被伪造的依据，但不能说它是摹仿笔迹。证明它不是摹仿笔迹的方法是：观察是否有碳痕，或者看是墨水沿着引导线走还是引导线沿着墨水走。有一种特殊情况：笔的外壳会沿着墨线留下凹痕，有可能被误认为是套摹形成的指引线；但是这些凹痕与墨线的距离总是一致的，而且只有当笔在特定的方向上移动时才会出现，这是与套摹笔迹之间的区别。

七、摹仿者的笔迹特征

当试图摹仿书写时,摹仿者必须努力控制手的运动轨迹,以便尽可能准确地摹仿出原文。然而,由于摹仿者的书写习惯导致以自己的风格书写,所以在注意力不集中的情况下,就会暴露出摹仿者本人的书写习惯。因此,在摹仿笔迹中往往会呈现出一些在被摹仿的笔迹中不存在的特征,恰恰是摹仿人的笔迹特征,这种情况常见于较多字数的摹仿,签名笔迹摹仿中较少出现。

在一些低水平的摹仿中会出现混合笔迹,一部分是摹仿笔迹,另外一部分是正常笔迹。前者是摹仿人注意到被摹仿笔迹一些明显的特点而形成的,后者是摹仿者本人的正常笔迹。

因受书写习惯制约,摹仿者本人的书写习惯有时会在摹仿笔迹中有所反映,这些特征是认定摹仿人的依据。如果所有的字母都和仿本特征相同,没有呈现出摹仿人的笔迹特征,那就无法认定摹仿人,这种情况在签名笔迹的摹仿中比较常见。

签名以外的其他笔迹的摹仿中更容易实现对摹仿者的认定。如果某些字母不在仿本中,而摹仿人无法获得,那这些字母只能用摹仿者本人的书写习惯进行书写,通过这些笔迹特征可以实现摹仿人的认定。快速摹仿签名笔迹时,虽然字数相对较少,但有时也能确定摹仿人。因为当一个人根据一个签名样本进行摹仿,形成的多份摹仿签名,这些摹仿签名就会与真实签名或他人的摹仿笔迹之间有一些稳定的差异,根据以上稳定特征可确定摹仿人。

因为套摹是沿着印痕或指引线书写,形成的笔迹中几乎没有摹仿人的笔迹特征,因此,套摹签名笔迹很难认定摹仿人。套摹形成的摹仿笔迹与仿本笔迹在形状上几乎完全相同,而自然书写的两个签名永远不可能完全相同,因此,如果样本与摹仿笔迹在形状上完全相同,那就可以确定摹仿笔迹是源自此样本。除了在大小和形状上非常相似之外,还可能包含原始的压痕或墨迹。如果摹仿一幅真品画出多幅画,它们在比例和形状上的相似性表明它们是摹仿形成。如果发现完全相同的几个签名,那说明是摹仿形成。

参考文献

1. Dziedzic, T. The influence of lying body position on handwriting, *Journal of Forensic Sciences*, 61(S1), S177, 2016.

2. Jones, D.G. Guided hand or forgery? *Journal of the Forensic Science Society*, 26, 169, 1986.
3. Michel, L. Disguised signatures, *Journal of the Forensic Science Society*, 18, 25, 1978.
4. Mohammed, L., Found, B., Caliguiri, M., and Rogers, D. Dynamic characteristics of signatures: Effects of writer style on genuine and simulated signatures, *Journal of Forensic Sciences*, 60, 89, 2015.
5. Dewhurst, T., Found, B., and Rogers, D. Are expert penmen better than lay people at producing simulations of a model signature?, *Forensic Science International*, 180, 50, 2008.

拓展阅读

Alford, E.F. Disguised handwritings: A statistical survey of how handwriting is most frequently disguised, *Journal of Forensic Sciences*, 15, 476, 1970.

Alford, E.F. and Dick, R.M. Intentional disguise in court-ordered handwriting specimens, *Journal of Police Science and Administration*, 6, 419, 1978.

Beacon, M.S. Handwriting by the blind, *Journal of Forensic Sciences*, 12, 37, 1976.

Beck, J. Handwriting of the alcoholic, *Forensic Science International*, 28, 19, 1985.

Blueschke, A. Regression and/or attempted simulation of handwriting by hypnosis, *Canadian Society of Forensic Science Journal*, 19, 103, 1986.

Boisseau, M., Chamberland, G., and Gauthier, S. Handwriting analysis of several extrapyramidal disorders, *Canadian Society of Forensic Science Journal*, 20, 139, 1987.

Buquet, A. and Rudler, M. Handwriting and exogenous intoxication, *International Criminal Police Review*, 408, 9, 1987.

Dawson, G.A. Brain function and writing with the unaccustomed left hand, *Journal of Forensic Sciences*, 30, 167, 1985.

Dawson, G.A. An identification of handwriting produced with the unaccustomed left hand, *Canadian Society of Forensic Science Journal*, 26, 5, 1993.

Foley, B.G. and Kelly, J.H. Guided hand signatures research, *Journal of Police Science and Administration*, 5, 227, 1977.

Foley, B.G. and Miller, A.L. The effects of marijuana and alcohol usage in handwriting, *Forensic Science International*, 14, 159, 1979.

Frank, F.E. Disguised writing: Chronic or acute, *Journal of Forensic Sciences*, 33, 727, 1988.

Gilmour, C. and Bradford, J. The effect of medication on handwriting, *Canadian Society of Forensic Science Journal*, 20, 119, 1988.

Herkt, A.J. Signature disguise or signature forgery? *Journal of the Forensic Science Society*, 26, 257, 1986.

Hilton, O. Handwriting and the mentally ill, *Journal of Forensic Sciences*, 7, 131, 1962.

Hilton, O. Considerations of the writer's health in identifying signatures and detecting forgery, *Journal of Forensic Sciences*, 14, 157, 1969.

Hilton, O. A study of the influence of alcohol on handwriting, *Journal of Forensic Sciences*, 14, 309, 1969.

Hilton, O. Influence of age and illness on handwriting, identification problems, *Forensic Science*, 9, 161, 1977.

Hilton, O. Effects of writing instruments on handwriting details, *Journal of Forensic Sciences*, 29, 80, 1984.

Jamieson, J.A. Effects of slope change on handwriting, *Canadian Society of Forensic Science Journal*, 19, 117, 1983.

Konstantinidis, S.I.V. Disguised handwriting, *Journal of the Forensic Science Society*, 27, 383, 1987.

Leung, S.C., Fung, H.T., Cheng, Y.S., and Poon, N.L. Forgery 1—Simulation, Forgery 2—Tracing, *Journal of Forensic Sciences*, 38, 402 – 413, 1993.

Masson, J.F. Felt tip writing. Problems of identification, *Journal of Forensic Sciences*, 30, 172, 1985.

Masson, J.F. Deciphering the handwriting of the recently blinded, *Forensic Science International*, 38, 161, 1988.

Masson, J.F. The effect of fiber tip pen use on signatures, *Forensic Science International*, 53, 157, 1992.

Michel, L. Assistance by third parties in writing signatures and wills, *Archiv für Kriminologie*, 170, 173, 1982.

Miller, L.S. Forensic examination of arthritic impaired writings, *Journal of Police Science and Administration*, 15, 51, 1987.

Mohammed, L., Found, B., Caligiuri, M., and Rogers, D. Dynamic characteristics of signatures: Effects of writer style on genuine and simulated signatures, *Journal of Forensic Sciences*, 60, 89, 2015.

Mohammed, L.A. Signature disguises in Trinidad and Tobago, *Journal of the Forensic Science Society*, 33, 21, 1993.

Morton, S.E. How does crowding affect signatures? *Journal of Forensic Sciences*, 25, 141, 1980.

Purtell, D.J. Effects of drugs on handwriting, *Journal of Forensic Sciences*, 10, 335, 1965.

Savage, G.A. Handwriting of the deaf and hard of hearing, *Canadian Forensic Science Society Journal*, 11, 1, 1978.

Singh, A. and Gupta, S.N. A study of two cases of unaccustomed handwriting, *Science and Justice*, 35, 165, 1995.

Singh, A., Gupta, S.C., and Saxena, H.M. Influence of the primary language and idiosyncratic features in simple forgeries, *Journal of the Forensic Science Society*, 34, 83, 1994.

Skelly, J.D. Guided death bed signatures, *Canadian Society of Forensic Science Journal*, 20, 147, 1987.

Stinson, M.D. A validation study of the influence of alcohol on handwriting, *Journal of Forensic Sciences*, 42, 411, 1997.

第四章

笔迹科学检验的目的和原则

引　言

前两章分别论述了不同人的笔迹特征及自然变化、偶然变异和人为故意改变。本章主要探讨如何根据笔迹特征得出结论，因篇幅所限，不可能对影响笔迹最终检验结论的每一个因素进行探讨，只对基本原则进行探讨。为了方便起见，在本章的大部分内容中提到的两份笔迹都是出自同一个人之手（同一人书写），或者不是出自同一人之手，但这并不是为了支持笔迹检验的结论，而是为了证明材料来源的可靠性。对于高度相似的手写笔迹检验的结论表述在本章的末尾进行论述。

第一节　业余的专家

通常情况下，每个人都能够识别出自己的笔迹或少数他人的笔迹。比如在拆封信件之前检查信封上的笔迹，办公室里的员工彼此熟悉对方的笔迹，家庭成员和其他小型社会团体的成员也一样。但是这种识别是因为熟悉对方的笔迹，就像对面孔的识别一样，每个人能很快从外表上认出一大群人中的一个熟人，并将所看到的与记忆库中的面孔进行比较，从而达到确认。然而，当涉及笔迹时，这种能力就不那么强了，很多的笔迹在外观上过于相似，从而无法有效地区分，而且笔迹的记忆库不像脸的记忆库那么大，所以区分笔迹的能力也较低。

有时，由于职能决定工作人员需对文件中手写笔迹进行检查。例如，银行职员对贷款协议上的签名与信用卡或驾驶证上的签名进行比较，同样，旅行支票也是通过类似的粗略检查来支付的。以上这种非专业的快速检查会忽略很多细节，甚至有些小而显著的差异如笔画线条的质量、摹仿笔迹等会被忽略，导致遗漏了太多信息而无法正确地区别出真签名与伪造签名。

在其他领域，小而明显的特征可能具有决定性的意义。在莎士比亚的《第十二夜》中，玛丽亚发现她自己的笔迹与她的女主人奥利维亚的笔迹非常像。"有时翻出一张字条，我们自己都辨认不出是谁写的。"玛丽亚写了一封信，故意让马伏里奥发现，马伏里奥看着信上笔迹说道："以我的生命起誓，这是我家小姐的字！她就是这么写'C、U、T'的，大写'P'也是这样写的，毋庸置疑，这就是她的笔迹。"但实际上这不是奥利维亚的笔迹而是玛丽亚的，马伏里奥被利用了。

外行人只会对笔迹整体外观或与之相匹配的个人特征印象深刻，往往不会注意到明显的差异特征。研究表明：笔迹检验专家发现明显不同的笔迹会被外行人认为是同一人书写，而那些被外行人认为是同一个人的笔迹恰恰又是不同人书写的。所以，外行人眼中所谓的符合特征要么是字母的书写风格特征，要么是一些偶然出现的不常见特征。字母表中有 26 个字母，在两份笔迹中相同字母出现的概率就是 1/26，当考虑大写字母和数字时，概率还会增加。当然，被广泛传授或流行的书写风格通常会给笔迹带来相似的整体外观。

缺乏经验的外行人检验笔迹，有时会把不同人书写的笔迹看作是同一人书写，有时可能把表面看上去完全不同两份笔迹看作是不同人书写的笔迹，其实这两份笔迹是出自同一个人之手。

第二节　科学的检验方法

人们对自然规律的研究、分类和记录的过程中，建立了科学的研究方法，并具备了研究事物变化规律的背景知识。在这些背景知识的基础上，设计出用以分析物质组成的定性、定量方法。所以，背景知识可能直接影响着对物质分析的结果。同理，笔迹检验也需要一定的背景知识。

为了能够通过对笔迹的比较检验得出结论，有必要对前两章中提到的那些影响因素进行准确的分析判断，同时应结合背景知识进行综合评价。这些背景知识是通过科学地研究和分析大量不同笔迹而建立起来的，对于鉴定人员来说是必不可少的，这也是专家与外行之间最大的区别。

要得出两份笔迹是由同一个人写的结论，就必须排除其他人书写的可能性。要验证两份笔迹出自同一人之手的假设，必须通过对检材笔迹仔细检验，并与不同样本笔迹进行比较，分析他们之间的相似和差异特征，而且还不能仅仅通过相似特征排除那些与检材差异比较明显的样本，这是远远不够的，还要排除巧合或摹仿的可能性。只有对所有可能的假设进行了评估，并将这些假设都排除后，结论才有可能成立。以上是对可疑笔迹检验并得出结论的基本原则，此原则也同样适用于法庭科学的其他方面。

第三节　　法庭科学中的其他检验

在指纹、血液和其他物质的比较检验中，比较的是群体中变化较大的共性特征以及个体中变化较小的个性特性。再评估计算其在群体中出现匹配的可能性。

对指纹进行检验时就采用了这种方法，因指纹纹线特征的随机性决定了在特定的群体中能够达到匹配的概率几乎是不存在的，所以一旦发现一定数量的特征能够匹配，就可以完成同一认定。然而，对鞋印特征的比较检验与指纹有所不同。在某一时期，批量生产的鞋的鞋底花纹图案相同，所以对鞋印检验时如果特征匹配也不能武断地认定，因为不能排除巧合的可能性。但当鞋底有破损、割伤、孔洞、嵌入石头等情形时，形成了一些特殊的痕迹，这些痕迹特征是独一无二的，出现巧合的可能性几乎不存在。

笔迹匹配的可能性正好介于上述的指纹和鞋印之间。笔迹中的共性特征就像指纹的共性特征一样，个性特征就如同鞋上的切口一样。

当检验犯罪现场斑痕中的 DNA 时，可以根据不同等位基因在人群中出现的频率计算出随机匹配概率，这种数学计算在笔迹的比较检验中是不可取的。第一，目前还不确定被量化的对象是什么，因为每个字母不止有一个显著特征。第二，很难定义一个类似于 DNA 等位基因一样可明确识别的特征。第三，虽然 DNA 的等位基因和指纹图谱是相互独立的，但是它们出现的频率可以成倍增加，但笔迹中的许多特征是相互关联的，因此，不能用这样的数学处理方法。[1]

第四节　笔迹的比较检验

对笔迹的初步检验是确定笔迹特征是否相似,如果相似,则应该考虑其相似的原因。众所周知,没有两份笔迹会完全相同,因此需要确定两份笔迹的差异是本质性差异还是非本质性差异。为了做到这一点,通过构造方式、搭配比例和形态等特征对每个字母都需进行比较检验。尽管每一种特征都不可能一模一样,但都是在一定的范围内变化。可以通过测量这些字母的高度、宽度、角度和其他参数以确定其变化范围,通过对一定数量的笔迹检验,如曲线的形状、角度的大小、椭圆的形状、圆的开放程度、引入笔画和连接笔画的长度,以及首字母的高度等,很快就能确定出特征的变化范围。对同一个人而言以上特征的变化都在一个小的范围内,也是区分他人笔迹的依据。当然,既可以将不同字母如"h"和"k"上方的环进行比较,也可以对相同字母如"a"和"a"、"b"和"b"等进行比较,对符合点与差异点都要关注,以获得更多的特征信息。

一、符合特征的评价

如果对单个字母进行比较检验,发现每个字母的变化范围是相似的,当检验了所有的字母其他特征,如大小、坡度、字母之间的距离、字母之间的连接线、单词与格线之间的距离、页边距、笔的压力等,比较后发现以上特征均符合,那就可以考虑是出自同一个人之手的笔迹,当然,还需排除摹仿和偶然巧合的可能性。

在许多情况下,符合特征的原因可能是同一人书写,但也有可能是他人摹仿或偶然性导致,所以下结论之前,必须评价这两种可能性。在确定哪一种可能性更大时,需要考虑以下问题:符合特征有没有可能是偶然的巧合所致,有没有可能是因为两个人都采用了相同的书写方式? 符合特征是不是摹仿所致? 符合特征是共性特征还是个性特征? 差异特征是非本质性差异吗?

二、巧合的可能性

巧合的概率具体数值是多少? 这个问题目前还不能量化,也不能确定将来能否实现。然而,同一个字母在不同人的笔迹间有着很大变化,写法也各异,用于比较的特征点也不同,这就意味着找到一个所有特征组合都匹配的概率是极低或不存在的。

　　尽管关于不同特征出现的频率或它们之间的相关性的数学数据很少,但基本的统计方法是适用的和符合逻辑的。通过将笔迹检验结果与他们的经验联系起来,文件检验人员可以评估笔迹之间的相似性是不是偶然巧合的结果。可疑文件检验人员经验的积累源自对大量不同人的笔迹研究分析的结果,以及对不同书写人笔迹之间的差异的掌握。这种经验将使笔迹检验人员能够识别特征是否不同寻常。许多文件检验人员,特别是在法庭科学实验室工作的人员,保存了大量的样本笔迹,可以参考这些样本来评估某些稀有特征。

三、摹仿的可能性

　　在法庭科学的许多领域中高度相似是由随机匹配的概率决定的,如 DNA 检验等,但是在另外一些领域很难用概率的形式来进行计算。正常书写的笔迹能够用于笔迹的比较检验,但是还必须考虑另外一个罕见的因素,那就是摹仿笔迹,有可能摹仿笔迹的所有特征与被摹仿人的笔迹特征完全相同,而此类现象却不能通过概率进行计算。

　　因此,除了寻找构造方法、搭配比例、形状等相同特征外,检验人员还需寻找摹仿的证据。如果字母的形态特征很相似但却不能很精确匹配,而且字母的构造方法不同、笔画线条质量较差、压痕、铅笔线和碳线等残留在纸上,这些都是摹仿的迹象,而非正常书写的迹象。如果发现以上这些现象,那就有充分的理由相信这些符合特征是由摹仿形成。如果没有找到以上特征,而且笔画线条的质量很好,或者至少与已知来源的笔迹特征相似程度很高,那么就没有证据表明此笔迹是摹仿笔迹而不是本人的正常笔迹。

　　尽管如此,还没有完全排除摹仿,还需评估被他人摹仿的可能性,是否存在摹仿得过于逼真而没有留下摹仿证据的可能性。大量的实践表明,如果检材字迹笔画的运笔流畅、书写速度较快且与样本的形态十分接近,那此类笔迹几乎不可能是摹仿笔迹。当然,还存在着一个极端,那就是字数较少的笔迹,比如可疑笔迹是一个写得质量很差的单词,那么就不能排除被摹仿的可能性,很有可能是另外一个人的摹仿笔迹。但是在其他领域的比较检验中,还会出现除此之外的可能性。

　　同样的原则也适用于字数较多的笔迹和签名笔迹;对摹仿或巧合这两种可能性都需要进行评估而予以排除。虽然签名只包含少量的文字,但它通常会反映出书写人的书写习惯,如姓名的缩写、下划线、字母特殊的形式等特征,以上特征能够很好地排除偶然巧合的可能性。在签名笔迹的检验中主要考虑的是摹仿的可能性。

四、主观性

在对从文件检验中得到的证据进行评估时,不是依靠数学计算,而是依靠对所有调查结果的价值的综合评价,那就存在着主观因素参与到评价之中。除了对可疑文件检验的方法和与此相关背景知识的掌握上可能存在差异外,专家的个性可能也起到了一定的作用——有可能持保留甚至相反的意见。此外,不同的检验人员的能力也会有所不同。

对于所有从事文件检验的人来说意识到主观性是很重要的。在任何一门学科中培养学生认识到他们所使用的方法的局限性都是教育的一部分,他们必须知道所采用方法的精确程度,并在这些方法的限制内报告他们的结果。在许多学科中不确定性是正常的,一门“精确的科学”几乎不存在,一个合格的科学家完全能够承认它的存在。检验人员的结论必须考虑到所使用方法中固有的不确定性。推理过程的主观性必须得到承认,在刑事审判中任何怀疑都必须告知被告。法庭科学中的认知偏差问题已成为一个日益重要的问题,虽然不能消除这种现象,但可以尽量减少,所采用的方法是防止专家收到与他们的检验有关的虚假信息,例如,在受质疑的文件上发现据称是撰文人的指纹。[2]

在得出结论前有一个漫长的过程,那就是要对证据进行仔细、认真的考虑,并对其进行理性的评估,不能因“主观性”去猜测,更不能将所使用的方法在某种程度的不确定性等同于随机性或缺乏考虑的个人选择。法学界使用“意见”一词来描述专家的结论可能会引起这种情况,因为这个词在日常用语中被用于表示某种程度的不确定性。相反,经过适当训练和合格的文件检验人员的结论是一致的、准确的、全面的。所以,主观性必须得到承认和允许,但应尽量减少到最低限度。当然,实践发现优秀的检验人员所采用的方法与结论两者之间有着高度的一致性。

五、同一人书写

当对两份笔迹进行比较时,如果能够有效地排除巧合和摹仿,那么专家的结论可能是可疑笔迹与已知笔迹是同一人书写。检验人员已经考虑到笔迹所有符合点和差异点的价值,这些都与检验人员积累的关于笔迹检验的背景知识有关,并且已经考虑了其他可能性后,那就只有一个合理的结论——同一人书写。专家似乎是不情愿地得出这个结论的,因为他一直在努力寻找其他解释的证据,但没有找到。唯一的可能性是,由于某种非凡的巧合,在专家的经验之外,有人写了这样的笔迹,或者有非凡技能的人可以创造出完美的摹仿笔迹而不留下任何证据。专家认为,这些可能性微乎其微,实际中不可能发生。这样的结论是否应作为证据提交法庭目前是一个有争议的问题,稍后将进行更详细的讨论。

六、合格的结论

无论可疑笔迹的数量多还是少,都应将可疑笔迹中的每个字母与已知笔迹中的相同字母进行比较,如果发现所有字母都相同,特征变化在预期的范围内,而且没有摹仿的证据,那就没有理由相信是他人书写。然而,因为可供比较的材料数量有限,所以在理论上还不足以排除偶然巧合的可能性,笔迹中相同特征的数量虽然还不足以得出由一个人书写的结论,但综合考虑笔迹中的所有文字与独有的个性特征,那么几乎找不到另一个人也碰巧以同样的方式书写,巧合匹配的可能性微乎其微,而事实几乎也是如此,所以此种情况下的结论仍然是可靠的。结论表述为:以上证据表明这两份笔迹是同一个人的笔迹;这个结论虽然不如"同一人书写"的那样有力,但却比"两者特征一致"更有力,价值更高。

有时,笔迹中文字数量较少且个性特征不多时,不能排除巧合的匹配,也不能认定同一。特别是当笔迹的书写水平很差,并且可能与字帖上的风格相差不多时。在这些情况下,证据表明更有可能是同一个人写的,而不是不同的人写的。结论的表述应该是:证据表明很可能是同一人的笔迹;但是证据的证明力比较薄弱。正确的表达方式在不同的文件检验人员之间有很大的差异。倾向性的结论对法庭可能没什么用处。如果控方在没有任何其他证据的情况下提出这一证据,当然不足以在刑事审判中定罪,但在需要权衡各种证据的民事案件中,这一证据可能仍有帮助。如果有其他证据,该结论可以与公诉案件相一致。同样,如果它表明控方证人没有说实话,也可以起到帮助辩方的作用。

七、数量有限的群体

笔迹比较获得证据的过程和指纹一样,是对大量群体中每个个体的考察——排除否定、认定同一。在一些手写笔迹的案件中群体的数量有限,而且只有群体中的一个人可能涉及,而群体所有人的笔迹样本都是可用的,显然在这种情况下如果发现一个相同而其他都不同的笔迹,那么就会获得重要的证据。虽然以上还不能排除摹仿的可能性,但因为某个特定的人可能已经被"框定"了。因此,在这种情况下从数量有限群体的笔迹中就可以得到非常重要的结论。

八、差异特征的评价

任何两份笔迹的比较都会显示出它们之间的差异,即使把一个人写的两份笔迹进行比较,也没有两个词是完全一模一样的。有时两份笔迹可能有着惊人的相似之处,有时也会始终存在着差异。

每当在可疑笔迹中发现一个特定的字母与已知笔迹完全不同时,应该将可疑笔迹中所有该字母与已知笔迹中相同字母进行比较,观察两者的变化范围,对可疑笔迹中的其他字母也进行同样的比较。经过比较会发现,那些表面形态看起来相似的字母,但在一些细节特征上会出现一致的差异,比如"t"的横杠的位置,或者大写字母"A"向下笔画开始的高度。

这些差异的存在值得考虑:为什么一个人在一个场合用一种方式写了很多字母,而在另一个场合用完全或稍微不同的方式写? 如果已知的笔迹是书写人的历时性笔迹,且可疑文件也在这个时间段内,并且它们形成是合理的,那么为什么可疑笔迹在这些方面会有所不同呢?

（一）一致的差异

一个人书写的一个特定字母或数字的变化范围可以看作一个封闭区域(如圆),所有变化都在这个范围内。另一个人书写的同一字母的变化可以看作是在不同的区域。这些区域可大可小,主要取决于书写人。如果两个书写人以相同的方式书写,圆所代表的变化范围就会完全或部分重叠,如果始终不同,圆就会保持彼此分离。通过这个类比,很容易想象一个人笔迹的变化范围有可能占据了一个大的圆,但很难想象同一个人为什么要使用两个独立的、不重叠的圆。偶尔,这种情况会发生在同一个字母上,即在同一份笔迹中,会发现一部分字母"b"的底部是逆时针向上打开的,而另外一部分字母"b"的底部是封闭的,大写字母"N"的右侧垂直笔画有的是向上书写形成而有的是向下书写形成。当然,一般情况下也没有理由期望一个书写人的书写形式总是相同的。

因此,两份笔迹之间的一致性差异是一个很重要的因素。把两份差异较大的笔迹归结为同一人书写通常是不明智的。然而,如果有足够的文字可供比较,就会发现一致性差异的数量增加。正常情况下,任意两个人的笔迹都会有一些一致的差异,即使在整体外观上看起来很相似。这些差异的存在表明书写人不同,尽管在风格上或其他某些字母之间有一些相似之处。因此,没有理由相信这些可疑笔迹是由样本书写人书写的。

(二)差异的其他原因

在大多数情况下不能肯定地说这两份看起来有差异的笔迹一定是由不同人书写,因为一个人的书写方式有着多样性,所以有可能在两份笔迹间存在很大的差异。只有小部分人能以完全不同的方式流利地书写,也许一种是斜体风格,另一种是更传统的风格;也许两者风格基本相同。

伪装书写是造成一个人笔迹差异的另一个可能原因。虽然对大多数人来说,要改变他们的书写习惯并在每一个字母中都表现出来是很困难的,但这也不是完全不可能的,如果笔迹数量小,就有可能实现。

一种常见的伪装方法,用非利手写字,会导致书写不规范,书写不佳。这可以被认为是正常笔迹,但可以被足够的"业务过程笔迹"排除(见第五章)。

通过简单地临摹或描摹等手段摹仿他人的笔迹,形成的笔迹与正常笔迹有着完全不同的结果。但根据这些差异因素得出这两份笔迹一定是由不同的人书写的结论是不明智的,还需要了解嫌疑人有没有以不同风格书写的能力以及伪装的能力,这样才能保证结论的可靠性。

然而,在许多情况下已知笔迹是由特定的人书写,而且笔迹质量差、不流畅、书写水平低,但却是书写人的正常笔迹,在这种情况下,如果可疑笔迹的质量与书写水平比已知笔迹高,那么可以肯定可疑笔迹与已知笔迹不是同一人书写,因为已知笔迹的书写人无法达到可疑笔迹的书写人的书写水平。如果两份笔迹中字母构造方式始终是不同的,表明同一个人书写了这两份笔迹的可能性不大,但也有例外,就是那些左右利手的人,有可能是换用另外一只手书写的,虽然双手灵巧的人在人口中所占比例很小,但也不排除这种可能性。

因此,在大多数情况下,当可疑笔迹与已知笔迹特征不同时,最好不要立刻得出结论说它们一定是由不同的人书写的,而是必须有证据支持这一观点。

(三)相似与差异

到目前为止,关于笔迹比较的可能结果的讨论都是假定,已知的和可疑的笔迹之间没有显著的差异,或者这些差异不足以提供很好的证据来支持这些笔迹是不同人写的这一观点。在实践中这往往是观点,而证据价值的评估取决于可供比较的样本数量。然而,有时情况会变得复杂,伪装、摹仿、健康状况不佳、书写条件困难都有可能导致与正常笔迹有差异,出现这些情况的原因有很多(见第三章)。

(四)伪装

第三章描述了伪装笔迹的特征。如果为了保持构造方法和搭配比例一致的情况下,那么整体外观很难保持一致性。此外,伪装者也很难在长时间的书写中保持一致性。同样,在疲倦、生病、醉酒、不理想环境中书写也会出现以上特征。手臂、手或手指的潜意识运动导致每个字母保持着相同的构造方法和一致的搭配比例,这样的细节特征不会受到刻意改变或不理想条件的影响。相比之下,另一个人的充分的笔迹样本也肯定会包括一些与一贯不同的方式写的字母,这些字母在一般性特征上表现出了一定的差异,但在构造和搭配比例等细节性特征上保持了一致。

所以,遇到以上笔迹,需要确定可疑笔迹与已知笔迹之间的差异是由于伪装还是其他条件变化导致的,这样才可以得出合适的结论。如果排除伪装,尽管可疑笔迹与已知笔迹之间存在差异,专家还是有可能得出这样的结论:有非常有力的证据支持这两份笔迹都是由一个人写的。然而在许多情况下只能出具倾向性的结论。

在笔迹检验中如果发现了伪装笔迹的典型特征或证据,那这些应该被写在报告中,法院可能会对此感兴趣。然而,如果因为健康状况不佳或酒精的影响等其他原因形成的差异,就武断地认为书写人实施了伪装并掩盖了固有书写习惯是错误的。

然而,最严重的错误是把其他原因造成的差异归结为伪装。

九、摹仿

符合点与差异点同时出现的另一个原因就是摹仿。用于摹仿的对象主要是签名,这在第三章中已讨论。无论选择摹仿的方法是快速摹仿、慢速摹仿、套摹等,但差的线条质量、修饰、重描、指引线等通常能被发现,这些特征为认定摹仿事实提供了明确的证据。

然而,在一个人的笔迹中发现的自然变化也可能被误认为是摹仿形成。如果用于比较的已知笔迹数量不充分,那么已知笔迹的变化范围对检验人员来说是不明确的。这意味着，有可能将可疑笔迹与已知笔迹之间的差异归结为本质性差异，所以需要提供足够数量的已知笔迹。但是很难量化能够确定变化范围所需的最少签名数量，一般提供10至20个历时性的样本笔迹就足够了，这个时间段最好将可疑笔迹的形成时间包括在内。如果在可疑的笔迹中有明显的摹仿证据，或者与真实签名之间存在一致性差异，那么使用较少的已知笔迹就足够了。

如果在可疑的签名中发现了明显差异特征，而这些特征在已知的足够数量的真实签名中没有出现，那么可以放心地得出结论，该签名与已知签名不是同一人书写。如果可疑签名与真实签名整体特别相似且不是偶然巧合，那就可以认定为摹仿。

如果在报告中描述"可疑签名笔迹不是由本人摹仿形成"的这种表述是不合理的，原因比较复杂。出于某种目的，书写人否认自己签名的情况并不罕见，常见的做法是掩盖自己的笔迹，即故意在签名中产生不同的特征，创造出与真实签名之间的差异，以便能够在后期否认此签名。还有一种方法是摹仿自己的签名，形成的签名既要保证与真实签名之间存在一定的符合，还要保证签名具有一定的摹仿特征，以便于后期否认，因此书写人可能采用套摹、临摹等方法。所以当文件检验人员遇到此类笔迹时，如果不能排除由书写人自己摹仿的可能性，至少应该指出自我摹仿的可能性。当然，也有例外——如果可疑笔迹的书写水平明显高于书写人的书写水平时，就能排除自我摹仿，那可疑签名笔迹到底是如何形成的还得取决于法庭所掌握的其他证据。

如果多个可疑的签名与真实的签名之间出现了非常一致的差异，那这些可疑的签名极有可能是摹仿形成的。只有一个可疑签名，那它与真实签名的差异有可能是偶然性导致，但是在不同场合出现的多个签名与真实签名保持着非常稳定的一致性差异，那这些可疑签名只能是摹仿形成，而且还是由一个人摹仿形成的。

并不是每一个摹仿笔迹都有笔画线条质量差、修饰、重描等"经典"的摹仿特征。尤其是那些简单的短签名，一些笔画压根就没有表现出摹仿特征，在这种情况下，无法高度肯定地说这个可疑的签名是摹仿形成的，只能说根据其特征判断有可能是摹仿形成的。

（一）摹仿与病理笔迹

有时一些笔画线条质量较差的笔迹可能会被误认为是摹仿笔迹，尤其是一些偶然性导致笔画线条质量较差的情况,比如当一个人签名时受到病理等因素的影响时笔迹会出现运笔缓慢、抖动等特点。病理笔迹与摹仿笔迹之间最明显的区别是,病理笔迹的抖动往往是均匀的,而摹仿笔迹的抖动是不规则、不稳定的。此外,如果组成可疑签名的字母内部和字母之间的构造方法和搭配比例与已知签名一致,那摹仿的可能性就低,当然也有可能是一份摹仿得特别逼真的签名以至于无法找到摹仿的证据,对于这类签名无法给出确定性结论,只能给当事人或法院一个客观的答复。

在对签名笔迹进行比较检验时,还应该注意随着时间的推移,即使在没有疾病的影响下一个人的签名笔迹在几年或几个月内也会发生变化,而生病后的签名笔迹的质量可能会迅速下降。如果可疑签名据称是在某一特定日期写的,那检验时一定要有同期的样本材料可供比较,否则实际上是由于书写习惯的改变或健康状况的影响而出现的差异可能被归因于伪造。

当然,伪造签名的人也可能选择同时期的一个签名作为仿本。比如伪造遗嘱上的签名,可以选择立遗嘱人生命末期的签名作为仿本进行摹仿,这时摹仿起来反而更简单,因为摹仿的是一个字迹潦草、外观摇摇欲坠的签名,而不是笔画线条平滑均匀、质量较好的正常签名。尽管如此,摹仿也不是特别容易,写得很差的真实签名在搭配比例上比摹仿笔迹更接近正常笔迹,真实签名笔画的抖动频率很可能是均匀的,而摹仿笔迹则不然。如果摹仿时注意力不集中,笔画线条的质量会由抖动变为平滑。笔画之间的拖尾也很难在摹仿中再现。

（二）套摹

另外一种常见的摹仿形式是套摹。套摹签名或其他文字时可能会出现指引线,如压痕、石墨或复写纸的印痕(见图3.2)。在侧光照射下或静电设备下会检测到印痕,利用显微检查或红外辐射检验(见第七章和第八章)会发现存在的石墨。利用橡皮擦除石墨指引线会损坏纸张表面或破坏墨迹。使用石松粉可显现擦除痕迹(见第九章)。因此指引线是套摹最明显的证据。

不过,还需要考虑其他因素。一些真实的签名是写在较淡的铅笔笔迹之上,铅笔笔迹只是用来指引签名的正确位置。因此,签名和似乎是指引线的东西之间的匹配程度可以证实一个签名是否被套摹,也能够排除巧合。套摹签名中总有一些笔画与指引线不一致,但在大多数情况下都是紧密匹配的。当发现那些似乎是指引线的东西时,必须小心谨慎,避免出现错误的结论。有些笔以一定的角度书写时会在书写的笔画中出现与笔画平行的凹痕,通常只在笔画的一侧,比如有缺陷的钢笔下墨不均匀时就会出现类似特征,但这些凹痕与笔画始终保持一致,所以这类凹痕不能被误认为是套摹的指引线。

有时,按照惯例需要在一份文件的每一页的同一位置进行签名,这样就会在下一个签名的位置附近发现上一个签名的压痕,这些压痕也有可能会被错误地认为是套摹的指引线。一般情况下,这些压痕与签名的距离较远,从而不会被误认为是指引线,如果两者吻合那也只能是巧合。有些人的签名虽然写得非常一致,但要找到一个签名的压痕在形状和位置与书面上的可疑签名完全达到匹配的可能性几乎是不存在的。而套摹签名除了有指引线外,签名本身的笔画线条质量也会很差,类似于慢速书写的签名。

如果一个可疑签名是从另一个签名套摹而来,但是在它周围又找不到指引线,那么,它与慢速书写的签名难以区分。但是若能找到仿本,则可通过仿本与可疑签名之间的相似程度以及仿本上的压痕来确定;即使没有仿本,如果发现两个或多个可疑签名彼此间完全匹配时,也能认定是摹仿笔迹。

（三）识别摹仿人

摹仿笔迹可以与嫌疑人的笔迹进行比较,但只有在摹仿不成功且没有被准确摹仿的情况下,才有可能暴露摹仿人的书写习惯。摹仿数量较少的文字,比如签名,很难暴露摹仿人的书写习惯,特别是慢速书写的情况下更不容易暴露。摹仿数量较多的文字,越容易暴露摹仿人的书写习惯。如果被摹仿的对象中有一些字母没有仿本,摹仿者会用自己的书写习惯来书写这些字母,此时,这些字母与嫌疑人书写的字母相匹配,而另外一些字母则完全不匹配,因为它们是基于仿本摹仿形成的。

一般情况下是无法通过套摹笔迹的特征来确定摹仿人的。然而,只有找到那个已被套摹的签名,也许才能确定出摹仿人。

一个人摹仿一个签名,形成的摹仿笔迹通常是相同的,但此摹仿笔迹既与真实签名有差异,也与其他人摹仿此签名形成的摹仿笔迹不同。这不仅是因为摹仿者可能会留下自己的笔迹特征,还因为他们在摹仿时所采用的方式及对真实签名特征错误的认识有关(见图3.1)。

当几个人使用同一签名作为仿本进行多次摹仿时,将这些摹仿笔迹依据摹仿的方法和技巧进行分类时,发现每一类都是同一个人的摹仿笔迹,这说明摹仿人的笔迹特征与摹仿之间没有直接关系。

十、不确定的结论

在许多情况下,可疑笔迹文字数量较少而且特征价值较低或者证据不确定时,就无法得出确定性结论。笔迹专家会声称:证据不足,无法得出结论。也没有明确的证据支持其他可能性时,他们也就不去阐述对此的看法。鉴于此,不出具任何结论是正确的做法。

第五节　笔迹比较的复杂性

在许多情况下,一份可疑笔迹和一份已知笔迹进行比较就能得出结论。但是还存在以下情况,需要对多个文件中的多个可疑笔迹进行检验,而且每个文件中的可疑笔迹有可能是由不同人书写的,也就是说嫌疑人不止一个人,这时的工作量就会特别大。针对此类情况就不仅仅是简单地比较了,而是采用一定的方法对它们进行有效的管理,尽量减少工作量。

根据文件检验人员的经验,有时提供给他们的信息是不准确的。他们可能会被告知某一特定文件上有某个人的笔迹,但后来发现并非如此,而这些信息会误导检验人员。因此,对检验人员来说,在可疑笔迹与已知笔迹进行比较之前,先比较所有的已知笔迹,能很好地预防虚假信息。对所有已知笔迹进行比较并不需要花费很长时间,如果已知笔迹之间不一致,也能很快被发现。

一、不一致的样本

要确定两份看起来区别很大的已知笔迹是同一人书写的,还是比较困难的。首先,正如前面提到的有些人可以很流利地使用不同风格进行书写;其次,如果按照要求提供的试验样本采用了伪装手段,那么这些样本可能与业务过程笔迹有很大的区别。如果对样本是否由一个人书写有疑问,检验人员应询问调查人员是否能够确定已知笔迹是由某人书写的,如果不能确定,那就应将有疑问的已知笔迹与其他已知笔迹进行比较,经过比较后如果发现已知笔迹是不同人书写的,那么只有那些完全能够确定书写的人笔迹才有比较的价值。

任何一份文件中的笔迹都有可能是由多人书写。地址簿、日记中的不同条目有可能是不同人书写的,这就会在建立样本时造成问题,同样多份可疑笔迹也有可能是不同人书写的。如果有一些原始条目被添加了少量的文字,添加的内容与原始内容差别不大,也没有明显的特征显示它们是由另外一个人书写的,那么这些添加的文字会混淆整体的比较。有时添加的内容与原始内容使用了不同的墨水书写,可以利用红外辐射吸收和光学的方法检验(在其他章节描述),能够有效地识别出添加的文字,达到预防样本不一致的目的。

二、复杂情况

在涉及可疑笔迹数量较多的复杂案件中,在与已知笔迹进行比较之前,应先将这些可疑笔迹相互进行比较,比较的结果在后期的检验中可能用不到,但这么做还是有意义的。例如,在调查涉及多个支票簿的伪造案件时,将可疑笔迹之间进行比较后,可能会发现书写人改变了书写习惯,摹仿了他人的签名,尽管这些笔迹中存在着一定差异,但细节特征很可能是相同的,特别是每本支票簿上的文字、图形和布局等之间也会有很多共同之处,因此会得出这些可疑笔迹都是同一人书写的结论。通过比较,将那些与已知笔迹几乎没有相似之处的可疑笔迹联系了起来,从而达到化难为简。

在对可疑笔迹与已知笔迹的比较检验中,签名笔迹通常与其他笔迹分开处理,因为签名有可能是摹仿形成,而其余笔迹则是自然书写形成。通常摹仿的签名笔迹显示不出是谁实施了摹仿,没有书写人的证据,因此能够认定书写人的证据只能在非签名字迹中找到。如果可疑笔迹中的签名没有被摹仿,而且签名和其他笔迹又是一致的,那么就不需要分开处理。

有时,诈骗犯会使用不同的名字来签名,并在多份文件上只留下少量的笔迹。只要有充分的证据表明所有这些少量的笔迹之间存在着联系,就可以把它们合并起来作为一个整体与已知笔迹进行比较。如果发现这些可疑笔迹的局部或整体与已知笔迹的特征符合,那么这些可疑笔迹极有可能与已知笔迹是同一人书写;如果只将一份文件上的可疑笔迹与已知笔迹进行比较检验,也许无法得出结论,因为不能排除巧合的可能性,而合并在一起进行比较就可以排除巧合。如果有人对此假设有异议,那么唯一的可能性就是一系列不同的人书写了这些可疑笔迹,而且这些人的书写习惯都与已知笔迹书写人的书写习惯相同,但是这种可能性几乎不存在,如果还能排除了摹仿的可能性,那么只有一个结论——同一人书写了这些可疑笔迹。

三、多个嫌疑人

有多个嫌疑人的情况下,需要将可疑笔迹与多个嫌疑人的笔迹进行比较检验。在英国的几起谋杀案调查中,可疑笔迹的书写人被认为来自一个特定地区时,就已经采用这样的方法了,研究人员收集了数千份已知笔迹,并将其与可疑笔迹进行了比较。为了能够快速地比较,研究人员只对某些个别特征进行比较,如果特征不相符就排除,如果特征相似再进行全面的比较,这样就能减少工作量。如果罪犯的笔迹在已知笔迹中,那么很快就能发现。在其他两起案件中,可疑笔迹的书写人是通过其他方法找到的,即询问笔录中的笔迹与可疑笔迹一致。[3,4] 这些案例中,将可疑笔迹与数百或上千人的已知笔迹进行了比较,而且没有出现错误,这充分说明了科学的检验方法在笔迹检验中的应用价值。

四、复制的手写笔迹

除了以上的复杂情况外,手写笔迹的比较检验还会遇到其他困难。到目前为止只讨论了直接写在纸上的笔迹的检验,但在实践中还会经常遇到通过复印或扫描的方法形成的复制笔迹。这类复制笔迹有可能一些细节特征不明显,但也有图像质量较高的情况,有足够的特征可用于比较检验。虽然摹仿签名中作为指引线的压痕与擦除痕迹不会被复制,但是如果图像中有足够的其他细节特征,也能够完成比较检验并得出合理的结论。

还需要注意的是通过拼接方式复印形成的文件,有可能是两个或多个文件被拼接后复印形成,复印的手写文字可能是真实的,但其他内容可能是伪造的。因此,复印的手写笔迹出现在文件的上下文时,并不代表文件的真实性。这就如同一个真实的签名被粘贴到伪造的信件上。具体的过程将在第八章中讨论。

类似的"二手"文字也会出现在缩微胶片的印刷品、含碳复写的文字,以及通过侧光或静电检测发现的压痕中。通过以上手段形成的文字有时会找到足够的细节来确定书写人,但对于质量较差的复写笔迹,无法排除套摹的可能性,所以也就没有证据能够确定书写人。因此,拒绝对影印件、复写件、照片或任何其他复制品的检验是不明智的,应该采取有效的预防措施,考虑各种可能性,努力发现它们包含的证据,一定会有所发现。

五、陌生的文字

文件检验人员通常检验的对象都是他们自己熟悉的语言和文字组成的,因此在单词和字母的识别上都没有什么困难,有时他们还可参考与检验对象相似风格的笔迹,从而达到识别的目的。但是,如果检验对象是由他们不熟悉的语言和文字组成的笔迹,相比而言,比对熟悉的文字和语言组成的笔迹的检验问题要多。

当检验对象不是由文件检验人员熟悉语言组成时,最主要问题是能够准确识别文字并找出其特征,这时可以参考与检验对象相近的字帖,对正确识别文字有很大的帮助,通过借助字帖,检验对象中的文字基本上都能被正确地识别,有时可能对其表达的语义了解得不是很准确。但是,检验人员应该牢记,比较检验突出的是对笔迹特征的发现和比较,所以应该把注意力集中在特征的找寻与比较上,那么比较检验基本上不会受到不熟悉语言的影响。

检验不熟悉的文字组成的笔迹时,如果对此文字无法识别,问题就会变得更加复杂,好比一个熟悉罗马文字的人检查阿拉伯文字组成的笔迹。那就有人会问:"你不会说这种语言,怎么能检验这种语言组成的笔迹呢?"这个问题可以归结为"你都不认识这些文字,如何进行笔迹的比较检验呢?"当对文字熟悉而语言不熟悉时,就没有人会这样问。聘请翻译人员可以解决文字的识别问题,但这个过程既费时又费钱,而且也不能让检验人员对文字有足够的理解,对得出可靠结论的信心也不足。

在检验不熟悉的文字组成的笔迹时,不仅要有一定的文字知识,而且还要有基本的语言知识。检验人员起码能够识别出检验对象中的所有文字,不一定要特别专业地翻译出来,至少能够理解文字所要表达的意思。具备了这些基本的知识,后期对文字特征识别和描述就会更加准确。

无论比较检验涉及的是不熟悉的语言还是不熟悉的文字,最终的目的都对特征进行综合评价,并得出结论。最主要的问题是如果缺乏相应的背景知识可能会影响对特征的准确识别及评价,因此一定要仔细检验,慎重对待,特别是牢牢把握检验的程序和基本原则,这对于检验人员和法庭都有帮助。如果两份笔迹在结构上有明显的差异,那么就不应该得出是同一人书写的结论;因为在不同人的笔迹中结构特征都是不同的,不同人的笔迹不可能有着相同的结构特征及变化范围。

当然,检验中运用正确的原则和程序是得出结论的前提,只有具备了此前提,检验人员才能对不熟悉的语言或文字组成的笔迹的特征进行比较检验、综合评价,最终出具结论。

摹仿笔迹的特征在任何语言和文字中都是相同的,基本上都会呈现出笔画线条质量差、搭配位置不准确、弯曲、抖动等其他摹仿笔迹特征,主要是因为它们的形成机理是相同的。如果是套摹笔迹,就有可能找到指引线和其他证据。同样,即使是那些缺少字母的艺术签名,通过翻译人员的帮助也能够进行有效的识别。

第六节 报 告

经过比较检验得出结论后,文件检验人员必须出具报告,报告可以是口头的也可以是非正式的报告或信件,但对于诉讼的报告要有声明或承诺书,与使用被动语态的科学论文和报告不同,检验报告通常用第一人称,结束语应以人称代词开头,而且法庭要求鉴定人对自己所说的话必须承担责任,因此,陈述的内容和承诺书的措辞也应相同,不直接提交于法庭的报告中的措辞也应相同。

在陈述证词和撰写报告时,有可能要求提供专家资质的证据。首先应出具执业资格证书。法院感兴趣的是检验人员的学术造诣和从事笔迹检验的年限,所以有时文件检验人员还需补充提供他们发表过的论文、参加过的会议、做过的讲座等。即使是从事相关工作年限很长也不能保证专家是合格的。通常,在法庭科学实验室工作的人与独立执业的人相比,被要求提供的材料较少,因为他们所在实验室是被认可的,所以实验室的声誉在一定程度上是一种有效的资质。

在专家资质陈述完成后,接下来需陈述实质性部分,这段内容可长也可短,主要取决于当事人及法庭的需要。一种方法是在报告中详细地描述所有发现的特征及其意义,然后给出结论。另一种方法是在报告中对研究过程进行简要总结,并给出结论。在报告中也可能使用图表的形式对检验部分进行详细的描述(详见第十一章),或者也可以在报告中简要地提及这些特征,以便向法庭展示。

一、结论的表述

笔迹检验的报告或陈述中最重要的部分是结论的表述,结论必须清楚地表达出来,而不能含糊其词让人产生误解。专家证人的结论在法庭上被称为"意见"。这个词在法律上有特殊的含义,即提供证据的专家传达的意见。而在法庭之外的其他环境中的含义是对事物的看法——一出戏、一场音乐表演、一个政客的观点和行动、是否会马上下雨——每个人都有自己的看法。一个人的意见会与另一个人的意见不同,每个人都觉得不管别人怎么想,他或她都有权持有自己的观点。因此,不能将法庭中"意见"与其他环境中"意见"混淆。

专业术语"意见"是"结论"的同义词。无论这个结论有力与否,它都是专家意见。与更广泛的用法不同,它没有表达"这只是一个意见"这句话中隐含的怀疑程度。报告的书写人或阅读报告的律师并不总会意识到这一点。虽然短语"在我看来"后面跟着检查的结果是一个完全适当的表达方法,但事实是,可能发生误解,所以尽量避免这样使用。否则,它可能会与那些经常在报纸上预测比赛输赢的人的观点相混淆。最好是用"我认为……"或"我的观点是……"这就不会被误解了。

二、确定性结论

在文书鉴定实务中,对于笔迹鉴定结论如何表述一直存在着分歧。一部分检验人员认为,应该在报告中出具"确定性"的结论,如:已有的证据显示这两份笔迹是同一人书写。另外一部分检验人员认为出具"确定性"的结论在科学上是不合理的,所有的结论都应该按照概率的形式出具。如果出具"确定性"结论,也要明确表示这只是专家对证据综合评估后的一种表达方式,而不应该在结论的表述中使用"这就是客观事实"或"已找到确凿的证据"等措辞,只有在法院允许的情况下才能使用这样的结论。

在其他方面也存在分歧,对于既有符合特征又有差异特征的笔迹,没有充分的证据表明笔迹是同一人书写或者不是同一人书写,有人认为这种情况就应该出具"非确定性"结论,而另外一部分人则认为不应该出具结论。

这种经过比较后得出肯定的、否定的和非确定性结论虽然简单但耐人寻味,因为难以用科学的方法加以证明。解释结论中的不确定性是合理的,但不能忽略所有结论都有不确定性这一事实。如果能意识到这一点,那么对于检验工作是有所助益的,因为一旦意识到证据无法达到某个结论所要求的程度就可以停止检验,反而可以减少工作量。对于收到鉴定报告的客户而言,他们非常反感非确定性结论,这样会让他们束手无策,什么也做不了;一旦有了确定性结论,他们就可以采取下一步的行动。

大多数笔迹专家会采用法庭科学其他领域的方式,通过参考对某一特定假设的支持程度来表达他们的结论,当然,比较的结果也有可能与假设背离。例如,假设笔迹是由不同的人书写,检验人员则期望通过比较发现它们之间的差异,这些差异可以说为这个假设提供了支持,而最后的结论是这些发现支持假设的程度是多少。这与使用贝叶斯定理评估证据的方式有很多共同之处,但笔迹检验的最终结论不是基于统计上的似然比,而是由检查人员评估证据后给出的意见。

在一个特定的案件中,笔迹检验结果支持笔迹是被告书写的,而且还有其他证据与此结论一致,那么笔迹检验是有价值的。几乎在每一场法庭听证会上,都会有不止一项证据。笔迹专家的鉴定意见只是整个案件中证据的一部分,它的证明力度主要取决于结论的可信度和其他证据的分量。同样,被质疑的笔迹不是由被告书写而是由控方证人书写的结论,可能对辩方有很大帮助。

三、结论的量化

任何结论的表达都需要选择合适的用语,让读者或法院明白鉴定意见所表达的意思。如果结论可以量化,结论的范围可以从 1 到 100 之间,也可以在 1 到 1 000 之间。然而,实际上这种量化是不可能的。因为笔迹检验与 DNA 检验不同,无法量化笔迹巧合匹配的概率是多少,也无法量化摹仿的概率是多少。所以,只能与大多数其他类型的证据一样,对笔迹比较结论的解释通常使用的是"似然比"的方法。关于如何应用这一方法,以及如何计算用于笔迹比较的似然比数值,已经有很多论述,[5,6]这些对文件检验人员理解、决策会提供一定的帮助,但考虑到这个问题的复杂性,过于依赖计算出来的数字反而会使人产生误解。因此,文件检验人员一般对结论的表述使用的是他们认为最适合的用语。

在对结论的表达中,使用大量有细微差别的词语反而无益,最好使用相对较少的类别,每个类别能够代表一定的范围而不是一个点。主要有两个原因:(1) 在一定的范围内对一个点进行非常准确的评估是不可能的;(2) 如果两个不同的结论只是在词语的表达上有细微的区别,这些区别对法院的影响很小。结论的表达词语最好限制在一个较小的范围内,不同的词语能够代表彼此之间的真实差异。

因此,用于表达对一份笔迹来源的假设的支持程度的各种术语可以归纳为一个量表,量表中的每个点代表对材料来源假设的不同支持程度。尽管鉴定人使用的术语之间存在一些差异,但采用量表后大部分人使用 4 到 5 个点的尺度就可以了。量表代表对同一书写人假设的不同支持程度,还包含一个无法给出任何有价值结论的区域。对于非确定性结论性的观点,如同天平一样,量表的一边表示对这一假设的支持程度,而另一边则相反,但两边是对称的。一些量表还包括共同书写人结论的一个点和不同人笔迹的一个点。如果涉及真实笔迹或摹仿笔迹,可以使用不同的措辞,结果可以表示为支持真实笔迹或摹仿笔迹假设的程度。

四、清晰的表达

任何结论的表达方法都不止一种,有时一种可能性比另一种或其他可能性更大。如果表达方法能被详细说明,它将使报告更加清楚。由于通过先假设书写人,然后根据笔迹特征综合评估后再得出结论,因此有必要说明这些假设是什么,因为存在着可疑笔迹与已知笔迹是同一个人书写或不是同一人书写的情况。每个假设都会产生关于应该作出什么样的发现的期望,如果描述了这些期望会对检验有所帮助。同时阐述实际发现与每个假设预期的相似程度有助于作出解释,即哪个假设得到更好的支持以及支持的程度如何,然后根据研究结果支持假设的程度来表达最终结论。此类结论应如何措辞一直是讨论和研究的主题。[5]无论使用何种结论量表,都应将其包含在报告中,以便法院可以评估结论的可靠性。

出具的报告应该是准确且通俗易懂的,尽可能地对于相似或者不同的依据作充分的说明,避免使用不必要的专业术语,这样使别人容易理解且印象深刻。实践中一些专家能够做到这一点,当然,如果必须使用专业术语,也应该对它们加以解释。

在许多法律体系中,如果双方都同意,证据是允许查看的。这样做的好处是提供无可争议的证词不会浪费时间,但如果由一个对陈述不感兴趣或不理解的法官宣读,可能效果会差一些。要解决这个问题,重要的是报告或声明要清晰、明确、易懂,不能被误解。

五、质量

本章和前几章概述了笔迹检验中普遍存在的问题,以及如何利用这些问题得出调查人员和法庭感兴趣的结论。当然,重要的是文件鉴定人要有足够的能力,使用的方法要可靠。

主要的法庭科学机构和外部组织对这些方法进行了测试,其中一些机构已经报告了它们的结果。[6~15]随着我们进入21世纪,有必要向一个要求越来越高的社会证明,提交法庭的结果是可靠的。为此目的,一些组织制定了标准方法和程序供鉴定人使用。欧洲法庭科学研究所联盟(ENFSI)和国家标准和测试研究所(NIST/SWG)下设的科学工作组都已开发出可用于测试服务提供者的方法。这允许对所使用的过程进行独立审查,现在许多机构都拥有ISO17025这样的认证标准。这些标准要求对结果进行独立的质量检查,并有一套测试鉴定人员技能的制度,所有这些都有助于提高检验的可靠性和一致性。此外,还有几项关于个人的学术研究,其中拉筹伯大学(La Trobe University)的Bryan Found进行的研究尤其值得关注。Bryan Found[12]等在对伪装签名的研究中发现,笔迹鉴定人员在为签名认定书写人时比非专业人员谨慎得多,因此,与非专业人员相比他们不容易被误导。进一步的研究表明,笔迹鉴定人在鉴定摹仿签名时的表现优于外行,而且他们很少把摹仿签名鉴定为真实签名。

与法庭科学的其他领域中的检验不同,笔迹的比较检验非专业人员也可以尝试,比如经常识别亲戚、朋友和同事的笔迹。在没有专家帮助的情况下,法官、助理法官和陪审团对确定一份可疑笔迹的书写人是缺乏信心的,因此,他们会求助于这方面的专家而不是其他人。更加完善的法律体系将允许法官对证人的可信度作出相应的评估,但没有相应的制度去评判专家在具体案件中是否做得正确,笔迹比对专家提供的证据可以证明所给出结论的原因,但结论正确与否最终可以通过其他证据进行交叉检验。与法庭科学其他领域相比,这些证据更容易理解,详见第十一章。

参考文献

1. Johnson, M.E., Vastrick, T.W., Boulanger, M., and Scheutzner, E. Measuring the frequency occurrence of handwriting and handprinting characteristics, *Journal of Forensic Sciences*, 62, 142, 2017.

2. Found, B. and Ganas, J. The management of domain irrelevant context information in forensic handwriting examination casework, *Science and Justice*, 53, 154, 2013.

3. Harvey, R. and Mitchell, R.M. The Nicola Brazier murder. The role of handwriting in large

scale investigation, *Journal of Forensic Sciences*, 13, 157, 1973.

4. Baxendale, D. and Renshaw, I.D. Large scale searching of handwriting samples, *Journal of the Forensic Science Society*, 19, 245, 1979.

5. Marquis, R., Biedermann, A., Cadola, L., Champod, C., Gueissaz, L., Massonnet, G., Mazzella, W.D., Taroni, F., and Hicks, T. Discussion on how to implement a verbal scale in a forensic laboratory: Benefits, pitfalls and suggestions to avoid misunderstandings, *Science and Justice*, 56, 364, 2016.

6. Taroni, F., Marquis, R., Schmittbahl, M. Biedermann, A., Theiry, A., and Bozza, S. The use of Likelihood ratios for evaluative and investigative purposes in comparative forensic handwriting comparison, *Forensic Science International*, 214, 189–194, 2012.

7. Kam, M., Fielding, G., and Conn, R. Writing identification by professional document examiners, *Journal of Forensic Sciences*, 42, 778, 1997.

8. Kam, M., Gummadidala, K., Fielding, G., and Conn, R. Signature authentication by forensic document examiners, *Journal of Forensic Sciences*, 46, 884, 2001.

9. Kam, M. and Lin, E. Writer identification using hand-printed and non-hand-printed questioned documents, *Journal of Forensic Sciences*, 48, 1391, 2003.

10. Kam, M., Abichandani, P., and Hewett, T. Simulation detection in handwritten documents by forensic document examiners, *Journal of Forensic Sciences*, 60, 936, 2015.

11. Sita, J., Found, B., and Rogers, D.K. Forensic handwriting examiners' expertise for signature comparison, *Journal of Forensic Sciences*, 47, 1117, 2002.

12. Bird, C., Found, B., and Rogers, D. Forensic document examiners' skill in distinguishing between natural and disguised handwriting behaviors, *Journal of Forensic Sciences*, 55, 1291, 2010.

13. Bird, C., Found, B., Ballantyne, K., and Rogers, D. Forensic handwriting examiner's opinions on the process of production of disguised and simulated signatures, *Forensic Science International*, 195, 103, 2010.

14. Found, B. and Rogers, D.K. Investigating forensic document examiner's skill relating to opinions on photocopied signatures, *Science and Justice*, 45, 199, 2005.

15. Found, B. and Rogers, D. The probative character of Forensic Handwriting Examiners' identification and elimination opinions on questioned signatures, *Forensic Science International*, 178, 54, 2008.

拓展阅读

Beck, J. Sources of error in forensic handwriting evaluation, *Journal of Forensic Sciences*, 40, 78, 1995.

Biedermann, A., Bozza, S., and Taroni, F. The decisionalization of individualization, *Forensic Science International*, 266, 29, 2016.

Brandt, V. The significance of partial handwriting features in location of an author, *Kriminalistik*, 11, 489, 1977.

Cabanne, R.A. The Clifford Irving hoax of the Howard Hughes autobiography, *Journal of Forensic Sciences*, 20, 5, 1975.

Cole, A. The search for certainty and the use of probability, *Journal of Forensic Sciences*, 25, 826, 1980.

Cook, R., Evett, I.W., Jackson, G., Jones, P.J., and Lambert, J.A. A model for case assessment and interpretation, *Science and Justice*, 38, 151, 1998.

Davis, L.J., Saunders, C.P., Hepler, A., and Buscaglia, J-A. Using subsampling to estimate the strength of handwriting evidence via score-based likelihood ratios, *Forensic Science International*, 216, 146, 2012.

Dawson, G.A. and Lindblom, B.S. An evaluation of line quality in photocopied signatures, *Science and Justice*, 38, 189, 1998.

Ellen, D. Handwriting examination of unfamiliar scripts, *International Journal of Forensic Document Examination*, 5, 424, 1999.

Ellen, D.M. The expression of conclusions in handwriting examinations, *Canadian Society of Forensic Science Journal*, 12, 117, 1979.

Gaborini, L., Biedermann, A., and Taroni, F. Towards a Bayesian evaluation of features in questioned handwritten signatures, *Science and Justice*, 57, 209, 2017.

Galbraith, N.G. Initials: A question of identity, *Forensic Science International*, 18, 13, 1981.

Gencavage, J.S. Recognition and identification of multiple authorship, *Journal of Forensic Sciences*, 32, 130, 1987.

Hanna, G.A. Microfilm documents: What are the boundaries in document examination? *Journal of Forensic Sciences*, 33, 154, 1988.

Harris, J.J. The document evidence and some other observations about the Howard R. Hughes "Mormon will" contest, *Journal of Forensic Sciences*, 31, 365, 1986.

Hilton, O. Can the forger be identified from his handwriting? *Journal of Criminal Law, Criminology and Police Sciences*, 43, 547, 1952.

Hilton, O. Identification of numerals, *International Criminal Police Review*, 241, 245, 1970.

Hilton, O. How individual are personal writing habits? *Journal of Forensic Sciences*, 28, 683, 1983.

Hilton, O. Line quality—Historic and contemporary views, *Journal of Forensic Sciences*, 32, 118, 1987.

Hilton, O. Signatures. A review and a new view, *Journal of Forensic Sciences*, 37, 125, 1992.

Hilton, O. The relationship of mathematical probability to the handwriting identification problem, *International Journal of Forensic Document Examiners*, 1, 224, 1995.

Huber, R.A. The treatment of evidence in law and science, *Canadian Forensic Science Society Journal*, 11, 195, 1978.

Huber, R.A. The quandary of qualified opinions, *Canadian Society Forensic Science Journal*, 13, 1, 1980.

Huber, R.A. and Headrick, A.M. Let's do it by numbers, *Forensic Science International*, 46, 209, 1990.

Ionescu, L. Peculiarities of signatures on carbon copies, *International Journal of Forensic Document Examiners*, 1, 118, 1995.

Leung, S.C. and Cheung, Y.L. On opinion, *Forensic Science International*, 42, 1, 1989.

Lindblom, B. Identifying characteristics in the handwriting of the visually impaired, *Canadian Society of Forensic Science Journal*, 16, 174, 1983.

Masson, J.F. Deciphering the handwriting of the recently blinded: a case study, *Forensic Science International*, 38, 161, 1988.

McAlexander, T.V. The meaning of handwriting opinions, *Journal of Police Science and Administration*, 5, 43, 1977.

McAlexander, T.V., Beck, J., and Dick, R.M. The standardisation of handwriting opinion terminology, *Journal of Forensic Sciences*, 36, 311, 1991.

McAlexander, T.V. and Dick, R.M. The standardisation of handwriting comparisons, *Journal of Forensic Sciences*, 36, 311, 1991.

Miller, L.S. Identification of human figure drawings through questioned document techniques, *Forensic Science International*, 72, 91, 1995.

Moore, D.S. The importance of shading habits in handwriting identification, *Journal of Forensic Sciences*, 28, 278, 1983.

Muehlberger, R.J. Identifying simulation: Practical considerations, *Journal of Forensic Sciences*, 35, 368, 1990.

Muehlberger, R.J., Newman, K.W., Regent, J., and Wichmann, J.G. A statistical examination of selected handwriting characteristics, *Journal of Forensic Sciences*, 12, 206, 1976.

Purdy, D.C. The requirements of effective report writing for document examiners, *Canadian Society of Forensic Science Journal*, 15, 146, 1982.

Schima, K. Probability judgement and handwriting comparison, *Kriminalistik*, 9, 1, 1977.

Taroni, F. and Marquis, R. Probabilistic evaluation of handwriting evidence: Likelihood ratio for authorship, *Applied Statistics*, 57, 329, 2008.

Taroni, F., Marquis, R., Schmittbuhl, M., Biedermann, A., Thiéry, A., and Bozza, S. The use of the likelihood ratio for evaluative and investigative purposes in comparative forensic handwriting examination, *Forensic Science International*, 214, 189, 2012.

Taylor, L.L. and Hnilica, V. Investigation of death through body writing: A case study, *Journal of Forensic Sciences*, 36, 1607, 1991.

Totty, R.N. A case of handwriting on an unusual surface, *Journal of Forensic Science Society*, 21, 349, 1981.

Vastrick, T.W. Illusions of tracing, *Journal of Forensic Sciences*, 27, 186, 1982.

Vastrick, T.W. Admissibility issues in forensic document examination, *Journal of the American Society of Questioned Document Examiners*, 7, 37, 2004.

第五章

笔迹：样本的收集

引　言

前三章对笔迹比较检验的技术以及原理和方法进行了论述。在本章中，主要探讨文件检验人员在进行笔迹比较时需要哪些条件才能有效地进行工作，而充足可靠的样本笔迹是检验的前提条件。

第一节　已知笔迹

笔迹检验的主要内容是将可疑笔迹与已知笔迹进行比较。"已知笔迹"这个术语被普遍应用于由已知特定人书写的笔迹。为了便于表达，将"已知"这一称谓从笔者转移至笔迹。尽管研究人员获得这些已知笔迹也许会有许多困难。

任何材料被用作已知笔迹或样本之前，有两个基本要求：一是笔迹的质量和数量必须足够充分，能够用于比较检验；二是笔迹的书写人是明确的。根据调查情况来看，满足以上条件有时较容易有时也很困难。

第二节　获取试验样本

在刑事调查中，可以要求嫌疑人提供他或她的样本笔迹。在许多国家，虽然嫌疑人不能被强迫提供样本，但多数会选择配合。在英国，人们在被问及某些罪行时会毫无异议地提供样本是很常见的。在这些案例中，样本笔迹来源不存在疑问,因为拿到笔迹的警官或调查员可以证明笔迹是由特定的人所书写。

　　在获取样本笔迹时,必须遵守两个基本且容易记住的原则:一是样本具有可比性,二是样本数量必须充足。

一、可比性

　　所谓的比较是将字母表中的每个字母与样本中的同一个字母进行比较。将字母"a"与字母"k"、大写字母"A"与小写草书"a"进行比较是毫无意义的。要使每个字母必须可比,那就要求所有出现在可疑笔迹中的字母都应在已知笔迹中有所体现。同样不能忽略数字,有时数字也能提供有用的证据。

　　除了比较两份笔迹中的相同字母外,还可以比较字母之间的连接、单词和行之间的间距、单词在页面上的布局等。布局还包括句子和段落的间距,空白处的大小大于文字相对于印刷文字和线条的位置。布局重要性的例子体现在某些表单的笔迹中。与每个字符必须放置在特定框中的那些表格不同,表单提供了一个空间用于写入完整的条目,条目的放置方式因人而异。可以在靠近允许区域的左侧边缘开始书写,或者是在边缘和书写开头之间空格书写。如果有一条横线时,文字或签名可能远高于该线,或者部分低于该线;笔迹可能与横线保持平行或倾斜(远离或朝向横线)。因为这些特征可能与可疑笔迹有着显著的相似或差异,所以在没有引导标线的普通纸上采集的样本可能会失去一些有用的特征点。在此情况下,以类似的形式采集的样本将包含书写人如何安排条目的信息。

二、充足的材料

　　用于比较的样本数量的多少很重要。充足的样本比少量的样本更有利于比对。一个人的笔迹是可变的,除主观故意或偶然因素的影响外,更重要的是书写活动的复杂性导致了笔迹的可变性。如果没有足够的样本笔迹,可疑笔迹与样本笔迹可能会表现出较大的差异,尤其是那些会用多种字体进行书写的人,不同字体间的搭配比例有很大的差异。如果能够获得不同形体的样本笔迹,就有可能掌握书写人笔迹的变化范围。当然,应调查人员的要求所提供的样本笔迹,无法包含该书写人在一定时期内的不同条件下书写的所有变化形式。尽管如此,也可以从大量的样本中找到是否同一人书写的有力证据。

三、提取样本

提取样本笔迹时,获得足够数量的可用于比对的样本笔迹很有必要,但样本数量不宜过多。应要求样本书写人以相同的书写风格——大写、草书或楷书书写与可疑笔迹相同的内容,至少写 5 到 10 遍。书写所使用的工具对书写质量有一定影响,应避免使用诸如纤维笔一类的书写工具,它们不但会使笔画线条变宽,还会使两行的字迹笔画出现交叠,为后期检验笔顺增加了难度。通常情况下,因圆珠笔使用较为广泛,且其形成的字迹笔画轮廓清晰,所以是取样的最佳工具。如果可疑笔迹是用特定类型的笔书写的,那么该类型的笔可用于提取样本笔迹,但同时也应使用圆珠笔进行提取。

某些情况下,正在接受调查的可疑笔迹的内容不能被透露,以防止其措辞被复制。鉴于此,需要准备一段足够长的文字,其内容包含可疑笔迹的字母,最好是包含可疑笔迹的单词。更便捷的方法是抄写报纸上的印刷内容,前提条件是印刷内容应包含大多数或全部可疑笔迹的字母。如果可疑笔迹含有较多的数字,那么可抄写报纸的体育或财经版面。

提取样本笔迹时经常用"The quick brown fox jumps over the lazy dog"这句话作为书写内容,优点是它包含了字母表中的所有字母,缺点是句子中只有一个大写字母。一般来说,书写内容尽可能使用与可疑笔迹相同的文字内容。当然,应避免使用"Now is the time for all good men to come to the aid of the party."这句话作为书写内容,因为它只包含一个大写字母,并且缺少了"b、j、k"等试验样本。在以上两句话中都没有出现数字或其他字符,如"&"。被设计的其他段落应包含字母表中的所有字母,同时包含大写和小写形式,并且应多次出现,而这些被设计的内容往往过于冗长,但在完整性方面具有较高的价值。然而,在大多数情况下,书写可疑笔迹的内容是最合适的,也是最佳的选择。

四、避免伪装

有些人认为通过伪装自己的笔迹可以迷惑笔迹检验专家,从而达到欺骗文件检验人员的目的。伪装能力因人而异,那些不擅长伪装的人几乎不会给检验带来困难。然而,有些人可以通过引入他人的笔迹中的特征进行伪装,从而使其笔迹特征形成较大差异。因此,在提取样本笔迹时尽量避免伪装。

完全改变正常笔迹需要高度集中的注意力,相对而言,多字数伪装比少字数伪装更加困难。因此,在采集笔迹样本时,应获取合理的数量。一般情况下建议将可疑笔迹内容书写 5 到 10 遍。如果调查人员怀疑书写人有可能伪装——书写速度异常缓慢或极快则是伪装的证据,那么则应提取 10 遍或更多。另一个预防措施是将写好的样本页立刻拿走,可以防止书写人摹仿刚写好的笔迹而达到伪装的目的。有时可以要求书写人写下他们的姓名、地址以及日期,而这些不在抄写的内容中,这样就有可能打破书写人的注意力,从而使其忘记伪装,尽管这样做不会提供太多可供比对的样本材料,但却能证明书写人在抄写样本时进行了伪装。

有时书写人的笔迹会出现不自然的情况,可能是由于紧张或不舒服导致,为了防止这种情况发生,除了给书写人充分的尊严和礼貌外,还应该注意以下两点:第一,舒适的坐姿书写的笔迹最接近于正常笔迹,也更有利于后期的比对;第二,避免因书写人主观故意形成的差异而归因于其他因素。

书写内容应以口述的方式讲给书写人,任何情况下都不应将可疑笔迹放在书写人面前让其抄写。同样,书写内容也不能由调查员书写后交给嫌疑人让其抄写,这样书写人不仅可以抄写内容还可以摹仿其中的笔迹从而达到伪装。可以选择使用打字或印刷的方式提供抄写内容,即便如此,字体的风格也有可能被摹仿。综上,最好的方法是听写,虽然比其他方法花费调查人员更多的时间,但是因为正确地提取样本笔迹是调查中最重要的环节之一,所以一定要给予高度的重视。

被调查人涉嫌伪造签名或其他文字的,提取的样本内容应为伪造签名或可疑笔迹的文字。但是如果直接让被调查人书写以上内容,就会"打草惊蛇",导致提取的样本很可能不是真实的自然样本,最好的方法是使用被调查人的自然样本与可疑笔迹进行比较。此类情况对于签名来说很少见,而对于较多笔迹文本则更为常见。

五、受害人的笔迹

如果可疑笔迹有可能是被摹仿形成,那么从受害人那里提取样本笔迹是很有必要的,检验人员可以将可疑笔迹与受害人的样本笔迹进行比对,找出笔画线条质量和结构上的显著差异,以证明可疑笔迹是摹仿笔迹。在此类情况下,受害人会积极配合调查,所提取的样本笔迹也不可能存在伪装。

并非所有此类案件都在早期阶段就被认定。有一个关于支票上笔迹的案件,检验的结论是支票上的笔迹与嫌疑人的笔迹不同,这让调查人员感到匪夷所思,因为其他证据表明就是此嫌疑人所为。于是又检验了另外一张支票上的笔迹,发现其上面的笔迹也与嫌疑人的笔迹不同,而且与第一张支票上的笔迹也不同。于是,调查人员提取了支票所有人的笔迹,经过比对才发现了真相:这两张支票上的笔迹都是经过仿制支票所有人的笔迹而形成,包括签名在内。至此,根据笔迹检验结果虽然不能表明支票上的笔迹是嫌疑人书写,但也并未排除此嫌疑人。

在法庭上,当一方怀疑或试图证明一份文件是由特定的人书写时,另外一方可能会否认并辩解说任何人都可以书写或另外几个人也有可能书写。遇到此类情况时,就需要提取那些没有嫌疑但可能是犯罪实施者的人的笔迹样本,这么做有时会产生意想不到的结果。有时被认定负有责任的不一定是嫌疑人,例如,匿名信件的收件人有时就是发件人。

第三节　业务过程笔迹

有时,当面要求被提取人书写特定的内容达到提取样本笔迹的方法不一定可行,有可能被提取人已经死亡、生病或因其他原因无法参与,也可能不愿意配合,哪怕配合提取样本但也有可能伪装。因此,被提取人按照要求书写而获得的样本笔迹不可能完全体现出书写人笔迹的变化范围。那么,可以通过其他方式获得样本笔迹,那些在日常生活中形成的文字材料比听写提取的样本会更有价值,这些被称作"业务过程"笔迹,这些材料在调查和后续听证会中能发挥重要的作用。

一、来源

业务过程笔迹的来源有很多,但是并非在所有情况下都能提取到业务过程笔迹。警察比私人侦探拥有更大的权力,在搜查所需物品方面处于更有利的地位。在刑事案件中涉及的业务过程笔迹的来源包括护照申请表、驾照申请表、工作申请表、信件、日记、账簿、损失索赔、支票、证人陈述和保释表格等。在许多情况下,只能在文档管理系统上的扫描图像中提供业务过程笔迹,但这些仍可用于笔迹比对。

二、签名

商务活动中的签名是业务过程笔迹的重要来源。当事人在不知道这些笔迹日后可能被用作比对材料的情况下书写的各种各样的文字,比当面提取的样本更能体现出书写人笔迹的变化范围。前面列出的文件中的签名能够提供可靠的来源,还可以在收费单、展品标签、信用卡和驾驶执照等文件上提取。

在某些情况下文件本身就是犯罪对象,其上的笔迹被嫌疑人承认或被证人看到是由嫌疑人写的,那么这些文件上的笔迹就可作为样本与其他笔迹进行比对。比如一个人为了骗取贷款而填写申请表时被目击,这个申请表上的笔迹就可以作为样本笔迹,再进一步与其他贷款材料上的笔迹进行比对,如果比对结果同一,则证明此人实施了多次骗贷行为。因此,将证人作证的书面材料与其他书面材料进行比对,将有助于确定是否发生了严重的欺诈行为。

摹仿出相似度高的签名需要刻苦练习,摹仿出相似度低的签名相对比较容易。将摹仿的签名相互进行比较,也有可能得到是同一人摹仿的证据。不同人摹仿同一签名存在着很大的差异,即使在整体外观上与所有者的签名相似。

练习摹仿签名的过程中形成的笔迹是重要的证据,这些过程材料有时会被调查人员发现。文件检验人员可能会被要求在法庭上对这些材料发表评论,以确定这些材料是练习摹仿的过程中形成的笔迹,如果得到确认,那将会是重要的证据材料。

三、业务过程笔迹的确认

用于比对的业务过程笔迹在成为比对材料之前必须经过确认,因为有时候这些笔迹不一定是本人书写的。比如,一封看起来由男性写的信实际上是他妻子写的,有时还会存在一个人写信另外一个人签名的情况。在其他情况下,根据表单内容能够显示是谁签署,但是调查环节必须进行询问是否由他所写,这些业务过程笔迹需得到当事人的确认,一般情况下当事人往往不会否认,否则会显得很愚蠢。因此,他们的口头供述有助于后期的审判。

同时也应注意有些已知书写人的笔迹因其特殊的性质而不被法庭采用。在法庭上提及以前的犯罪行为可能会被禁止,因为陪审团可能会受到它们的影响。同样那些本身就是以前犯罪行为主体的笔迹也可能因为同样的原因而不被采用。来自监狱的信件表明被告有前科或被羁押候审。在这些情况下,有时可以使用这些笔迹而不透露其来源。如果使用说明性图表来说明专家的结论，则可以向法庭展示这些笔迹，而不需要透露其背景。

四、试验样本与业务过程笔迹

试验样本和业务过程笔迹各有优缺点。试验样本的优点是书写人是明确的，书写内容与可疑笔迹相同，甚至包括字母和单词，缺点是当事人有可能拒绝提供或伪装书写部分及全部内容。业务过程笔迹的缺点是有时候无法确定其书写人或者与可疑笔迹的字体不同——用大写字母代替草书，优点是没有伪装且数量较多。讨论试验样本与业务过程笔迹哪个更好没有意义，在实践检验中最好是两者都能获取。

将收集的试验样本与业务过程笔迹进行比对，有时候就可以发现试验样本是经过伪装的，两者之间的差异是主观故意形成的，属于非本质差异。将样本与样本之间进行比较，有时可以确定业务过程笔迹真伪，有时也能为可疑笔迹与伪装的试验样本笔迹之间提供一种联系，即通过与第三份笔迹的比较，才能将已有的两份笔迹联系起来，因为这两份笔迹之间可能没有足够的相同字母进行比较，导致无法确定是否同一人书写，但是将这两份笔迹分别与第三份笔迹进行比较时，发现有很多共同点，这样就可以发现三份笔迹是同一人的笔迹。因此，试验样本和业务过程笔迹是互补的。

拓展阅读

Bohn, C.E. Admissibility of standard handwritings, *Journal of Forensic Sciences*, 10, 441, 1965.

第六章

打字机和打字稿

引　言

　　文件检验人员可能会遇到两大类打印文件：商业打印的文件以及在办公室或家庭环境中打印的文件。前者如：护照、驾驶执照、防伪文件和货币。两者的差别主要在于生产规模。激光打印机、喷墨打印机、复印机和其他为办公室操作而设计的技术往往限制在数百份，成本与数量有关；一旦完成初始设置，商业印刷能够以边际成本生产数千份文件。虽然它们之间的重叠相当大，边缘模糊，但我们已经在第八章中处理了这两种变化情况。在考虑这一点之前，回顾一下打字的检验是有帮助的。主要有两个原因：首先，它引入了一些概念，这些概念仍然存在于电子文档和现代印刷中，例如字体的变化；其次，打字机仍然在历史文档中出现，学习这方面所需的技能和知识是必要的。

第一节　打　字

　　打字机已经存在了 100 多年了，最早生产的标准铅字连动杆打字机今天还在使用。随着发展，除基本的组成模块外，其他部件都已得到充分的改进和完善。

　　后来出现的电动打字机(使用可互换的球体或轮子形状的铅字球组件)、电子打字机、文字处理机和计算机控制的打印机，使家庭或办公室在纸上打印字符的方式多样化。

　　打字机打印出来的文件可以用于刑事活动或民事活动，除了打印出来的内容外,文件中的其他信息还可以为调查人员或法庭提供有价值的证据。了解疑似用于制作文件的机器的构造和型号,可以帮助警察找到真正的打字机。在庭审中如果发现两份文件是由同一台机器打印或者是用一台特定的打字机打印的,能够提供非常重要的证据。使用观察和推断的科学原则并结合试验,将结果与样本库进行比较,文件检验人员便可为他或她的客户提出的许多问题提供答案。

让审查员感兴趣的是打字稿中那些文字的特征如单个字符的风格、形状以及它们之间的间距等,这些特征及其检验方法将在本章中予以讨论。

近年来,印刷材料的生产方法发生了根本性的变化。如今电脑打印机已经在很大程度上取代了打字机,但打字机仍在销售,而且许多老旧的机器仍在使用。它们偶尔在文件检验工作中也能发挥作用,因此本书保留了关于检验打字机输出方法的内容。

第二节　字　　体

多年来,打字机制造商采用了一种通用的字体,但这种字体在大小和设计上存在差异。不同厂家的产品之间有的差别比较大,有的差别比较细微。典型的变化是数字"2"有没有直底、数字"3"的顶部是平的或弯曲的、数字"4"的顶部是开放的还是包含一个封闭的三角形;大写字母"M"和"W"可以由中心延伸到字母的整个高度或一半高度;小写字母中较小的差异包括字母"a"的底部形状、字母"t"上方横线的长度和位置。

还有在风格上有着完全不同的设计。如"阴影"字体,组成字母线条的宽度有明显不同;"立方"字体,即矩形的角是圆形;还有类似草书的字体等。

所有这些字体的铅字模型都可以安装在打字杆上手动或电动移动,或安装在单个组件上,根据外形通俗地称为"高尔夫球"或"雏菊轮"。这些字模可以很容易地从一台机器上移除,并可以用另一种不同风格的字模进行替换。最初这种字体是由打字机制造商设计和制造的,现在它可能由专业生产商提供给机器制造商。同样,活字轮通常也不是由机器制造商制造的。

一、字间距

打字机需要一种机制来确保字母的间距正确。最常见的间距是一英寸

(1 英寸 = 2.54 厘米) 中有 10 或 12 个字母。对于文件检验人员来说,通常不以每英寸字符数为间隔,而是以 100 个字符所占的长度为间隔。因此,每英寸打印 10 个字符的打字机,通常被称为"皮卡"打字机,每 100 个字符的间距为 254 毫米。那些每英寸打印 12 个字符的打字机,被称为"精英"打字机,每 100 个字符的间距为 212 毫米。类似地,其他机器使用 185、200、210、220、225、230、236、250和 260 毫米的间距。在手动和电动的打字机以及单元球打字机中都可以找到。

均匀间距打字机是基于间隔单位的,字母根据其宽度占据 2、3、4 或 5 个单位。单位通常是 1/32 或 1/36 英寸,产生的结果大约相当于"皮卡"和"精英"间距。近年来,文字处理机和电子打字机使打字变成靠右对齐。这种做法在打印中很常见,它改变行距,使每一行的开始和结束都恰好在上一行的下方。这是通过在行中单词之间添加所需数量的额外空格或添加多个空格来实现的,将添加的空格均匀地分布在行上的单词之间。

二、字体集

当调查人员面对一份打字稿文件时,探讨它的来源是有价值的。如果将不同类型的打字机收集起来,把每种机器的字体进行整理,将打字机的型号与字体相对应,建立一套分类系统,这对于文件检验人员检验文件有很大帮助。将可疑文件和已知来源的打字稿进行比较时,能够找到与可疑文件上的风格相对应的字体,最终确定出打字机的类型或型号。

查明一台打字机的制造商和型号有助于追溯一份有争议的打字稿的打印年份。如果能从制造商处获得某一特定样式或样式和间距组合的日期,就能显示某一文件是否能在某一特定时间打印出来。像 HAAS 地图集这样基于字体和间距差异的系统在世界各地都得到使用,主要是由从事犯罪调查工作的警察或政府机构使用。虽然现在的藏书都是用计算机管理的,但最后的比较是用藏书中文字样式的硬拷贝来做的[1]。国际刑警组织制定了一个系统,包含字体样式的卡片,按照字母间距和某些字母和数字的特征排序,类似的信息现在可以在 http://typewriterdatabase.com 上找到。

该系统可以识别机器的制造商和型号。然而,正如前面所讨论的,并不是每个打字机制造商都生产自己的字体。有些字体是由专业制造商生产的,比如德国的 Ransmayer,所以有可能不止一家公司会使用相同的字体。同样,印刷轮是由专业制造商制造的,同样的考虑也适用。更复杂的是,有些型号的球型打字机可以使用其他打字机公司生产的部件。单一组件的这种互换性会使在所有打字机上寻找特定品牌的调查员感到困惑，因为这些打字机可能是可疑的打字机的来源。

办公机械行业的公司合并也会引起混乱。尽管某一特定制造商的型号可能对该公司来说是独一无二的，但这些机器可能以不同的名称发行。Olivetti 和 Underwood 是两家合并的公司，所以在一个名字下发现的很多字体也在另一个名字下发现。类似地，Adler、Triumph、Royal 和 Imperial 这几个名字属于同一个跨国集团，在所有这些名字下会发现使用相同字体和间距范围的机器。前几年，这些公司都是独立的，彼此的风格也很突出。因此，如果调查人员只专注于一两个名字，而排除了那些没有提供给他名字的机器，那么真正打印出这些材料的打字机就有可能被忽略。因此，检验时必须小心谨慎，避免因为机器名称错误而被排除。

第三节　打字稿和打字机的联系

一份打字稿中除了它所传达的文字信息之外，还可以识别出的重要信息是用来打印文字的机器类型，这对于民事、刑事案件的调查以及法庭的审判都具有重要意义。任何比较通常都是同类之间的比较，如打字稿和打字稿之间的比较。但情况并非总是如此，还可以把打字稿中的文字与机器上的字体进行快速比较，如果发现明显的差异，比如机器上有一个平顶的"3"，而文件上有一个圆顶的"3"，则可以在取样前排除打字机或打字机组件。如果没有发现这样的差异，就必须进行打印以便进行更详细的比较。

当对打字稿进行比较时，必须记住以下要点。在铅字连动杆打字机中，字模和打字机被视为一体。在单元球模型中，无论是球型或轮型，都有一个机器和一个组件，两者是结合在一起的。如果所有的打字机都以绝对一致的标准生产，并且在机器运行期间一直保持这种标准，那么比较它们的打字稿将会得到只有一种字体风格的结果，可以是大量机器中的任何一台打印形成，但这在实践中是不存在的，因为打字机的打字杆、打字组件以及其他机械装置都存在着变化。

尽管每个制造商都对其机器进行质量控制，但仍存在一些公差，在这些公差范围内也会有一定的差异，这些差异太小以至于在法庭科学上研究意义不大。

在法庭科学中进行的诸多比较中,对来源不同的材料进行比较也会发现差异,如不同类型打字机打印的材料,这种差异与同台打字机形成的差异区别不大,那么它们之间的比较就没有意义。法庭科学更加关注的是打字机在使用过程中由于磨损或损坏而形成的那些特征,这些特征是随机的,对于打字机而言是其独有特征,比较的价值会更高。

一、字体缺陷

打字机在生产和使用过程中会形成许多明显的瑕疵。首先是单个字符的损坏。金属活字在使用过程中可能会碎裂或弯曲,尤其是当打字机的两个键同时按下时,两个组件之间产生的碰撞可能导致其中一个或两个组件的损坏,这将在随后的印模上显示出来。在球型机中,损坏不是那么普遍,但在制造过程中,可能会出现小的成型缺陷,这些缺陷会出现在打印纸上。印刷轮上的文字也很容易损坏,但是与金属字体的变形不同的是,金属字体一旦制造出来,就能无限期地保持不变,而活字轮上的塑料材质的坚硬表面涂层一旦被破坏,就会迅速恶化。其次是某些字符的不居中。当生产打字机时,承载字符的铅字金属件被焊接在打字机的两端,它们之间贴合得并不紧密,这导致印刷字符相对于其他字符的位置有微小的差异。再次,如果一个字杆扭曲或弯曲,字杆上的字符留下的印痕就会错位,可以向上、向下、向左或向右偏离预定的位置,也可以以特定的角度偏离,或是两者及两者以上组合的偏离。此外,扭转会产生一个不均匀的图像,导致字符的一部分印刷得比另一部分重,有的是顶部印刷得重,有的是底部印刷得重,但这主要取决于打字杆的变形程度。部件的松动会在纸上产生不同的结果,字符有时会在正确的位置,有时会错位。在一些打字机中,所有的键的位置都有可能发生变化,因此很难发现单个字符一致错位的情况。

在铅字球打字机中,球在水平和垂直方向上的运动将决定打印的是哪个字符。在任何平面内旋转球的机构都可能因磨损或损坏而无法调整。这将导致在打印时出现水平行或垂直列的位置不正确。当这种情况发生时,行或列上的所有字符都被错位到相同的程度。这种特性是由机器产生的,如果放入另一种类型的球,仍然会出现此现象。组件的功能是将组件与机器的机构相配合,如果组件底座上的一个齿被损坏,也会造成一排垂直字符的错位。如果改变了字符,错位将消失;如果在另一台机器上使用,同样的缺陷将再次发生。对于活字轮打字机,也会发生不居中。轮的辐条可能会变形,使字符产生位移。与传统的打字机不同,当这种情况发生时,只有一个字符会错位;每个开口或"花瓣"上只有一个。对一些电子菊花轮机器的初步检查表明,它们的间距在机器内部是非常一致的,而在机器之间变化更多。产生这种差异的原因有可能是字模或是其他部件受损导致。

二、其他缺陷

还有其他方法从打印缺陷中获得证据。如果打字机中字符较脏,那么字母中应该是空心的圆圈则被打印为实心圆圈,这显然是一种临时状况,可以通过清洁轻松纠正。shift 键的移键机制出现问题后可能移动得太远或不够远,导致大写字母和其他字符高于或低于应有的值。夹持纸张的机构松动导致打字稿的线条不均匀地分开。压板错位使所有字符在顶部或底部打印得很重。移动压板用于分隔字母的机制有时会"失火",导致字符之间出现间隙或两个字母相互拥挤。在使用打字机的电机中,一个或多个字符的压力调整可能与其他字符的压力调整不同,因此它们始终打印得更重或更轻。打字机中色带的对齐可能有缺陷,会切断所有字符的顶部或底部,而不是使用双色色带时会损坏某些单独的字体或黑色和红色打字稿的混合。

第四节 比对打字稿

要对打字材料作出检验结论,就需要对已知和可疑打字稿进行仔细而准确的比较。在笔迹的比较检验中,术语"已知"和"质疑"均指比较材料的来源。而在打字稿的比较检验中,"已知"指的是那些根据其他证据或调查人员使用作为调查对象的打字机(可能是刑事审判中被告人的财产)打印出来的文字,而"质疑"是指来源有争议的文件。在某些情况下,可疑文件进行比较是非常有必要的。

一、方法

打字稿的比较可以通过两种方式进行。第一种,就像在笔迹的比较中一样,只是简单地并排观察两个文档,注意每个字母、数字、逗号、问号、英镑或美元符号,以及所有出现的其他字符,观察它们是否匹配;同时,记录并比较由损坏引起的缺陷,观察是否存在任何明显的偏差,并记录它们的一致性和结果;最后对相似性、显著特征、差异和变化的整体情况进行评估后再得出结论。以上过程是检验的必要程序。在许多比较检验中,由于打字机机构的松散、色带质量的变化以及打字员个人因素,导致样本内的变化也是相当大的。在并排比较中往往发现的是显著特征,足以进行准确的比较和记录,也能够正确地得出结论。更精细的检查不一定会揭示更多信息,大部分情况下发现的可能是由"噪声"引起的非本质差异。但如需进行此类检查,可以使用专业的间距网格设备,它们由透明塑料片组成,上面标有均匀间隔的平行线与垂直线,是专门设计用于匹配不同间距的打字机,间距有 2.12 mm、2.54 mm、2.60 mm 等,利用此设备可以清楚地观察到字符相对于网格线的位置,以便很好地判断字符是否对齐。

二、图像比较

第二种比较方法是使用高分辨率的成像软件对打字稿进行比较,将图像重叠就可以揭示图像之间的差异。通常使用比较投影仪来完成,比如瑞士赫尔布拉格 Projectina AG 公司制造的 Doccenter4500,它可以将两个文件的图像同时投影到一个屏幕上(见第十章)。除存在差异外,这两个文档叠加时看起来是一个文档,差异可以通过图像的振荡或不同颜色(如红色和绿色)的照明来显示。利用此方法可以检测到由于使用不同的打字机而产生的细微差异,与同台打字机输出的文件形成了鲜明的对比。

在从该检查中得出任何结论之前,必须从所讨论的机器中获取足够的样本,以证明它以一致的方式运行。如果运行不一致,有可能这台打字机自身差异被误认为是另外一台打字机形成的。对一台打字机连续输出的稿件进行检查获得的结果比并排观察或使用网格设备观察的结果要更好,因为这样可以检测到是由机器自身的磨损或损坏而引起的差异,排除了不同机器之间形成的差异。

三、显著差异

文件检验人员的首要任务是发现两份或多份打字稿是否相似,或者它们是否有明显的差异。如果发现文字的间距、字母、图案或其他字符存在着明显差异;如果一个样品存在着损坏或错位,而另一个样品没有;如果一个字符(如数字 1)出现在打字稿上但在打字机上失灵。以上特征表明这两个样本没有共同的来源。但是还需注意一台打字机可能会因各种原因导致输出结果产生变化。

如果是单元球打字机,改变球型或打印轮会导致输出结果变化明显。如在 IBM72 型球型机器上,每英寸可以打印 10 或 12 个字母。同样,许多使用活字轮的电子打字机可以以两种以上的间距输出打字稿。另一个间距属性是对齐属性,为打字稿页面提供均匀的右侧边,就像在印刷中发现的那样。许多电子打字机都兼具以上两种打字功能。

如果错误是在一个样本中发现的,而不是在与该样本进行比较时发现的,那么并不能排除单一来源。这些差异可能是在一段时间内形成的,因此,如果后一份打字稿样本有许多损坏或错位的字符,而前一份没有,那么这些特征可能是在两份文件之间形成的。如果相反,则可能是机器已经过维修并且缺陷已得到纠正。纸张的状态不同也会形成明显的差异。折痕和折叠会影响文档的尺寸,湿度的差异也会导致字符间距的细微差异。

在得出两个文件不是同一台打字机输出的结论之前,所有这些要点都必须加以考虑。如果机器本身还可以使用,这项任务就不难完成。它是不是单元球打字机、是否具有双间距或可变间距的功能都是显而易见的,任何被替换的铅字通常可以通过铅字块的外观、形状或与铅字杆的焊接状态被清楚地识别。如果无法获取相应的机器,也可以参考单元球打字机的字体集合,有可能找到相同的字体样式。尽管有这些考虑,但在大多数情况下,发现字体样式、间距和损坏的差异都是因为使用了不同打字机导致的。如果在字符对齐上有明显一致的差异,也是因为使用了不同打字机形成的。

四、相似点的意义

当发现两份打字稿完全匹配——所有字符都相似并且字母间距(整体和单个)相同,而且没有证据表明是一台以上的打字机的打字稿时,那么它们有可能是由一台打字机形成的,但也有可能是两台打字机形成的,只是无法区分而已。如果有足够的特征就可以排除是由两台打字机形成的可能性,而这些特征在其他打字机上不会以完全相同的方式出现。这些特征就是前面提到的故障——字符损坏和错位。虽然任何一个同类型的故障都可以在不同的打字机上出现,但当具体到同一个数字时,出现这种故障的可能性几乎可以忽略不计,因为期望在其他机器的相同位置发生损坏和错位是不合理的。打字机上有 40 多个键,每个键包括两个字符,其中任何一个键都可以以不同的方式受损或弯曲。在两台不同的机器上,相同的字符发生相同损坏的概率很低,如果出现两个及以上的损坏,概率就更低了。并非每一处的损坏或错位发生的概率都是均等的,有些故障可能比其他故障发生得更频繁,对多台不同打字机上出现的故障的研究表明,根据这种故障特征识别打字机是合理的。在球型打字机中必须考虑一些特殊的情况,对于单个组件上的行和列中的字符,错位不会随机发生。对于铅字连动杆打字机而言,一个字母出错不会影响另一个字母。而在"高尔夫球"打字机中,单个字符出错可以影响到其他字符,如一个齿(将组件固定到机器上的机构)从球的底部脱落,则其上的四个字符都将发生位移,但是这些错位必须被视为一个特征,而不是四个。以上表明任何类似的球型打字机发生类似的损坏后依然可以用来打字。

旋转和倾斜以选择适当字符的机制在不同的打字机上产生的结果略微不同。不同打字机之间的前进距离并不总是完全相同的,这将导致整行或整列字符的错位。同样,行或列的错位表示的是一个特征,而不是几个特征。

五、打字时间

差异的意义已在前面讨论过。如果两份打字稿在样式、损坏部位或错位上都相同,那就不排除来自同一台打字机的可能性。如果两种打字方式很相似,并且有着共同的特征,只能将它们归为同一个来源,即便存在一些差异,也一定是某些原因导致这些差异在两份文件之间发生。如果所有的观察和比较都得当,这样的解释是唯一合乎逻辑的。

一个样本中存在而在另一个样本中不存在的特征可以用来确定文件的制作时间。检查一段时间内一台打字机定期输出的样本,就会发现第一次字符出现损坏的文件,如果发现损坏特征有规律地出现在此后的文件中(在某些机器中,这种情况确实发生了),那就说明故障的模式与前期相比已发生变化。有时需要确定某一文件的制作时间。如果发现一份文件存在故障,而另一份文件没有,那么就可以检查这一系列有日期的文件,找到故障出现的最早日期,从而判断文件的制作时间。此外,如果打字机进行了维修,也可以获得文件制作日期的有关信息。[2]

第五节 样 本 收 集

调查人员在打字稿比较的案件中起着重要的作用。这种案件可能要求识别文件的来源,或者需要找出两个或多个打字稿之间的联系。如果能获取打字机,对调查员及其出具的结论都是有利的。原因有很多,首先,可以检验打字机上的所有字符,如果文件上出现了数字 1 但打字机的铅字面上没有,足以排除文件来自该打字机,除非键被更换,但通过检查打字机就会发现是否被更换。如果字符出现损坏,那么检查打字机的铅字面就能够得到确认,也能排除特殊设计的图案被误认为是故障的可能性。不规范操作、部件损坏、错位和磨损等此类故障,可以从源头上检测到,也能确定它们对文件产生的影响状况。通过测试打字机操作的一致性,可以找出变化是由机器本身形成的还是外界因素导致的。除了比较打字稿之外,由色带、修正带、电子存储器或其他因素提供的其他证据也可以从打字机中推断出来,这些问题在后面将会讨论,前提条件是文件检验人员能够获取到这台打字机而不仅仅是获得它输出的样品。如果是单元球打字机,额外的部件与打字机需一起收集。

如果不能带走打字机就需要在原地取样,应使用色带(如果状态良好)或复写纸(被放置在色带的位置)从打字机上取样。新的复写纸取样效果会更好,并且不会破坏色带原有特征。另一种方法是用新色带替换原色带后取样,新色带如果选用墨迹浓重的织物色带,形成的线条较粗,掩盖许多细节特征,但对于"碳"色带而言,形成的字符轮廓较清晰,取样效果较好。

采集的样本应该是整个键盘,无论键盘上是否有 shift 转换键,大写字母、小写字母均应被记录,所有的数字、标点符号和其他字符也应被记录。提取的用于比较的样本尽可能保持与可疑打字稿的布局相同,而且至少应该重复提取 4—5 次,以便测试打字机输出的一致性。识别提取样品的打字机是很重要的,因此应该在每份样本上打印出打字机的制造商、型号和序列号,如果在一段时间内发生了变化,其他在该机器上打印过的已知材料可能会提供有价值的证据。如果需要确定可疑打字稿的制作时间,那就需要提供与可疑打字稿标称时间同期的样本材料,还包括标称时间前期和后期的样本材料。可以依据这段时间内打字机字体的污损、色带的变化以及各种故障的组合等特征来确定可疑打字稿的制作时间。

需要确定一份打字稿出自哪台打字机时,调查人员可以通过检查一些明显的特征来进行初步筛查,如大写 MS 和 WS 的中心长度、3 的顶部和 4 的形状。与现代机器不同的是打字机的字体是固定不变的,如果发现字体或形状等不匹配,表明有可能使用了不同的打字机,或者至少是不同的打字杆。

第六节　打字稿的其他关联要素

除了比较打字稿之外,还可以通过其他方法获取打字稿与打字机关联的证据,比如对色带的检查。打字机中的色带有很多种类型,常见的有纺织色带——一条被浸过油墨的棉布或人造材料,当其被铅字表面击打时,会将铅字表面的图案印在纸上。色带上的一部分油墨被转移到纸面上,但是字母形状基本不会永久地印在色带上面,油墨的流动使色料在色带中又恢复到均匀分布的状态,对铅字表面的影响只是在其表面覆盖了一层油墨而已。

一些打字机配备了改变色带位置的机构,使色带的上半部分或下半部分单独受到铅字面的撞击,这样一来,就可以使用双色(通常是红色和黑色)色带,以便在键入的文档中使用两种颜色。当把正常的黑色打字稿切换成红色时,色带的红色部分会被覆盖着黑色墨水的铅字面击中,因此,除了在纸上出现红色的字符图像外,铅字面的形状也留在色带的红色部分,相应地在文件上用红色键入的字母就留在色带红色部分上并以黑色呈现出来,当然,撞击数次后铅字表面上的黑色油墨将会被完全移除。色带被设计成可以从右到左或从左到右移动,因此,根据移动的方向不同,色带上的文字可能是反向的也可能是正向的。

由塑料制成的可校正碳膜色带,依赖于铅字面的撞击并压到纸上的字母的形状,其效果是在文件上打出醒目、黑色、清晰的打字稿,并在色带上为每个键入的字符留下一个间隙,以准确再现字母的形状,包括存在的任何错误。在某些情况下,其字符的不规则边缘或色带的剩余部分可以与可疑文件上的字符相匹配。当色带在键入一个字符后移动时,整个段落就被记录在色带上面,已经输入并更正的错误也会被记录,加了下划线的单词后面会找到下划线,因此色带的检验价值极大。但因为色带的寿命有限,用完就会被丢弃,所以前提是必须能够找到打字机。检查色带还有另一个原因:如果打字机的字模被故意移除以销毁证据,那么这种塑料色带可以显示出字体的类型。

碳膜色带以各种方式包装,具体取决于它们的型号。最初,色带的规格仅仅是一个宽度足以容纳一排字母的条带,这种类型易于阅读,唯一的问题是需要找出每个单词的结尾,因为按下空格键时色带不会移动,导致色带上不同的字符组之间没有间隙。盒式色带现在是容纳此类色带的常规方法,让色带的更换更加容易。通常这些色带较宽,沿其长度上有两行或三行的字符。从色带上读取信息需要检查其上每列两个或三个字符,依次检查色带上的每一列,虽然这种检查耗时且缓慢,但是往往能够获得有价值的信息。如果色带上的内容与可疑信件的内容相同,那就说明此信件是由此色带制作的。为了加快色带上信息的读取速度,研制了专用仪器———一种将信息记录在录像带上的方法[3],另一种方法是用色带分析工作站(RAW)记录信息,通过计算机处理这些信息,将很难读懂的字母重新排列成一条直线,以便于理解(http://www.envisagesystems.co.uk/forensics.html)。

不仅仅可以使用键入打字稿的黑色或红色色带上留下的证据,还可以使用校正装置留下的证据:一些打字机配备了校正装置,该装置通过替换另一个色带来工作,该色带可以去除或覆盖键入的字符。校正有两种类型,第一种是使用胶带将刚刚键入的字母形状的塑料片去除,第二种在已经存在的黑色字符上打一块白色塑料。这两种情况,证据都留在了色带上:一是黑色字符被粘在胶带上,就像捕蝇纸上的苍蝇一样;二是白色塑料校正色带上形成字符形状的孔洞。校正色带上只有一两个字符与可疑信件匹配还不足以确定使用了它,但是有多个字符匹配那就不是巧合了。

还有为此制作的专门用于更正错误的纸条也能提供一定的证据。这些纸条位于纸张和铅字面之间,被放置在输入错误的字符处,因此,该处被重新调整为白色或与纸张相近的另一种颜色,以便覆盖已输入的错误字符,并且可以将正确的字符打在纸条上。使用更正纸校正错误,则被校正处的字母是高于纸面的。如果发现在一条更正纸上有多处修改,并且它们也出现在可疑的文件中,那么两者必然存在着关联。有这样一个案例,在一封可疑信件中发现有 12 个字符被更正纸更正,而在可疑打字机中发现了一张更正纸上也正好有 12 处被修改,虽然两者字体匹配特征不明确,但更正纸却提供了直接证据,因为偶然出现相同的12 个字母的概率是非常非常小的。

一、色带的成分

打字机色带是临时固定装置,不一定需要用相同的替代品来替换。这意味着,尽管打字机色带上的油墨与可疑文件纸张上的油墨不同,也不能排除此打字机制作了该文件。相反,由于色带是按照严格的标准批量生产的,所以检验色带成分没有什么意义。因此,把纸张上的油墨或塑料材料与另一份文件上的油墨或塑料材料与打字机色带上的油墨或塑料材料进行比较也没有什么意义。然而,如果用于确定在同一台打字机上输出的两段打字稿之间是否存在差异的比较是有价值的。如前所述,打字机色带有两种基本类型,一种使用油墨,另一种使用碳膜。这两者在低倍放大镜下就可以清楚地区分出来。为了比较油墨的类型,可以使用第七章所述油墨的常规检验方法。然而,与钢笔中的墨水相比,通常色带油墨的变化范围要小一些。

　　不同制造商生产的含碳色带,可以通过显微镜观察打字稿来区分。当然,使用扫描电子显微镜可将不同类型色带很明确地区分出来。[4]

二、打字稿的擦除

　　与任何其他文件一样,打字稿有时也需要更改。纠正打字错误的标准方法之一是使用一种特殊的校正液,当它在纸张表面干燥时,就形成了一层白色或有色材料覆盖在纸张上,可以在其上输入正确的字符。使用校正液更改的文档可以通过多种不同的方法进行检测。

　　由于文件的纸张比有干燥的校正液层时更薄,最好的方法是从页面的背面利用强光照射进行检测,对整页进行检测就可发现更改部位。还可以使用一些合适的惰性、易挥发的液体,用其浸润修正液更改的部位及附近纸面,使材料变得半透明(对键入文字并没有影响),检查浸润过的部位必须迅速进行,因为溶剂会迅速挥发,当然,通常是有时间拍照的,如果有必要还可以重复此过程,而且此过程不会对文档产生永久性影响。另外,利用一定波长的红外或可见光检测更改部位,可有效地识别被校正液掩盖的文字,因有些油墨可能会发出荧光,导致更容易识别。激光光源对于圆珠笔和其他涂有修正液的油墨的识别效果较佳(参考第七章)。

　　打字稿也可以用机械手段来擦除,比如用锋利的刀片或比较硬的橡皮擦去表面。在侧光下会观察到凹痕或墨迹残留,有时将两者结合可以确定被擦除的内容。在某些情况下,被擦除的文字可能在光谱的红外或远红外区域发光,这可能是因为墨水中那些看不见的成分比看得见的颜料渗透得更深。

　　用含碳色带打出来的字会粘在纸的表面,不会渗透到纸张中,与用有油墨织物色带打出来的字相比,它们很容易被擦除,这对于那些用内置胶带修改的人而言更加容易。含碳色带打出来的字符被擦除后留下的压痕,也是一种识别被擦除内容的方法。

第七节　打字稿的其他检验

除了需要查明可疑文件打字机的品牌以及型号外,调查人员或法庭还可能需要了解其他相关问题,比如可疑文件的制作日期、稿件内容是否同时输出以及是谁打印等,这些都是文件检验人员需要面对的问题。

一、打字稿的形成时间

与其他文件一样,大多数打字稿的形成时间通常很难确定。除了考虑铅字样式或色带在某个日期之前有没有生产出来之外,几乎没有其他好的方法。当然,如前所述,铅字模的渐进式损坏或许对确定打字稿的形成时间有一定的价值,但是打字稿本身在一段时间内不会以任何可察觉的方式改变,除非受到某种形式的损坏。还可根据纸上的一些特殊标记来确定,比如打字前纸张上的褶皱、孔洞或已书写的文字等,它们将会以不同的方式影响字符的输出。在折痕处打字不会在破损纤维的粗糙边缘上形成一层均匀的涂层,在显微镜下检验,发现笔画线条较宽,且油墨深入纸张内部,但是这种差异相对于其他笔画来说不是很明显,最好制作折痕与非折痕的试验样本,以确保能够正确地区分它们。在湿墨水字迹或圆珠笔字迹上打的字,通常很容易确定,这将在第九章中详细讨论。

二、打字稿的添加打印

通过检验打字稿对齐的一致性,可以确定同一文档上两段文字是否同时形成。有人声称与第一次看到(也许是在签署的时候)某份文件的内容不一致,有些文字当时并没有打出来,而是为了欺骗在后期添加打印的。为了实现添加打印,打字稿须被再次放入打字机中,而且要保证水平和垂直方向上的准确对齐,但这并没有想象得那么简单,使添加的部分出现在正确的位置并不难,但要确保它们完全对齐却很难。在实验室利用文件检验设备,采用网格法、测量法、放大法等对打字稿进行检测,可以确定是否为添加打印。网格法是指用整齐的网格将打字稿全部覆盖,使每一行中的每个字符都在格子中,并且大多数字符都置于格子的中心位置,然后观察每字符是否对齐,以达到检测是否添加打印的目的。对有疑问的段落进行检查,观察文字在方格中的位置是否正确,如果不能准确对齐,则说明其有可能是添加打印形成的。用网格法进行检验时,还需注意纸张是否有折痕,如果有折痕,那么折痕会缩短纸张的长度,从而会导致一些文字看起来没有准确对齐。所以,在出具结论之前必须考虑折痕的影响。

三、打字者的认定

商学院教的打字方法有很多种。打印图案会随着时尚或技术的发展而变化,就像笔迹的风格一样,基本图案也会体现出个性。因此,信件的打字方式会有很大的差异。行间距、页边距的大小、段落开头的缩进深度、句点或逗号后的空格数以及大写字母的使用都是可变的,但对于一个打字员来说可能是一致的。如果是手动机器,有时可表明打字员的身份。这在一些特殊情况下价值较大,比如使用了非常沉重的压力,导致句号和字母 O 将纸张击穿。

所有这些因素都不是唯一的,即使综合考虑,也会与操作员的打字方式有关。打印稿可能会表明谁可能进行打字或谁不太可能打字的提示。一个没有接受过正确字母排版方法培训的人不太可能做出一份制作精良的打字稿。如果没有错误,也可以表明专业打字员或熟练的打字员打了一份文件,或者当数字 1 出现在键盘上时,使用小 l 表示该数字。

根据错误表明两份打字稿是同一人打印。"图 1"可能会给不经常打字的人带来问题,他们很有可能使用大写字母 I。类似的错误,例如,忘记正确分隔单词、在错误的地方使用大写字母以及其他不寻常的因素,可能在两份打字稿中发现。在得出两份文件是由一个人打印的结论之前,需要许多这样的特征。业余打字员所犯的错误与缺乏技能的人一样。有些错误特别常见,所以不能排除巧合的可能。

然而,在一个有限的人群中,证据可能足以指出一两个可能使用特定打字风格的人。当然,另一个人也有可能隐瞒自己的能力,或者模仿另一个人的错误,所以,就像在任何其他调查中一样,所有的可能性都必须加以考虑。

为了确定打字员的身份,比较已知打字和可疑打字的最好方法是使用以前打过的材料,这些材料可以证明是被怀疑的人打的。当然,索取打字样本比较困难。

拼写错误、频繁使用某些单词、非常规的标点符号,以及类似的文体特征,这些都可能表明某一位作者的笔迹风格。这些与文本分析的特点之间的分界线并不是特别明确。后者通常被认为不是文件检验人员的专长领域。在任何情况下,这种分析需要比通常遇到的打字稿比较更大的段落。这将在后续章节进行更全面的讨论。作为法庭专家的文件检验人员必须结合背景知识和经验,方可发表意见。在他们的工作中,正是通过参考他们的背景知识库,才能在任何特定情况下对发现作出判断。

参考文献

1. Totty, R.N., Hall, M.G., and Hardcastle, R.A. A computer based system for the identification of unknown typestyles, *Journal of the Forensic Science Society*, 22, 65, 1982.
2. Hardcastle, R.A. Progressive damage to plastic printwheel typing elements, *Forensic Science International*, 30, 267, 1986.
3. Filby, A. and Stokes, M. A method for the handling of carbon film ribbons and recording on to videotape using a high speed electronic shuttered camera, *Forensic Science International*, 45, 85, 1990.
4. Nolan, P.J., England, M., and Davies C. The examination of documents by scanning electron microscopy and x-ray spectrometry, *Scanning Electron Microscopy*, II, 599, 1982.

拓展阅读

Allen, M.J. and Hardcastle, R.A. A classification scheme for Courier typestyles, *Journal of the Forensic Science Society*, 30, 137, 1990.

Allen, M.J. and Hardcastle, R.A. The distribution of damage defects among characters of printwheel typing elements, *Forensic Science International*, 47, 249, 1990.

Anthony, A.T. Letter quality impact printer hammer impressions, *Journal of Forensic Sciences*, 33, 779, 1988.

Behrendt, J.E. Class defects in print wheel typescript, *Journal of Forensic Sciences*, 33, 328, 1988.

Behrendt, J.E. and Meuhlberger, R.J. Printwheel typescript variations caused by the manufacturing process, *Journal of Forensic Sciences*, 32, 629, 1987.

Brunelle, R.L., Negri, J.R., Cantu, A.A., and Lyter, A.H. Comparison of typewriter ribbon and inks by thin layer chromatography, *Journal of Forensic Sciences*, 22, 807, 1977.

Casey, M.A. and Purtell, D.J. IBM correcting Selectric typewriter. An analysis of the use of the correctable film ribbon in altering typewritten documents, *Journal of Forensic Sciences*, 21, 208, 1975.

Castro, S.M., Galbreath, N.W., Pecko, J.L., Hellman, F.N., and Rowe, W.F. Use of the scanning electron microscope to examine fibre impressions on typewriter correction tape, *Journal of Forensic Sciences*, 40, 291, 1995.

Catterick, T. and Keenlyside, J. Quantitative measurement of misalignments in typed documents,

Forensic Science International, 59, 89, 1993.

Crown, D.A. Class characteristics of foreign typewriters and typefaces, *Journal of Criminal Law, Criminology and Police Science*, 59, 298, 1968.

Dawson, G. Identifying the typist of anonymous letters, *Canadian Society of Forensic Science Journal*, 15, 42, 1982.

Del Picchia, C.M.R. The mathematical determination of the number of copies of a typewritten document, *Forensic Science International*, 15, 141, 1980.

Estabrooks, C.B. Differentiation of printwheel and conventional typescript, *Canadian Society of Forensic Science Journal*, 16, 19, 1983.

Estabrooks, C.B. IBM Quietwriter, *Canadian Society of Forensic Science Journal*, 19, 251, 1986.

Fryd, C.F.M. The forensic examination of typewriting today, *Medicine, Science and the Law*, 14, 237, 1974.

Gayet, J. The individual identification of typewriting machines, Part 1, *International Criminal Police Review*, 42, 301, 1950.

Gayet, J. The individual identification of typewriting machines, Part 2, *International Criminal Police Review*, 43, 340, 1950.

Gayet, J. The individual identification of typewriting machines, Part 3, *International Criminal Police Review*, 44, 21, 1951.

Gerhart, F.T. Methods of associating typewriter ribbons and correcting tapes with a questioned text, *Journal of Forensic Sciences*, 34, 1183, 1989.

Hardcastle, R.A. and Patel, P. Measurements of the alignments of typewritten characters—Preliminary findings, *Journal of the Forensic Science Society*, 30, 225, 1990.

Harris, J. and MacDougall, D. Characteristics and dating of correction fluids on questioned documents using FTIR, *Canadian Society of Forensic Science Journal*, 22, 349, 1989.

Hicks, A.F. Electronic typewriter grids, *Journal of Forensic Sciences*, 44, 187, 1999.

Hilton, O. Problems in identifying work from printwheel typewriters, *Forensic Science International*, 30, 53, 1986.

Hunton, R.K. and Puckett, J.T. Restoring texts of typewriter ribbons: A reliability study of the RAW1 analysis workstation, *Journal of Forensic Sciences*, 39, 21, 1994.

Leslie, A.G. Identification of the single element typewriter and type element, *Canadian Society of Forensic Science Journal*, 10, 87, 1977.

Leslie, A.G. and Stimpson, T.A. Identification of printout devices, *Forensic Science International*, 19, 11, 1982.

Levinson, J. Single element typewriters, *Forensic Science International*, 13, 15, 1979.

Mathyer, J. and Pfister, R. The examination of typewriter correctable carbon film ribbon, *Forensic Science International*, 25, 71, 1984.

Miller, A.L. An analysis of the identification value of defects in IBM Selectric typewriters, *Journal of Forensic Sciences*, 29, 624, 1984.

Noblett, M.G. Image processing and statistical analysis as an aid in the comparison of typewritten impressions, *Journal of Forensic Sciences*, 32, 963, 1987.

Shalley, H.J. The association of liftoff tape with residual fracture outline by physical matching,

Canadian Society of Forensic Science Journal, 27, 59, 1994.

Sperry, G.R. Platen information revealed: A technique for locating latent text on typewriter (or printer) platens, *Journal of Forensic Sciences*, 39, 223, 1994.

Stoney, D.A. and Thornton, J.I. Multivariate analysis of typeface damage frequencies, *Journal of Forensic Sciences*, 34, 673, 1989.

Thornton, D., Totty, R.N., Hall, M.G., Harris, B.R.G., and Harris, J.A. A technique for the decipherment of entries obliterated by typewriter correction fluids, *Journal of the Forensic Science Society*, 20, 230, 1980.

Varshney, K.M., Jettappa, T., Mehrotra, V.K., and Baggi, T.R. Ink analysis from typed script of electronic typewriters by high performance liquid chromatography, *Forensic Science International*, 72, 107, 1995.

Vastrick, T.W. The forensic value of righthand justification, *Forensic Science International*, 46, 269, 1990.

Waggoner, L.R. Examination of correction fluid obliterations, *Journal of Forensic Sciences*, 32, 539, 1987.

Winchester, J.M. Use of Projectina universal comparison projector in comparing typewriting, photocopies and computer-printed and mechanically produced documents, *Journal of Forensic Sciences*, 25, 390, 1980.

Winchester, J.M. Computer-printed documents as part of a computer crime investigation, *Journal of Forensic Sciences*, 26, 730, 1981.

第七章

手写文件材料的检验方法

引　言

本章内容也是这本书的主旨,就是为那些在工作过程中有可能对遇到的可疑文件开展检验的人员提供一个在法律背景下通俗易懂的篇幅,探讨形成文件的物质材料和用于测试这些材料的技术。概括地描述了纸张、墨水和其他材料的组成及对材料审查的原则等,但对于特殊文件的审查及检验所需设备和遵循的程序将在第十章中讨论。

通用的技术和方法可阅读本章引用的参考文献。也可参考 Calcarrada 和 Garcia-Ruiz[1] 撰写的一篇关于分析文件形成材料方法的综述,包括书写墨水、印刷油墨、纸张和相交笔画顺序的检验。分析可疑文件的组分,如墨水或纸张,目的是将其与其他文件中的组分进行比较,以确定它们的来源是否相同,还可以为调查人员提供有关文件可能来源的信息。从知识的角度来讲,确切地掌握物质的组成是非常有趣的,但在实践中这通常是不必要的,因为这项目工作实施起来比较耗时,而且有可能与案件无关。因此,我们将对技术进行有限的讨论,重点探讨其可能产生的结果以及对结果的分析。

本章主要介绍书写材料,如墨水和纸张,第八章介绍影印墨粉和打印油墨,第六章已介绍了打字机色带。

第一节　光

许多用来区分纸张和墨水的技术都涉及对光的使用,更准确地说是对电磁辐射的应用,所以对这一点有一个基本的了解是很有帮助的。文件检验人员最常用的技术统称为"滤光技术";可以使用光源、滤光片和摄像机的简单组合来观察检材,但通常它们被组合成更复杂和易于使用的设备,如福斯特和弗里曼的视频光谱比较器(VSC)。这些技术在实践中如何用于特定的材料将在后文中进行描述,接下来将对原理做简单的描述。

电磁辐射的波长范围包括从波长数千米的无线电波到波长极短的 X 射线和伽马射线。文件检验人员通常只对光谱中可见区域及其附近的辐射波长感兴趣。我们通常能看到的辐射是可见光(VIS),波长在 400(蓝光)~700 nm(红光)之间;还会遇到紫外线(200~400 nm,在可见光谱的蓝色末端之外)以及近红外线(700~1 000 nm,在可见光谱的红色末端之外)。紫外线(UV)比蓝色光的能量高,蓝色光的能量比红色光的能量高,而红色光的能量又比红外光的能量高。因此,波长越短能量越高。

一、颜色检验

光本质上是电磁波,具有特定的波长和频率,可以被眼睛探测到,不同的人所看到的光的范围略有不同。为了方便起见,我们将可见光定义为 400~700 nm米之间。眼睛不仅能探测到辐射,而且还能区分波长。因此,如果波长为 550 nm 的光进入眼睛就会被识别为黄色,而波长为 450 nm 的光则会被识别为蓝色。人眼对波长为 400~700 nm 的辐射很敏感(但也会因人而异),所以能看到从紫色到红色不等的光谱,就像彩虹一样。

眼睛看到的是颜色的组合,而不是单个波长的光。如果两种波长的光混合后进入眼睛,则会看到第三种颜色。红色、绿色单色光的混合光会被视为黄色,当检测到波长介于红色和绿色光之间的单色光时,也会被视为黄色。每天都能在电视屏幕上看到的自然色系中,通过使用三原色——红、绿、蓝——来演示颜色的范围。甚至白光也可以由这三种颜色产生。行业试图使用红色、绿色和蓝色光的比例来标准化颜色(例如,紫色可能是 0.5R+0.0G+0.5B)。

二、吸光度

光源很少是单色的,或者说光源很少只有一个波长。阳光或传统电灯泡的辐射包含整个范围的波长,它们对眼睛的综合影响导致眼睛看到白光。白色的物体反射所有的光。如果白光在到达眼睛之前照射到一个物体上,并且部分光线被吸收,这个物体就会呈现出一定的颜色。眼睛只能看见反射光,而不能看见被吸收的那部分光,因此,在阳光下看到的这个物体是一个红色的斯诺克球,那就说明只有红光被反射,其余的光(蓝色、绿色和黄色)被吸收,所以球看起来是红色的。如果所有的光都被吸收,则这个物体就是黑色的。单波长或窄波段的光可消除其他颜色,如红色的毛衣在钠灯下不是红色而是橙色——没有红光的反射。物体之所以有特定的颜色,是因为物体中的某些化合物吸收特定波长的光。吸收是因为它们的原子结构组合具有这种特性,被称为发色团。发色团不吸收单个波长,而是吸收一个或多个波长。除了用眼睛组合观察反射光外,还可以使用光谱仪测量特定波长的吸收,形成强度(反射)与波长的关系图,对肉眼不可见的紫外和红外也可测量记录。

三、光谱分析技术

滤光技术是一种区分材料的便捷方法,所以在大多数情况下文件检验人员使用它就能够实现对材料的区分。然而,还有一些更复杂的技术可以测量特定波长的辐射绝对值,而且这些技术也可以用来比较文件材料(更常见的是纤维和油漆),因此需要在这里进行描述。当提到被吸收光的波长或颜色时,必须明白这是一个范围,而不是一个单独的值。任何吸收一些颜色并反射另一些颜色的物质,都是以一种可以记录在图表上的方式进行。如果对某一特定波长的吸收率一个是50%,另一个是75%,第三个是100%,这些可以被绘制成图表上的点(称为"光谱"),在这个图上一个轴代表波长,另一个轴代表吸收百分比,把这些点用一条线连接起来,这条线对测量到的所有波长都是连续的,就形成这种物质的吸收光谱。对于墨水来说,通常是由一条带有波峰和波谷的曲线组成的,如图7.1所示,波峰表示被强烈吸收的波长范围,波谷表示被反射的波长范围(至少部分反射)。

需要注意的是,这些光谱有时称为反射光谱,有时称为吸收光谱,它们的区别在于收集的方法。既可以收集穿过样品的透过光也可以收集材料的反射光,所采用的方法取决于要分析的样品及其他因素,但它们的结果是相同的。在文件检验中,最常见的光谱收集是在紫外线和可见辐射范围内,由一种被称为显微分光光度计(MSP)的设备来完成的。这种光谱仪可以聚焦在固体表面的一个小区域,收集反射光并形成吸收光谱,这种技术是无损的,可以直接对文件进行检测,不会对文件造成任何损害,而且形成光谱只需要一到两分钟,因此,此方法

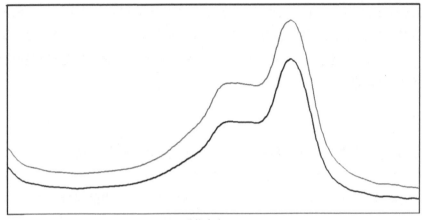

吸收度/nm

图 7.1　蓝色墨水的可见吸收光谱,在墨迹线上的两个点测量。横轴表示光的波长,而纵轴表示该波长的光被吸收了多少。这种墨水在红光区域吸收较强,蓝光区域反射较强,所以才会呈现出蓝色。需要注意的是,这些峰并不尖锐,因为这是在室温下测量的,肩峰是区分墨水的一个重要特征。

非常适合检验墨迹线。墨迹线在显微放大下是不均匀的,所以沿着墨迹线多取几个区域,因为耗时较短,所以很快就能获得吸收光谱的变化范围。该技术还可获取近红外光谱(取决于光学部件),因此几乎涵盖了大部分墨水的辐射范围。

在检验与文件有关的材料时,使用常规工具的主要障碍是成本问题,即使是一个简单的教学仪器也要花费 4 万美元(2017 年)。

大于可见光的红外辐射(1 000 nm 到 1 mm 之间)也可用于材料分析,常用来区分有机化合物。红外光被分子吸收取决于它们的振动方式(振动光谱的形式)。用于此用途的仪器被称作傅里叶变换红外光谱仪(FTIR),它通常与显微镜相连,还可以选配衰减全反射(ATR)附件用于检测其他物质,价格较便宜。如前所述,形成的光谱也是一系列的波峰和波谷,但比 UV - VIS 光谱明显更锐利,而且特征性更强。

从文件检验人员的角度来看,红外吸收作用不大,因为由纤维组成的纸张在很宽的波长范围内吸收红外光,这种吸收通常占主导地位。当然,红外技术可有效地分析复印墨粉等材料。[2,3]

振动光谱的另一种形式是拉曼光谱,已成功地被应用于一系列材料的检测,[4] 包括印油。[5] 拉曼光谱仪的入射光通常是特定的波长(由激光器或其他光源产生),并且吸光也是非常特定的。拉曼光谱仪相对便宜,而且不需要样品制备,也不需要观察台,所以文件不需要折叠也不会被损坏。然而,首选的技术(表面增强拉曼光谱[SERS])是半破坏性的,因为文件表面会有少部分被取走用于分析,但这种损坏通常不明显。因此,在使用该技术对文件进行检验之前,必须获得相应的许可。

四、发光

前文讨论了物体呈现颜色是由于某些波长的光被物体中的化学物质吸收。当辐射(例如光)被化合物吸收时还会有另外一种结果:发射出另外一种波长的辐射,被称为"发光"。这个术语包含了荧光和磷光,前者指的是即时效应,后者指的是光发射延迟几毫秒或更长时间。荧光和磷光的区别在文件检验中并不重要,因此在后续全部使用发光这个术语。照射在文件上的光称为"入射光",通常具有一定的波长范围,而产生的光被称为"发射光",它的波长范围取决于入射光,改变入射光的波长会引起不同的发射效果。

紫外辐射,顾名思义,是指可见光谱中紫色末端以外的辐射,其波长在200~400 nm之间,激发产生的发射光在可见光谱区域,长波紫外线照射到含有洗衣粉增白剂的衣服上,这些物质会改变紫外线,在光谱的红色端缺失的情况下,会使衣服发出蓝色或白色的光。

使用蓝色或绿色入射光也可以产生在可见或红外区域发光。犯罪现场的灯光,如福斯特和弗里曼的"现场勘查灯"或"多波段光源"可以作为入射光来产生发光,并在这些套件中提供了用于放置在探测器前面的滤光片。在可见光发光的情况下,使用眼睛作为探测器来观察发射的光,在探测器上放置一组护目镜,其中包含适当的滤光片;要查看红外发光,必须使用红外摄像机和相关的滤光片。

发射光比入射光的能量低,这一规律被称为斯托克斯定律。因此,如果使用紫外线作为入射光,那么可以预计发射光为蓝光或绿光;入射光为蓝光时则发射光为黄光或红光;入射光为绿光时则发射光通常为红外光。因为入射光的强度(亮度)总是大于发射光,所以发射光需要在暗环境中结合好的滤光片来观察。另一种发光形式值得一提,那就是反斯托克斯发光:发出的光比入射光具有更高的能量。这是一种罕见的现象,常常被用于护照等文件的防伪。

用于检测发射光的仪器包括光源、控制入射光波长的滤光片、观察台、检测滤镜和检测器(在发射光较强的情况下,可以用眼睛直接观测)。

第二节　纸　　张

大多数实物文件都是以纸为载体的,而越来越多的钞票由聚合物制成,这些聚合物较耐磨,并需要采用不同的分析技术进行检验(参见第八章)。以电子方式存储的信息在行政和金融活动中发挥着越来越重要的作用,在各种交易中使用纸张的情况正在迅速减少。对数字媒介的检验现已成为法庭科学领域中的研究内容,但在本书中不涉及。"无纸化办公室"经常被提及,但是还未真正实现,无论走进任何一个办公场所,纸质文件仍然随处可见,从打印的电子邮件、助手的备忘录、便利贴到证书或遗嘱。纸张在犯罪中使用的方式可能已经发生了变化,但对纸张的检验很可能在相当长的一段时间内仍然有效,特别是在需要秘密传递、断电存取文件的情况下,纸质文件有着销毁容易且迅速的特点,经常被用于恐怖主义活动和人口贩运中的身份证明等。此外,许多交易需要一些实物证据,而签字的合同或遗嘱的纸质文件副本仍然是最佳的方式。

一、造纸

造纸工艺是一项成熟的技术,大多数用于商业用途的纸张,例如印刷和书写的纸张,基本上都是以同样的方式生产的,下文将作一般性说明。还有许多特制的纸张,如手工制作的纸张或用于特定目的的纸张(如美术),但由于这些通常不属于刑事调查的范围,因此不再赘述。

纸是由木材、亚麻或棉花、碎布、细茎针草、大麻或稻草的纤维制成的。木材中的纤维是最常见的造纸原料,为了使用木材中的木质纤维,首先要对其进行处理,通过机械或化学手段将其分解成合适的细浆,该过程使用了各种化学品,最终使纤维浆和大量的水及其他材料混合,其中包括明胶、树脂和有助于黏合纤维的浆料,高岭土等矿物质用以增加重量,染料和增白剂用以获得合适的颜色。然后将混合物通过一个装置,在那里它会失去大部分水分,变成一种潮湿的、无光泽的纤维团,均匀地分布在表面上。装置本身为纸张提供了特有的网状图案,还可以结合"水印辊"或其他装置来减少特定区域中的纤维含量,这将产生一个比纸张其他部分更透明的水印。

纤维席最后被压制、加热,直到干燥。一些纸张经过特殊涂层处理,以产生适合最终产品使用的表面。然后在大的卷筒上收集被处理过的纸,最终被切割成所需的尺寸。

二、纸张的检测

上述制造方法形成的最终产品在实验室检测时可能会存在差异。但由于纸张是大批量生产的,所以不同批次的纸张成分可能没有太大的差异。大多数检测都是为了区分纸张,所以,如果发现差异是由制造过程不同而形成的,那么就可以说纸张的来源不同。然而,如果在制造上没有差异,也并不意味着纸张的来源相同,无法排除这种可能性。

通过对不同的纸张样本进行比较和标注日期,可以获得一定的信息。通过比较也许能够发现纸张的原产国。利用其他检测技术可以确定纸张在制造后发生的改变,能为犯罪调查提供一定的方向。有些测试可以在不损坏被测试样品的情况下进行,但有些测试则需要破坏一小部分纸张,所以正确的做法是先进行无损检测,然后进行有损检测,直到发现差异为止。

三、无损检验

纸张制造流程中会留下一些特征,可以通过直接观察或显微技术区别两张纸,如纸的颜色、形状、尺寸和厚度等。水印和水印辊痕迹及框架形成的图案、痕迹、表面色泽的均匀程度等,都可以通过简单的观察和测量进行检测,以上可以在实验室外有效、快速地进行。纸张的触感——它是光滑的还是粗糙的——可以通过抚摸和振动时发出的声音来确定,以上这些较为粗糙的测试在纸张的初步比较中还是有价值的。当然,也可采用更复杂的无损方法准确地检测出纸张的成分。无论采取何种检测方法,文件检验人员应注意避免影响后续的其他检测,如提取 DNA 或处理指纹。

四、视觉比较

比较两张纸最简单的方法是把它们并排放在相同的照明条件下。那么大小、颜色、标记、图案、印刷的线条质量及其他特征差异很快就会被发现,差异通常代表两张纸的来源不同。把它们叠加在一起也可以显示出大小的差异,但纸是一种吸湿性很强的材料(它会吸收水),因此会导致尺寸略有不同。因此,在进行测量之前,让它们与周围的大气平衡 15 分钟,以确保可以进行比较。接着采用光学方法检测,让光线穿过纸张,使其变得半透明,这时纸张的厚度、图案或水印都很明显,如果发现差异,那这些差异都是在纸张的制造过程中形成的,说明纸张的来源不同。为了达到量化的目的,可以用手持式螺旋千分尺测量纸张的厚度(在纸张上进行 10 次测量并取平均值,避开水印区域);密度可以通过称量纸张的重量和测量纸张的大小来确定,同样需要多次测量取平均值,最后就可以确定每平方厘米纸张的重量。假设以上方法都没有显著的差异,那么就采用下面所述的其他方法进行检测。

五、吸光度

纸通常是白色的,因此可以反射光谱中可见区域所有的光。然而,情况并非总是如此,通过测量纸张对紫外线、可见光和红外线的吸收光谱,已经成功地对纸张进行了区分。这些技术通常可以在现场进行,而且是无损检验。简而言之,就是利用一个已知强度的光或辐射源照射到文件上,然后测量产生的反射光。纸张内的化学物质吸收特定波长的光,因此产生的"反射"或"吸收"光谱显示出入射光被纸张吸收的程度。通常情况下,UV-VIS 光谱与红外光谱是通过不同的仪器获得的,但结果都是通过一系列的峰来表征这张纸的吸光度。看起来都是白色的纸张,但其紫外和红外光谱可能不同,光谱差异表明纸张的化学成分不同,进一步说明其来源不同。吸光度的检测有两种方式——透射(光通过纸张)和反射(光从表面反射)检测,因其成本低廉、操作简单,又是无损检验,[6]而且鉴别能力强,所以被广泛使用,因纸张通常是同质的(成分相同),所以这两种检测方式的结果没有太大的差异。当发现差异时,通常的推断是这两张纸的来源不同。但是,同所有的问题一样,必须对证据采取综合考虑,分析差异出现的原因,也有可能是批次不同导致,而不是有人故意换页形成。

六、发光

在不改变纸张性状的情况下可以检测纸张的发射光。物质的受激辐射这一现象在文件检验领域和法庭科学的其他分支中都引起了人们的兴趣,发射光的波长主要取决于对入射光的吸收程度。不同的物质在一定波长的光的激发下,产生的发射光波长和强度不同,纸张中最常见的发射光是由紫外线激发引起的。在紫外线灯下,一些纸张会有强烈的发光,而另一些则微弱或没有。不同纸张受紫外线激发而产生发射光的强度差别很大,用肉眼就能看出差异。因此,把纸张进行并排比较,很快就能发现纸张之间发光的差异,这样就很容易地检测出多页文档中被替换的页面。进行以上检测时必须注意以下两点:首先,紫外线,特别是短波紫外线会导致皮肤癌和眼睛损伤,必须采取预防措施保护眼睛和皮肤,研究显示手套和玻璃可以阻挡紫外线;其次,发射光的强度总是低于入射光,所以要观察发射光就必须消除入射光。因此,在紫外线照射的情况下,可以通过玻璃或护目镜观察其发光,从而保护眼睛。当然,制作一个装置,将长波紫外线照射到纸张上,然后在一个暗箱里观察发光效果,这是一件很简单的事情。

七、有损检验

如果允许对纸张进行有损检验,那么就可以实现进一步的测试,如果文档需要保持完好且不能被损坏,那么就不能进行有损检验。实施有损检验前必须权衡文档的损坏与有可能获得的信息之间的利弊关系。在从文件中取出任何样本之前,无论样本多么小,都必须获得调查部门的许可,而且事先一定要对取样的区域进行扫描或拍照,以便记录和证明文件的原始状态。通常,只需对纸张上的一小块区域取样,就可以确定纤维类型、制浆方法、染料的类型以及纸张中的无机元素。大多数纸张主要由纤维(糖的衍生物)组成,因此,纸张中其他化学物质的含量较少,但是,这些化学物质含量的多少往往可以确定纸张的来源。大多数有损检验都是为了检测这些微量的成分。

由于不同类型木材的纤维微观结构有着明显的差异,因此,检查纸张的"纤维类型"也有一定的价值,尤其是检查对象的纸张是高质量的纸张,比如用于制造纸币的纸张。普通档案纸往往都是由松木制成,通常含有一定比例的可回收纤维,因此对纤维配料的检测在这里用处不大。"纤维类型"检测方法是:用水或稀酸(或稀碱)将一部分纸分解成纸浆,用显微镜检测纸浆中的单个纤维。通过检测可以确定纸浆的制备方法(机械方法或化学方法)以及纤维的类型。纸张中的纤维可以是棉花、亚麻、稻草和许多不同种类的木材纤维。为了准确检验纤维的类型,检查人员必须有一个不同类型的纤维库,以便掌握每种纤维的特征。所以,这是一项高技能的检测,需要相当丰富的鉴定经验来识别纤维。

还可以尝试检测制造过程中用于把碎木制成纸浆而加入的化学品,因为不同的制造商有可能使用不同的处理方法,导致纸张中的化学品可能不同。还可以测试纸张中元素组成或表面涂层的材料成分,扫描电子显微镜(见第十章)可用于检测元素,X 射线衍射仪可用于检测涂层成分,X 射线衍射仪利用 X 射线来显示材料的晶体结构。Causin 等的研究发现,将红外光谱与 X 射线衍射结合使用,可以区分出 19 种不同类型的纸张[7]。

2007～2017 的十年间,利用质谱技术(通常是电感耦合等离子体质谱/ICP-MS)测定纸张中的微量元素的文章有很多。该技术只需要少量的纸张被取下来加热烧毁,然后对产生的含有电离原子的蒸汽进行分析,以确定存在的元素的质量,从而确定纸张中存在的每种元素的比例。Tanase 等发表了对这一领域的综述,对 5 个不同来源的纸样中元素 Al、Ba、Fe、Mg、Mn、Pb、Sr、Zn 的含量进行检测,发现根据这些元素含量的比例很容易地区分样品,因此,此方法可以作为不同来源纸张的一个很好的指标。[8]

同位素质谱分析法(IR-MS)进一步拓展了质谱技术,可用于分析纸张的来源。[9,10]元素是由它们的质子数决定的——氧原子有 8 个质子,碳原子有 6 个质子,然而,原子核中的质子与中子是相关联的,而且中子的数量可以变化。因此,氧有许多同位素,最常见的质量数为 16(8 个质子,8 个中子)。一种不太常见的同位素是氧 18(8 个质子,10 个中子),不常见的程度取决于许多因素,气候是一个关键影响因素,但氧 18 在世界某些地区比在其他地区更常见。对碳、氮和其他一些常见元素也可以做类似的分析。木材含有大量的碳和氧,它们以纤维的形式存在。如果用来造纸的木材被砍倒,它就停止与环境交换元素,所以纤维素的稳定同位素组成是典型的生长地点,而不是最终的地点。因此,通过研究 C13/C12 和 O18/O16 的比值,可以将中国的木材制成的纸与挪威的木材制成的纸区分开来,从而确定出用于造纸的木材来源。

其他技术可用于分析彩色纸。薄层色谱法和吸收光谱法可用于分析纸张的染料,而这些检测技术常用于油墨的检测,稍后进行讨论。

第三节　纸张的比较

前面讨论的检测通常都是为了一个目的:将一张纸与另一张纸进行比较。比较的意义在于表明两份文件是否有一个共同的来源,或者通过比较确定文件的真伪。有时,在纸张中加入小纸片或彩色纤维,能够起到特殊防伪的作用,因此,可以检测以上成分以确定文件的真伪。

　　当发现两张纸存在着差异时,通常被认为有着不同的来源。然而,这有可能是其他因素导致:假设一张纸来自一个记事本,这个记事本上的所有纸张都是一样的,但事实并非总是如此;因为合成纸张的机器可以使用多个卷轴,从不同卷轴取出的纸被送入机器,这样每卷纸就提供了纸张的一部分,生成的记事本依次包含来自每个卷轴的纸张。

　　当发现纸张特征相似时,也要分析相似的原因。有可能来源相同或批次相同,但是,不要高估相似性的重要性。经过严格控制的程序生产的大批量的纸,纸张之间的一致性非常高,这意味着相当数量的纸张特征也将是相似的,随机抽取的两个样品之间的匹配度也会相当高。因此,对纸张的检验往往有助于区分相似的纸张,而不是依据相似性将纸张认定为来源相同或彼此有关联,还需要结合其他技术进一步检验。

一、机械吻合

　　两片纸共同来源的一个更有力的证据是这两片纸或多片纸片之间能够实现机械拼接,即这些纸片曾经是一张纸,只是后来被撕开了。通常情况下,这种吻合是显而易见的,几乎不需要仔细检查,但情况并非总是如此。当两张一模一样的纸放在一起,然后同时被撕开时,就会引起混淆,其中的一片几乎可以和另一片相吻合,因为这两个撕裂的形状是一样的。单纯地通过撕裂的一个边缘的吻合而得出同一来源的结论也可能是错误的,应结合其他边缘共同检验,最终会表明这两个部分是否来自不同的纸张。之所以会出现这种情况,是因为撕裂并不总是垂直于纸张的厚度,有时可能呈锐角,从而导致彼此完全相对的表面终止于分开的纸张的不同部分。有时撕裂处的纤维被拉出并改变了边缘的形状,这些差异通常可以在低倍显微镜下观察并得到解释。用于检测压痕的静电检测方法也可以检测页面,有助于识别纸张较薄的撕裂边缘部分(参见第九章)。在大多数情况下,将两个撕裂的边进行拼接,可以证明碎片是否来自同一张纸,这是因为通常发现的不规则撕裂图案很难被复制。当墨迹线、折痕或水印穿过撕裂的边缘时,这个问题就变得更加容易,它们在另一张纸上完全相同的位置出现的概率肯定非常低,如果出现,只能说明是人为故意的,反而为证明它是伪造的提供了证据。

　　设计用来撕开的纸张上有穿孔,穿孔通常是圆形的,但也可以是椭圆形的。其他的穿孔是用短切口做成的,用窄条的未切割的纸隔开。当纸张被撕开时,纸上的穿孔之间的裂缝通常不均匀。相反,留在裂口两侧的纸舌的长度是不同的,一边的长舌对应着另一边的短舌。因此,可以根据穿孔特征是否匹配将两部文件连接在一起。虽然书夹式火柴很难被看作是文件,但它们也可以通过与纸张同样的机械匹配而提供有价值的证据,比如在犯罪现场留下的火柴被证明来自嫌疑人持有的一盒火柴。[11]

二、水印

水印是在造纸过程中将所需形状和区域的纤维稀释而产生的。当纸张最终形成时,特定区域的厚度几乎没有减少,但纤维含量相对较少,导致水印比周围区域更透明,因此当纸张对着光线时,就会形成半透明图案的外观效果。

当纸张上有印刷、打字、书写或其他标记时,水印较难检测。为了克服这一问题,有必要采用对纸张质量差异敏感但不检测纸张上多余信息的方法。如果文字或印刷品在红外线下不可见,那么就可以通过摄影或电子手段将其"移除";使用通过纸张的光线和一个只允许红外线通过镜头的滤光片就可以实现。这种方法更常用于比较油墨或"去除"油墨,本章稍后进行讨论。

使水印及其细节特征能够清晰显示的一种较好的方法是使用由放射源发射的软 X 射线或 β 粒子。通过使用一块含有碳 14 的聚苯乙烯薄片来实现,碳 14 是一种放射性同位素,能稳定地释放出低活性的 β 粒子流,因此,这种材料的处理不危险。然而,由于辐射功率低,需要在胶片上长时间曝光。为了复制水印的图像,把这张纸放在放射性聚苯乙烯片和一张感光相纸之间。经过几个小时的曝光——通常是一夜——水印的潜在图像就会出现在相纸上。

辐射通过文件后衰减的程度依赖于文件中纤维的含量。因为水印区域比其他部分纤维含量少,所以通过的辐射多,因此水印的形状可以被复制成照片。与纸张相比,其他印刷或书写成分的质量都较小,因此不会被检测到。

水印可以清楚地显示出纸张的来源。由此,可以确定生产厂家,如果水印是周期性改变的,并有相应的更改记录,那么就可以根据水印特征确定纸张的生产时间。水印作为一种防伪手段,有很高的价值,虽然可以通过印刷或绘图来仿制,但无法做到完全相同,仿制高质量防伪纸中的复杂多色调水印非常困难。

第四节 纸张的生产日期

几个世纪以来,纸张的生产方法已经发生了很大变化,新物质被引入到纸张的制造过程中,这些物质在最终的纸张中可以检测得到。用现代生产的纸张伪造以前的文件很容易被证明是假的,因为纸张中存在的某些物质在文件的标称日期还未使用。多年来一直被认为有几百年历史的文兰地图,在其纸张中发现了二氧化钛,但二氧化钛直到现代才开始被使用,所以证明地图是伪造的。两套自称是墨索里尼和希特勒的日记,其纸张中分别发现了稻草纤维和荧光增白剂,证明它们也是假的。[12,13]在文件的纸张中发现的这些物质成分是在相当晚的时候才开始被使用,标称日期较早的文件的纸张中是不可能含有这些物质的。在一幅据称是出自19世纪画家塞缪尔·帕尔默(Samuel Palmer)之手的假画中发现使用的纸张有一部分被证明来自现代。

在大多数刑事案件的调查中,时间跨度越短对调查越有利。一份文件声称是在标称日期前一年制作的,在这种情况下,只有在两个可能的生产日期之间纸张的制作过程发生了的变化,才能提供相应的证据来表明哪个是实际制作日期。如使用不同类型的纸浆(不同种类的木材)时,制作过程会发生变化,变化的记录可能由造纸厂保存。因为如果有人抱怨纸张质量有问题,制造商从利益的角度出发,需要掌握纸张是什么时候生产的,同时会更换产生水印的水印辊。因此,可以通过更换水印辊的时间来确定有争议的文件的制作时间。

当然,通过以上方式提供争议文件制作时间的证据,需要纸张生产商的合作,要么提供更换部件的记录资料,要么提供不同批次的样品。

第五节 信 封

通过信封的形态特征也能够显示出制造商的证据。信封的大小和形状,封口的形状,胶水的类型和它形成的图案都因厂家而异,有时不同批次也有所不同。因此,可以将以上特征进行比较并得到有价值信息。一些自封信封上有打印的代码,可以表明生产日期,为比较提供另一个参数。

第六节　书写材料

对于纸上书写的一行字迹,除了通过阅读获得内容信息外,还可以获得书写材料的信息。通过比较墨水的类型、检测被擦除的墨迹以及字迹的书写时间,有可能得到非常有价值的证据,可将这些有价值的证据提供给法院。调查过程中采用的一些分析技术需要少量的检材,但与纸面上的沉积铅笔或墨水的数量相比,检材的用量几乎微乎其微。当然,如果有条件尽可能地使用无损检测方法,下文将对此进行说明。虽然这些方法不能识别出具体的书写工具,但可以比较墨水或其他物质的类型。如果发现墨水一致,则表明它们的来源可能相同,但也有可能来自不同来源的同类墨水。在一份文件上发现形成字迹的墨水差异可能更有价值。

一、铅笔

铅笔笔迹很少成为法庭科学检验的对象,因为大多数文件都是用墨水书写的,利用铅笔和其他固态书写工具书写的笔迹,留在纸上的物质数量相对较少,而且不同产品之间的差异也不大。普通的"铅"笔是用石墨和不同数量的黏土或其他填充物混合制成的,填充物的比例越大,产品的硬度就越高,石墨含量越高铅笔越软。彩色铅笔或蜡笔是由彩色颜料或蜡制成的,笔的硬度取决于蜡的含量。

铅笔和蜡笔的书写原理是它们与书写面产生的摩擦力,最终导致细碎的颗粒从实心处破碎,并嵌入不规则的纸张表面。这些停留在表面的颗粒不会渗透到纤维中,这使得它们能够被橡皮擦除。

分析纸张上少量的石墨或蜡需要灵敏度较高的设备。扫描电子显微镜可分析笔画的元素组成及含量,铅笔和蜡笔中的无机材料的比例很高,虽然数量不多,但足以区分不同类型产品。

擦过的铅笔笔画可能残留一些石墨痕迹,可通过光照的方法增强其与背景之间的反差来显现。使用适当的滤波器允许红外线通过的摄影方法或电子检测手段、或基于计算机的图像增强方法(在第十章图像处理部分描述),有助于显现被擦除的内容。

二、墨水

将有色的液体或糊状物质涂在纸张上作为印刷或书写的载体是绝大多数文件形成的基础。印刷用的油墨和书写用的墨水有很大的差异,这些将在第八章中讨论,同时还将讨论与印刷相关的技术。用于静电印刷(复印和激光打印)的碳粉也是相当重要的载体,将在第十章中讨论。本章主要探讨手持式书写工具墨水的生产和检验。

三、液体墨水

墨水最早是在几千年前的中国研制的,几个世纪以来都是基于悬浮在胶水稀溶液中的碳颗粒。今天所谓的印度墨水也是以同样的方式制造的,可产生黑色的永久性笔画。

随后,鞣酸铁墨水(即铁盐、鞣酸盐和一些黏合剂的混合物)被开发出来,并以一种改良的形式被继续使用至今。19世纪最重要的改进是添加了靛蓝染料,这使书写的笔画线条呈现出蓝色,经过一段时间后,鞣酸铁成分被氧化而变成黑色,因此,这种墨水又被称为蓝黑墨水。

随着染料的广泛使用,先取代了部分鞣酸铁成分,后来将其全部取代。随着自来水笔(与早期的羽毛笔和蘸水钢笔不同,它自带墨水)的出现,加速了染料的使用。随着水溶性染料被使用于墨水中,导致墨水的颜色种类更加广泛,而且这种水溶性墨水很容易从客体上去除。除了以上改变之外,在后来的墨水中还添加酒精,使墨水干得更快。

四、圆珠笔油墨

圆珠笔的发明开创了一种将油墨涂在纸上的新方法。圆形的球珠位于笔尖的顶端,从其上方的储墨器中拾取油墨将其转移到纸张表面。只要笔在纸上运动,球珠就会旋转,油墨会连续不断地从储墨器中被转移到纸面上,并形成连续的笔画线条。

圆珠笔油墨不是水溶性的,而是一种速干型的混合物。混合物中的染料赋予油墨颜色,另外一个重要组成部分是溶剂挥发后残留的树脂状物质,用来把染料等黏附在纸上。圆珠笔的便利性使它在所有的书写工具中占有一席之地。现在大多数手写文件都是圆珠笔书写的,似乎在未来几年它仍将是最流行的书写工具。

五、记号笔、滚珠笔和中性笔

圆珠笔之后出现了纤维头记号笔,墨水通过毛细管作用从压缩纤维之间的间隙由储墨器转移到纸张上,通常记号笔的纤维密度较低,笔尖较宽,但笔头的纤维束也可以被压缩成足够窄的形状,书写的笔画线条类似于钢笔的笔画。记号笔中使用的墨水是水溶性的,加入了酒精和其他挥发性溶剂使其快速干燥,和其他水性墨水一样着色物质为染料。

随着科技的进一步发展又发明了滚珠笔,它采用了与圆珠笔相同的送墨原理,但其使用的是水性墨水,和纤维记号笔的墨水一样,都是靠水溶性染料着色。接着出现了中性笔,在功能上近似圆珠笔,但其使用的是黏性油墨,油墨最初是用颜料(不溶性的彩色化学物质)着色的,且不易分析,但后来均用染料着色,也使油墨颜色的种类增多,销量最好的是黑色和蓝色中性笔。

第七节　墨　水　检　验

通过添加变造的方式可以改变原有文件的含义或金钱的数额,添加的内容可多可少,多至一段内容,少至如图 7.1 所示的单个数字,添加变造后使文件的书面金额增加很多倍。针对添加变造文件的检验,有时需要证明某支特定的笔是否被用来书写了某些材料,或者需要证明一份文件上两部分内容的墨迹成分是否相同。

制造商在笔和油墨的生产和研发过程中,为了提高产品的质量或降低成本,会对油墨进行各种各样的检测,可以避免或控制油墨与纸张中的一些物质发生反应。进行以上检测所需的材料数量充足,而文件检验人员对纸张上的油墨进行的检测,相对而言,检测对象的量少且已经干燥。任何需要使用一定量油墨的检测技术,无论量多么小,都会破坏文件的完整性,这种破坏可能使文件的价值降低,也可能影响后期其他人对文件的重新检验,也可能文件所有者并不希望它被损坏,所以这些有损检测必须得到相关部门的许可。有损检验取样时也有可能影响文件上其他证据,如 DNA 或指纹等。因此,初期检验所采用的技术大部分是视觉检验和其他无损检验,通过这些无损的方法尽可能从油墨中获取更多的信息。检验方法应该按照一定的次序进行,先是无损检验,再采用从纸张上取样的有损检验。

关于油墨检验的报道较多,美国材料与试验学会(ASTM)制定了检测和比较油墨的方法(ASTM 1789 – 04 和 142 – 05),Neumann 和 margot 对这些方法进行了改进,使其标准化。[14]

一、肉眼观察

人眼本身就是一种强大的科学仪器,能够通过检查纸上的油墨并发现许多信息。借助低倍率显微镜(最高放大倍率为 100)对书写在纸张上的笔迹进行检验,可以发现许多非常有价值的信息。在 20 ~ 50 倍的放大倍率下,观察圆珠笔墨迹,可以找到其来源的确凿证据。由于圆珠笔油墨只有部分被纸张吸收,其余部分黏附在纸面,所以形成了独有的外观光泽及黏稠状特征;圆珠笔笔尖的球珠或球座受损、污染等会造成明显笔画缺陷,尤其是在笔画的转折处会有较多的油墨沉积;用圆珠笔书写时施加的压力经常会在纸上留下凹痕。

相反,水性或“湿”油墨会被纸张吸收,墨水本身不再是一层覆盖在纸张上的添加物,而是渗入了纸张中并将纸染色,形成一个具有均匀纹理的有色区域。无论使用的是现代的自来水笔(镶嵌的笔尖且宽度恒定),还是记号笔或滚珠笔书写的笔画,通常从外观上无法确定其书写工具,即使在放大镜下也不能确定。它们的笔画压痕都很浅或者根本没有压痕,但有缺陷的笔书写时会留下一些特殊的迹象。当滚珠笔倾斜并与纸张形成一定的夹角时,球珠的外壳可能会留下平行于笔画的压痕。然而笔尖的宽度可以根据笔画的宽度来确定。

其他那些不使用油墨的书写工具也会留下独特的痕迹。铅笔和蜡笔会在纸上留下固体沉积物,在显微镜下能够观察到具有石墨光泽的铅笔笔画和蜡状外观的蜡笔笔画,很容易将其与其他类型的笔画区分。复写纸印痕最显著的特征是笔画边缘会出现阴影,这是由于远离书写工具中心的纸张的压力相对较低而形成的,与直接在纸上书写形成的锐利的笔画边缘完全不同。

除了检测不同类型油墨之间的区别外,还可以检测同一类型油墨之间的差异。通过检测圆珠笔笔画线条的宽度可以确定所使用的圆珠笔笔尖的大小,所以根据笔画可以区分不同的圆珠笔。可擦圆珠笔油墨在约 100 倍的放大倍率下具有独特的外观,因为它们使用的黏性胶状热变色油墨,在显微镜下显示为细细的油墨串,很容易将它与普通圆珠笔墨迹区分开来。

除了观察笔画的外观差异,还可以观察笔画油墨颜色的深浅,在显微镜下可以直观地看出油墨颜色深浅的差别。但是需要特别注意的是,同一支笔书写的笔画,在颜色深浅上也会有差异。

二、使用滤光技术检测墨水的吸光度

墨水是由多种染料混合而成的,这些混合的染料会吸收一定波长的光,从而产生所需的颜色。因为使用的染料不同,因此在颜色和吸收光谱方面都存在相当大的差异。具有两种不同吸收光谱的反射光源肉眼看起来是相同的,这是因为眼睛混合了反射的波长。例如,绿色染料或蓝色和黄色染料的混合物都反射绿色光。由于具有不同吸收光谱的不同染料可以产生两种非常相似的颜色,所以两种墨水看起来相同但这并不意味着它们是相同的,因此,可以通过一定的方法来检测这些差异。

最简单的方法是用白色以外的任何一种有颜色的光照射两种墨水,用眼睛观察它们的反射光,如果反射光不同,就说明不是同一种墨水,当然这种现象并不常见。

另一种方法是使用双色滤光镜检测吸光度差异,它由两个有色玻璃片或明胶滤光片组合在一起,这样光线会同时穿过两个滤光片。常用的组合是红色和绿色滤镜,通过这两个滤光片的光会被部分吸收,主要取决于油墨反射的光和这两个滤光片组合的吸收光谱。这样传输的光将由特定波长的小"窗口"组成,如果一种特定颜色的一小部分被反射,并且与窗户的波长相同,那么这种颜色就会被看到。因此将检测到看起来相似的两种墨水在该波长处的吸收差异。

检验墨水最常用的方法是滤光法(FLEs),它既可以观察墨水对光的吸收,也可以观察墨水受激而发出的光,这些方法在前文的"吸光度"和"发光"标题下有更详细的描述。测定吸收曲线的一种更复杂的方法是使用显微分光光度计(MSP)这种专用设备,[15,16]它产生被检墨水微观形态的反射光谱,基本上量化了墨水的颜色,如本章前面所述(参见"光")。最新的机器允许在原位检测墨水,还可以同时进行吸光度和发光检测。

虽然颜色相似的不同墨水对可见光的吸收会略有不同,但有些墨水在红外吸收方面存在很大的差异(见图7.2)。墨水是否吸收红外线主要取决于染料分子中的发色团,蓝色墨水都有可能吸收红光,但有些吸收范围较宽,甚至延伸到较远的红外区域,而另一些的吸收仅限于可见光或近红区域,但是这种变化不会影响墨水的颜色,因为眼睛不会检测到红外辐射的存在与否。

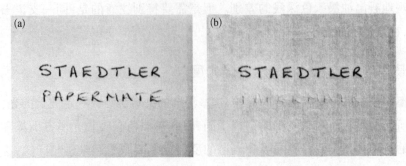

图 7.2　不同厂家生产的黑色墨水在(a) 正常光和(b) 红外辐射下拍摄,显示了在红外区域的吸收差异。

　　因此,使用 MSP 测量的墨水的吸收光谱可能表明,吸收从红色到红外的辐射,或者在光谱的红色末端附近吸收可能下降到零。前一种情况表明墨水会吸收红外辐射,后一种情况表明墨水不吸收红外辐射,有可能完全穿过墨水或被它全部反射,就好像它是不可见或透明的。利用福斯特和弗里曼有限公司制造的专用滤光设备——VSC(在第十章中描述),它由光源、滤光器、视觉显示单元、透镜和红外敏感电荷耦合器件(CCD)相机等部分组成,这使得在理想和控制良好的条件下可以进行广泛的检查。其他制造商对 VSC 进一步改进而开发出类似设备有: 瑞士 Projectina AG of CH9435 Heerbrugg 制造的 Docucenter,采用了改进的光源、检测和图像增强技术,并且能够将显示屏上的内容及时用打印机打印出来。

三、红外辐射检测

　　摄影是第一个用来检测红外辐射的方法,在相机镜头上放置合适的滤光片,只允许适当波长的红外辐射通过,并使用对红线外敏感的胶卷,用这种方法可以得到高质量的照片。虽然胶卷相机已经被 CCD 相机所取代,但其基本原理相同,感光范围都在 380~1 000 nm 之间。待检的文件被放在观察台上,用白光照射文件,白光包含 400~1 000 nm 的全光谱辐射。在反射光和相机之间放置一个检测滤光片,这样就可以在屏幕上看到捕获到的数字图像。这些检测滤光片被称为"长通"滤光片,因为他们只允许大于一个特定波长的辐射通过(比如,一个规格为 730 nm 长通滤光片将阻止蓝光通过,但允许大于 730 nm 的红外光通过)。通过改变滤光片的规格,可以看到不同墨水反射光谱的差异。

四、红外吸收

上述装置提供了一种检测墨水之间差异的灵敏方法,尤其适用于怀疑被添加或用另一种墨水变造的内容。在应用时应牢记的基本原则是:

- 照明光源必须包含 400~1 000 nm 范围内的光,且强度均匀(因此它看起来是白色的)。

- 通过长通滤光片观察反射光时,检查者看到的是大于该波长的所有反射光(叠加在一起的光),而不仅仅是该波长的光。

- 该技术总是需要比较背景反射率和目标油墨的反射率。

需要注意最后一点,不能比较不同反射率的纸张或背景上的油墨,因为这会改变相对反射率(即同样的墨水写在蓝色的纸和白纸上时,可能看起来具有不同的吸收特征——这是不熟悉这类设备原理的人常犯的错误)。

大多数这种设备是通过在检测装置前面放置一个长通滤光片,滤光片的波长从大约 600 nm 依次增加到 1 000 nm,每个滤光片之间通常有 30 nm 左右的间隙,但也会因制造商而异。有些墨水含有吸收远红外的成分,因此在整个范围内都可以检测到,在白色(反光的)背景下墨迹为暗色。另外一些染料只吸收光谱的可见部分,在 730 nm 以上的近红外光谱中不可见,这是因为它们对光的反射程度与背景的反射程度相同。另外一些墨水在红外区域也有吸收,但是在 800 nm 的长通滤色片下会突然衰减甚至变得"不可见"。因此,通过测定墨水在什么波长处停止吸收红外辐射而变得不可见,就有可能确定墨水是否相似。在某些情况下,通过以上方法可以发现文件上两种墨水之间的明显差异,一种在特定波长处消失,而另一种仍然可见。通过记录能看到反射光的滤光片的波长,就可以看出差别。当用这种方法比较两条墨迹线时,在两个或多个滤光片下表现出的差异通常是由于墨水成分的差异造成的。当然,还应该注意同种墨水,较粗、较浓的笔画线条会比较淡的笔画线条显示得更清楚,特别是当只有一个滤镜时,这种差别可能会被误认为是两种墨水之间的差别,但实际上是一条线比另一条线吸收力更强。因此,最好选择墨迹线的几个区域进行检测,排除墨水内部的变化。

如果文件上记录的内容被另一种墨水涂抹掩盖时,可以利用不同墨水对红外的吸收率不同进行检验。如果涂抹的墨水在红外下是不可见的,而被掩盖的墨水对红外吸收,那么在特定的滤色片下,被掩盖的内容就会显现出来,就好像没有涂抹物一样(见图 7.3)。如果情况相反,消失的是被掩盖的墨水,仍然可以确定其内容。在这种情况下,原始墨水消失的最终图像以反相的形式被捕获为数字图像,使黑色变成白色,反之亦然。然后将这幅反相图片叠加到在正常光线下拍摄的原始图像上(即两种墨水都能吸收),通过调整一幅图像的强度,两幅图像中的部分内容将消失,而被掩盖内容则以白色呈现出来。这种图像处理方法需要一些技巧,而且并不是任何被掩盖内容都可以通过此方法被显现,但至少可以确定发生了涂抹事实。

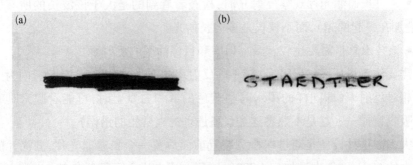

图7.3 (a) 一种黑色墨水被另一种黑色墨水掩盖,在正常光线下拍摄。(b) 同上,用红外方法拍摄。

利用红外吸收技术,除了检验墨水的差异之外,在文件检验领域还有其他用途。铅笔的主要成分是石墨,它可以吸收整个可见及红外光谱,如果摹仿签名是用墨水书写在铅笔签名之上,那么利用红外吸收技术检验此签名,在一定条件下墨水是透明的,石墨笔画很容易被显现出来。即使铅笔笔画被橡皮擦去了,仍然会留下一些没有被墨水覆盖的痕迹,可以被清楚地辨认出来。

五、紫外和可见光发光

用紫外作为激发光,受激后发射光可能在紫外或可见光区域。纸张受激后发出的光变化范围很大,正如本章前面所述,可以用来检测两个或多个纸片是否相同或不同。胶水、胶带和密封蜡等其他材料也可以通过它们的发射光来区分。纸张上的溶剂或化学品会引起发射光的变化,因此当纸张上遗留的这些物质干燥后且痕迹不明显时,利用紫外照射文件,会出现发光强度不同的区域。有报道显示,有的墨水在短波紫外的激发下,发射光有可能为长波紫外,因此可利用此方法检测墨水,[17]但是由于发射光不在可见区域,肉眼无法观察,需要专门的设备来观察。除了利用紫外激发的方法可以检测墨水间的差异外,利用其他技术方法也可以实现,所以导致了利用紫外检测的方法相对较少。墨水在一些化学试剂的作用下由有色变为无色,但在纸上依然会留下痕迹,如果这些墨水没有被溶液扩散,紫外照射它们时会发光,因此,利用紫外可检测被消退的字迹。这种方法在过去更有用,因为以前很多墨水的成分中含有受紫外线激发而发光的物质,从而在紫外激发下可以显示被消退的字迹,而红外发光技术在当今染料墨水的检测中更有价值。当然,在暗环境里,用紫外灯对文件进行快速检验还有可能揭示文件的形成过程,但是在检验时一定要戴上玻璃护目镜用以消除近紫外线,达到保护眼睛的目的。

现如今生产的一些墨水仅在紫外辐射下才可见,此类墨水主要用于标记一些特殊物品,以便在被盗找回时进行识别。还有一些用于在各种文件上签名的墨水,出于安全考虑,也是在紫外条件下才能看到,关于这些隐形墨水的检验在实践中很少遇到。

六、红外发光

关于红外发光以及光谱中红色区域的发光是由文档上的墨水、纸张和其他材料(例如已被擦除的墨水残留物)发出的,本章前面已有描述。

应用该技术需要注意的基本原则是:

- 必须在黑暗的条件下进行,最好在暗室里。
- 不同的滤光片将改变检测到的发射光。
- 发射光的强度比反射光低得多。

最后一点是指发射光的强度较低,需要高强度的激发光才能产生可检测的结果。此外,检测器的滤光片必须是一个长通滤光片,必须阻止所有的激发光通过,因此,如果激发光的波长是 354~469 nm,那么检测器的滤光片必须是大于或等于 470 nm 的长通滤光片。

在检验墨水的常规操作中,检测器的滤光片应选用 600 nm。文件在一定波长的光的照射下会反射蓝、绿光,被照射区域会发出红光或红外光,因此,需要额外的滤光片用于消除来自激发光的反射光。发射光可以通过相机或合适的 CCD 来检测,但通常会使用专用设备,如 VSC(见第十章),它主要是使用一系列滤光片,检测不同墨水的发射光,并能将获取的图像打印出来。

在紫外激发下,发射光的波长大于激发光,同理,在可见光的激发下,发射光可能在可见光谱中波长较长的区域或在红外区域。与紫外发光相比红外发光的另一个问题是肉眼对其不可见,需要使用摄影技术或其他电子手段来检测红外光。钨丝灯、碘石英灯或氙弧灯,加上适当的玻璃或明胶滤光片,可用于激发红外发光的光源,另外,还可以使用合适的发光二极管(LED)光源。使用时,让光源中的蓝绿光作为激发光照射在文件上,同时还得阻止来自光源中的红光或红外光落在文件上,以防它们的反射光淹没被激发出的红外光,因此,还必须有阻挡这些强光的装置。

　　使用激光作为激发光源是在蓝绿光基础上的扩展。激光的优点是亮度高且单色性好,所以只要戴上护目镜,就可以很方便地将激发光从视野中移除,产生的发射光的强度也更高,而且其波长更接近激发光,很容易被检测到。通过特殊制作的滤光片对可见光区域的发射光进行观察,这种滤光片可以阻止激发光通过,当然,观察时一定要佩戴护目镜,它是保护眼睛的必需品。另外,可以通过光电或照相方法记录发射光,这也是检测波长在红外范围内的发射光的唯一方法。

七、红外发光检测墨水

　　红外发光已被证明在文件检验中具有巨大的价值,其重要性远远超过紫外辐射。首先,许多墨水在红外区域会发光,但也有一些不发光(见图7.4);其次,不同墨水发出的光在波长和强度上存在着差异。由于墨水的检验通常是在本身会发光的纸张上进行的,因此墨水在不同纸张上的表现也会不同,如果纸张的发光强度比墨水强,后者就会显得不发光。然而,在大多数情况下,检验墨水是为了比较一个文档上的两部分笔迹的异同,尤其是对后期进行了添加变造的文件更有效。如果需要将笔或瓶子里的墨水与文件上的墨水进行比较,可以在同一页上用它们进行书写,然后在红外发光条件下进行比较。

　　前面探讨了不同墨水对红外的吸收或反射的差异,在红外发光的条件下观

图7.4　不同厂家生产的三种蓝色墨水在(a)正常光照下和(b)一定波长激发的条件下检测红外发光。

察文档上的可疑内容,通常能够区分出两种不同的墨水;无论墨水是否存在差异,都必须在同一条件下进行检验。将光源中的绿光照射到文件上,并通过调节在文件和红外摄像机 CCD 之间的滤光片进行观察,逐步将滤光片的波长从 630 nm 调到 1 000 nm,与检测吸光度的方法一致,观察者只能看到波长变化的发射光,无法看到反射光,墨水在暗淡的背景下会显得较为明亮,反之亦然。如前所述,观察者看到的是在一定波长以上发出的所有的光,但需将墨水发出的光与背景发出的光进行比较并加以区分。通过记录照明滤光片(短通)和检测器(长通)滤光片的值来确定发光开始或终止的波长,在相同的激发与背景条件下观察墨水发光特性的异同,如果发现差异,则说明是不同墨水形成的。在某些情况下,发光的差异只能通过改变照明滤光片的波长来检测。

在分析观察到的结果时必须注意两种油墨之间的细微差别可能是由表面油墨的数量不同造成的。此外,还需注意猝灭现象,即发出的光很快被背景吸收,导致无法看到预期的发光现象。油墨从一种背景到另一种背景(如印刷文件)上发光会有所不同,如在同一文档的非印刷表面会发光,但在印刷表面上不会发光。墨水受激后发出特定波长的光可能会被其他化合物吸收并引起猝灭效应,即出现了吸收与发射同时存在的情况,如墨水吸收 750 nm 辐射的同时也发射该波长的光,因为自吸收导致无法检测到发射光,如果将发射光与猝灭分开,那么就会观察到发射光。水或其他导致文件表面受潮的溶剂会将其分开,从而实现对墨水发射光的观察。但是如果是文件的局部受潮,则该部分的发光可能被误认为是不同墨水导致的结果,因此,还需结合红外反射才能达到正确区分同一文件中的两种不同的墨水。

有时背景与被检测物会同时发光,但是它们发出的光的波长可能不同。因此,可以通过改变检测器前的滤光片,会观察到不同的效果:墨水在一个波长处会比它的背景亮,而在另一个波长处就不那么亮了。吸收某一特定波长的光也会降低油墨的发光强度,从而使纸张的发光强度提高。

因此,利用墨水发光来比较相同背景上的墨水的异同,需要检测系统能够提供 650~900 nm 这个区间中多个不同波长。

第八节 擦 除

实验证明现代生产的墨水更容易由可见光激发而产生发射光,因此前文提到的使用紫外线检测被擦除文字的价值有所下降。墨水被去除有色成分而变为无色，可以通过残留在纸张表面或内部的一些物质的发光来检测。去除墨水有色成分的三种方法是：机械地刮去表面的墨迹，直到所有看得见的墨迹都被刮去；用漂白剂把染料转化成无色化合物；用适当的溶剂除去可溶性染料。使用以上方法时，纸张表面会有一定痕迹的残留，这些痕迹在可见光照射下会发光。如前所述，这种发光同样也较微弱，需要较为灵敏的检测方法。同样，观察时也会受到纸张发光的影响，有时纸张的发光强度比残留油墨的发光强度更大。因此，需要在所有可能的波长中观察擦除的区域，同时也可以变换激发光的波长。激光的强度高，产生的发射光与其波长较接近，因此在检验被擦除文字时效果会更好。

墨水在纸上干燥的过程中，墨水中的一些无色成分会渗透到纸张内部，那么在进行机械擦除时就没有理由擦除它们；如果这些成分难以溶解，当有色成分被溶解时，它们也不会被去除；染料被转化成其他化合物后，这些化合物有可能会发光，而原来的墨水并不发光。发生以上现象的具体原因并不重要，重要的是可以利用这些残留成分检测被擦除的内容，尽管有时观察到的图像并不是很清晰。红外发光在检测其他材料如打字机、打印机色带、印台油墨的擦除时效果也较好。当然，用这种方法不一定能观察到所有被擦除的内容，因为不是每一个被擦去的墨水残留痕迹都会发光，但是，会发现纸张表面发生了变化，提供了被擦除的证据。如果发现与其他部分不同的环状发光，类似于潮汐标记，这表明纸张被涂上了一种液体，也进一步表明目前记载的内容有可能不是原始记载内容。

去除部分墨迹线而改变书写的内容时，可以通过简单的视觉观察来确定原始记载内容。虽然可以利用上述较为复杂的方法，但结果并不总是令人满意的。不论是否借助显微观察，墨水或铅笔的痕迹都能被看到，结合多种照明技术，将看到的结果拼接在一起，就可以识别被擦除的内容。在侧光照明的条件下，对存在的压痕进行检测，并结合不同颜色的滤镜，以确保墨水和纸张之间形成最大的反差，也能识别出原始记载内容。用于照明的光源并不是越亮越好，有时在低照明条件下会获得最佳效果。更重要的是要用多种方法检查整个文件，除了检查擦除部位外还需检查擦除部位的反面、相邻区域的纸张，同时还需检查底层的纸张，是否有转移的墨水痕迹。

通常需要联合使用多种方法和技术恢复被擦除的信息，借助不同技术生成的电子图像，然后可以对这些图像进行叠加操作，形成原始文件的印像。在此过程中,检查人员必须能够展示所有原始图像是如何获得的,以及它们是如何被组合起来的。简而言之,这个过程必须是可审查的,以便以后在法庭上陈述。同样重要的是,在每个图像中都应包含比例尺,便于知道图像的放大率和方向。在一定程度上,这种重建与其他技术一样,都有助于识别被改变和擦除的内容。

　　被擦除的铅笔痕迹可以通过使用高对比度的摄影技术进行增强,或者使用如前所述的检测红外发光的电子手段使痕迹更明显,从而达到识别的目的。也可以使用一些间接的方法,比如利用被擦去的字迹留下的凹痕或纸张背面的凸起(见第九章)。有时,将铅笔留下的压痕与增强显现技术相结合,能够有效识别被擦除的铅笔字迹。

第九节　涂　　抹

　　涂抹不同墨水可以达到掩盖原始记载内容的目的。如果用于涂抹的墨水不吸收红外辐射,而被覆盖的墨水吸收红外辐射,那么就可采用如前所述的红外辐射方法进行检验来破译原文。如果两者在这些条件下反应相同,则该技术将会显得毫无价值。但是,如果其中一个发光一个不发光,那么问题就有可能得到解决,这是因为在不发光墨水下的发光墨水将是可见的,当然前提条件是不发光墨水不吸收发光墨水发出的光。

　　另外,如果涂抹的墨水是发光的,而被掩盖的墨水吸收它发出的光,即涂抹的墨水发出的光会被其下方的原始墨水猝灭,那么与原始墨水形状相对应的暗区将是明亮的,当然,这需要仔细控制光照和滤光条件(见图 7.5)。

图 7.5　(a)在自然光下一种蓝色墨水被另一种蓝色墨水掩盖的照片。(b)同上,在红外发光的条件下拍摄的照片,涂抹的墨水发光强烈,而被掩盖的墨水吸收发出的光。

当书写的字迹的墨迹较浓,而使用上述红外反射或吸收方法无效时,显微镜检验可解决这个问题。如果涂抹的墨水是不同的颜色,选择合适的滤镜使其不可见,有助于检验被掩盖的字迹。

有时,可以使用图像处理软件如 Adobe Photoshop™ 对拍摄的图像进行处理,让原始墨水和背景对比度达到最大,而涂抹墨水的对比度最低,这时图像会"消除"大部分涂抹墨水。对图像的任何操作都是在原始文件的副本上进行,而不是原始文件,这样可以确保能够看到对图像所做的任何更改。有时可以识别出全部被涂抹掩盖的内容,因为有足够数量的未被掩盖的内容提供了相应的证据。如果是在最佳条件下拍摄的放大图像,那些被掩盖的墨迹笔画被"白化"并清晰可见,即使被保留下来的原始笔画不完整,也不会受到涂抹墨水的干扰,很容易识别出来。

当然,还可以使用修正液进行涂抹掩盖,对此的检验在第六章中已有讨论。

第十节　其他发光效果

在激光照射下,墨水的某一组分会被转印到相邻页,并能观察到发光现象。目前还不清楚墨水的哪些组分能被"转印"到相邻的页面上,但这种效果只有在激光下才能被检测到,并且是从一个客体转移到另一个客体上。透明胶容易吸附信用卡上的墨水或涂层,所以专门为它们设计的钱包通常会显示出信用卡上的细节信息的印像。据报道,写在手上的汽车索引号被洗掉后的数小时内,在激光照射下,检测到了数字的痕迹。同理,发光材料形成的指纹也可以被检测出来。[18]

第十一节　有损检验

到目前为止,上述检验墨水的方法还没有包括那些需要对文档造成破坏的检验方法。以上无损检验方法的优点是无论墨迹是否被擦除,纸张和其上记载的内容都不会受到影响。当然,还可以采用其他检验方法以获得更多有价值的信息,但这些方法是有破坏性的有损检验方法,需要消耗部分墨水或其他材料。

前文提到了测试纸张的方法,有些方法需要取样检验,同样,对书写的墨迹(无论是圆珠笔、自来水笔、滚珠笔或记号笔)成分都可以运用化学方法进行检测,但都需取样检测,否则无法实现。

如果取样检测对案件没有实质性的帮助,就没有必要进行有损检验。如已通过无损检验方法证明是两种不同的墨水,那就没有必要进行有损检验。如果发现两种墨水相似,并且不能通过视觉和其他无损检验方法加以区分,那就需要进一步地检验。在对文件造成任何损坏之前,需要对被检测的内容做一个永久的记录,一个高质量的非压缩图像是首选。同样,从文件上取样前必须获得文件所有者或调查人员的许可,同时还需兼顾其他如指纹或 DNA 等检测。

一、取样

用于比较墨水所需的样品量相对较小,取样时应格外小心,以免影响对文件的其他测试,并尽可能地确保文件的完整性。大多数测试都可以在 1 厘米(或更少)的墨线上进行。对文档取样时,如果可能的话尽量选择墨迹线的直线部分。在显微镜下,用手术刀沿着墨迹线的两侧进行精细地切割,以确保手术刀的刀尖不会穿透纸张的下表面,然后再在墨迹线上切两道,形成一个将被移除的矩形墨水段。再用手术刀刀片抬高矩形的一角,慢慢地、小心地把上面含有墨水的一层纸从下面一层纸上拉开。最终,该部分将脱离纸面,用镊子将其移走,并放置在一个小玻璃管或小瓶中,以供后续分析并防止丢失。最终结果是样本包含较少的背景纸,但不包括纸张的另一面(可能包含其他墨水中的其他记载内容),而且取样部位清晰明确。在任何墨水的比较检查中,背景材料(通常是纸)也会被提取出来,因此必须获得背景材料的样本,并与墨水样本一起进行分析,而取样的位置应标注在正本文件的复印件上。对墨水进行有损检验的目的还是为了比较它们的异同,可以比较墨水中的色料或其他成分,染料是区分两种不同墨水的最佳选择。检测在纸上干燥的墨水成分最灵敏的方法是利用它们的颜色,因此许多检测方法都是基于此而建立起来的。

二、化学测试

还可以通过溶解度来区分两种墨水。当一滴溶剂滴在一条墨迹线上时,溶解的染料可能会"洇散"到周围的纸张中。大多数圆珠笔油墨都是通过载体将其黏合在纸张表面,与其他溶剂发生反应的方式基本相同。而其他墨水可能溶于水也可能不溶于水,因此可以利用水进行简单的测试,并快速将其区分,既节省了时间也避免了对文件的进一步改变。溶解度测试最好在玻璃小瓶中对从原始文件中取出的样本上进行测试,而不是在原始文件上进行测试。

现在很少见的一种铁基墨水,通过化学试剂使其"隐形",即使有色化合物被转化为无色化合物,可以通过化学方法使无色化合物转化为另一种有色铁盐,从而使墨水再次显现。显现方法有两种:第一种方法是将文件暴露在硫氰酸钾和稀硫酸混合而生成的硫氰酸烟雾中,纸上的任何铁盐都会转化成红棕色的硫氰酸铁;第二种方法是将亚铁氰化钾稀释液涂在其表面,含铁的墨迹与其结合会生成深蓝色的亚铁氰化铁。

三、色谱法

色谱法的功能是将混合物中的各个成分分离出来,因此可以通过比较分离的成分来判断混合物是否相同。有以下两种色谱法可以检验墨水:薄层色谱法(TLC)和高效液相色谱法,薄层色谱法的应用更为普遍。这一原理依赖于少量被分析的物质被置入一个"固定相",这个"固定相"将吸附它。"移动相"(一种流体后来称为"洗脱液")携带被分析的物质通过固定相达到分离。物质通过固定相的速度取决于其成分及其对固定相或液相的相对亲和力。不同的化合物会以不同的速度移动,因此色谱法是分离混合物并通过移动距离来识别其成分的有效途径。Roux 等比较了三种技术对墨水的鉴别能力,发现薄层色谱法最好,滤光技术次之,最后是显微分光光度法[15]。然而,由于 TLC 具有破坏性,所以通常最后使用。当这些技术被依次应用时,99%的墨水可以被区分出来。

四、薄层色谱法

在薄层色谱法中,均匀地铺在塑料或铝板上的硅胶涂层构成固定相,整体被称为层析板。层析板通常是长方形的,较短的一面为层析板的底部,可以根据个人喜好购买各种尺寸和等级的层析板。通过在层析板底部边缘附近的小区域滴入被检测物的液滴,将它们引入到固定相中,这就是所谓的"点样"。然后将层析板放置到合适的溶剂中,即洗脱液,在毛细管作用下被检测的组分通过硅胶薄层向上移动。在这个过程中,混合物中不同的组分对固相的亲和力不同,它们会以不同的速率上升,最终被分离。当洗脱液几乎到达层析板的顶部时,层析板被移开,被分析物质的组分将停留在它们所到达的位置。在对墨水的分析中,文献中描述了许多不同的洗脱系统,但它们大致都遵循上述原则,在此不做赘述。一般来说其操作方法如下: 首先,在样品导入准备好层析板之前,用铅笔在层析板下边缘上方约 1 cm 处画一条线,此线为点样位置,点样时切记不能破坏硅胶表面,而且样品一定是被点在这条线上,一些从业人员点样时与线存在一定的空隙,点样时还应该注意避免吸入对身体有害的硅胶粉尘。在层析板的两侧和每个点之间应留出大约 0.5 cm 的间隙,以避免边缘效应(洗脱液沿着层析板的侧面不规则流动)。其次,按照前文所述的方法取下墨迹线的一部分,放入一个小玻璃瓶中(见"取样"),加入几滴合适的溶剂,最有效的溶剂是 50/50 的吡啶/水混合物,虽然吡啶是一种必须在通风橱中使用的危险化学物质,但该方法只使用少量的吡啶,而且在提取墨水中的染料方面比其他溶剂更有效。如果没有通风橱,可以使用 50/50 的甲醇和水的混合物。取下来的样品通常在溶剂中搅拌 5 分钟后,使用玻璃毛细管沿着薄层色谱板底部边缘附近的线对要比较的墨水样品进行点样操作,每个毛细管只能点一个样品。点样对该技术的成功至关重要,其步骤为: 将毛细管放入溶液中取样,再将管轻轻地放在要点样的位置(在铅笔线上),并与硅胶接触,通过毛细作用将少量溶液从管中吸到层析板上,一旦看到溶液点到达层析板,立即将毛细管移开,使产生的斑点干燥,可以重复这个过程,将毛细管再放回到斑点的中心,增加样品的浓度,最终斑点的直径应小于 2 mm,并具有明显的颜色。检测时应该将墨水样品与对照品(已知成分的墨水)一起运行,并与纸张背景样品进行对照,提取和识别方法与油墨样品相同。这样,任何污染或不一致的地方都可以被检测出来,来自纸张而不是墨水的染料也能被识别出来。因此,在相同的条件下可以运行多个层析板,并实现相互的比较。最后,将干燥后的层析板下边缘朝下放入一个预先准备好的层析缸中,层析缸中含有所选的洗脱液(流动相),通常是水、乙醇、丁醇和乙酸乙酯等的混合物。应注意确保洗脱液的液面低于放置样品的铅笔线,否则,样品将会从层析板上被转移到洗脱液中,而不会沿着层析板移动。当洗脱液移动到层析板的顶部附近时,立即移出层析板,运行完成,斑点将停止移动。墨水中的单个染料在层析板上形成有色点,肉眼可见,并且每一种染料都位于该染料特有的位置。通过记录它们的位置,将它们与含有已知染料的标准墨水进行比较,就可以确定成分的异同。把两种或两种以上的墨水并排检测,通过直接观察就能完成比较。在不同的照明条件下,对层析板进行进一步的检验,比较它们在紫外线、激光或其他可见光下的发光情况。当然,此过程也可以使用其他洗脱剂。

　　通过直接观察可以获得每种组分含量多少的一些指标,但用密度计进一步检验可以获得每种染料在墨水中所占比例的定量信息。有色斑点会随着时间的推移而褪色,所以应该采用拍照或其他类似的方法进行记录来保存结果,便于后期的分析或演示。最近已开发了一种半定量方法,用于记录图像和分析结果,并声称能够以92%的成功率区分蓝色圆珠笔墨水。[19]该技术的发展方向是标准化光谱的收集,并通过墨水库提高鉴别能力。[20]对于常规检测而言,一个简单且便宜的薄层色谱是必备的。

　　薄层色谱法不适用于那些用颜料代替染料的墨水,比如许多中性笔,因为该技术只能用于比较墨水中的可溶性成分,[21,22]对于这类墨水的分析则应使用其他色谱技术。

五、高效液相色谱法

　　在高效液相色谱中,墨水溶液也不再是被点在色谱板上,而是在高压作用下通过由吸附剂填充的玻璃管,和薄层色谱一样,组分的物理性质决定了其移动速率,每一个组分的移动速率不同,从而实现分离。在压力的作用下,染料的组分不会留在色谱柱上,会全部通过色谱柱并到达检测器,检测器检测它们对特定波长(颜色)的吸收情况。由于吸收与组分的数量成正比,因此可实现对每个组分的定量。

　　检测结果以图表的形式表示,图表中的峰代表某种物质及其含量。与薄层色谱相比高效液相色谱的优势在于它能够很准确地测定染料中各成分的比例,缺点是该仪器的成本比薄层色谱要高得多。

第十二节　墨水的其他成分

　　除了检测在纸上干燥后墨水中的染料外,还可以检测其他成分,其中最重要的是圆珠笔油墨的载体。最近书写的墨迹线中的载体是溶剂和树脂的混合物。在水性油墨中载体的数量本来就少,用其书写的书面文件中载体的数量更少,还不足以进行任何切实可行的比较检验。虽然水性油墨中染料的数量没有明显增加,但它们对光的强吸收和其他光学特性不同,所以利用光学方法检测它们更为容易。有个特例是可擦除圆珠笔油墨中含有一种热变色油墨,是一种可擦除的橡胶基化合物,在显微镜下它与传统载体的外观有很大的不同。

第十三节　其 他 技 术

除了上述方法,大学和其他机构的文件检验人员研究了其他检测墨水的技术和方法,并在一些杂志上发表了相应的研究论文,部分论文列在本章末尾。根据报道,傅里叶变换红外光谱、拉曼光谱和基于质谱的检测技术都曾被用来检测墨水,虽然在撰写本文时它们还没有被普遍采用,但它们很可能成为检验墨水的常规方法。

一、圆珠笔油墨的相对老化

利用着色材料易于检测的特点,可以用来区分油墨。干燥圆珠笔油墨在溶剂中的溶解度取决于油墨在纸上停留的时间长短。因此可以根据油墨的溶解性,通过测量一定时间内溶解的着色剂的量来区别油墨。利用溶剂溶解已经干燥的油墨,溶解 1~2 分钟后提取样本溶液,间隔一段时间后重复以上操作,这样就可以测定溶解的速率。比如,在同一文档上相同油墨一个样本的溶解速率比另一个样本的溶解速率快,这表明第一个样本的干燥程度较小,因此它在文档上的停留时间比第二个样的停留时间相对较短。这种比较的前提必须是同类比较,比较不同类型的油墨或不同纸面的油墨没有意义。根据报道,对形成时间为数周到 9 个月的油墨进行溶解测试是可行的。因此,只有当两种相似的油墨在同一份文件上的书写时间存在争议时,这种比较方法才有价值。如果怀疑是添加变造,在尝试测试油墨的相对老化之前,必须先用前文描述的检测方法确定它们的成分相同。如果成分相同则溶解度试验才会有价值,如果成分不相同,说明它们之间存在着差异,那么添加变造的问题可能已经被解决了。目前,根据溶解度区分油墨的这一技术尚未被普遍应用。[23~26]

二、油墨的形成时间

油墨的相对老化不能确定出绝对书写时间。但是,如果能确定一种油墨的生产日期,那么用这种油墨形成的任何文字材料都不可能是在生产日期之前形成的。当可疑文件的标称时间超出了圆珠笔油墨的生产时间时,就可以应用这一原则。但是由于当今油墨配方种类繁多,生产厂家众多,这种确定油墨形成时间的方法必须同生产商的合作,需要他们提供关于油墨生产全面记录的相关信息。美国烟酒枪炮及爆炸物管理局(原隶属于美国财政部,后转至司法部)已经建立了这样的墨水库,现在位于洛桑大学,是目前全球唯一的墨水库。此外,该实验室还与美国的油墨生产商合作,用特殊化学物质"标记"他们的产品,以表明生产年份,这些特殊化学物质在墨水中的含量非常小,只能用特殊方法才能检测,它们的存在也提供了另一种区分两种油墨的重要方法。

当然,还可以通过其他方式确定文档上不同条目形成的相对时间,这将在第九章讨论。

参考文献

1. Calcerrada, M. and García-Ruiz, C. Analysis of questioned documents: A review, *Analytica Chimica Acta*, 853, 143 – 166, 2015.
2. Almeida Assis, A.C., Barbosa, M.F., Valente Nabias, J.M., Custodio, A.F., and Tropecelo, P. Diamond-cell Fourier transform infrared spectroscopy: transmittance analysis of black toners on questioned documents, *Forensic Science International*, 214, 59 – 66, 2012.
3. Udristioiu, E.G., Bunaciu, A.A., Abul-Enein, H.Y., and Tanase, I.G. Infrared spectroscopy in discriminant analysis of laser printer and photocopy toner on questioned documents instrumentation, *Science and Technology*, 37, 230 – 240, 2009.
4. Braz, A., Lopez-Lopez, M., and Garcia-Ruiz, C. Raman spectroscopy for the forensic analysis of inks in questioned documents, *Forensic Science International*, 232, 206 – 212, 2013.
5. Raza, A. and Saha, B. Application of Raman spectroscopy in the forensic investigation of questioned documents involving stamp-pad inks, *Science and Justice*, 53, 332 – 338, 2013.
6. Causin, V., Casamassima, R., Marruncheddu, G., Lenzoni, G., Peluso, G., and Ripani, L. The discrimination potential of diffuse-reflectance ultraviolet-visible-nearinfrared spectrophotometry for the forensic analysis of paper, *Forensic Science International*, 216, 163 – 167, 2012.
7. Causin, V., Marega, C., Marigo, A., Casamassima, R., Peluso, G., and Ripani, L. Forensic differentiation of paper by X-ray diffraction and infrared spectroscopy, *Forensic Science International* 197, 70 – 74, 2010.
8. Tanase, I.G., Popa, D.E., Udristioiu, G.E., Bunaciu, A.A., and Aboul-Enein, H.Y. Validation and quality control of an ICP-MS method for the quantification and discrimination of trace metals and application in paper analysis: An overview, *Critical Reviews in Analytical Chemistry*, 44, 311 – 327, 2014.
9. Jones, K., Benson, S., and Roux, C. The forensic analysis of office paper using oxygen isotope ratio mass spectrometry. Part 1: Understanding the background population and homogeneity of paper for the comparison and discrimination of samples, *Forensic Science*

International 262, 97 − 107, 2016.

10. Jones, K., Benson, S., and Roux, C. The forensic analysis of office paper using carbon isotope ratio mass spectrometry—Part 2: Method development, validation and sample handling, *Forensic Science International* 231, 364 − 374, 2013.

11. Dixon, K.C., Positive identification of torn burned matches with emphasis on crosscut and torn fiber comparisons, *Journal of Forensic Sciences*, 28, 351, 1983.

12. Grant, J. The diaries of Adolf Hitler, *Journal of the Forensic Science Society*, 25, 189, 1985.

13. Michel, L. and Baier, P. E. The diaries of Adolf Hitler. Implication for document examination, *Journal of the Forensic Science Society*, 25, 167, 1985.

14. Neumann, C. and Margot, P. Considerations on the ASTM standards 1789 − 04 and 1422 − 05 on the forensic examination of ink, *Journal Forensic Science*, 55 5, 2010.

15. Roux, C., Novotny, M., Evans, I., and Lennard, C. A study to investigate the evidential value of blue and black ballpoint pen inks in Australia, *Forensic Science International* 101, 167 − 176, 1999.

16. Martyna, A., Lucy, D., Zadora, G., Trzcinska, B.M., Ramos, D., and Parczewskiac, A. The evidential value of microspectrophotometry measurements made for pen inks anal. *Methods*, 5, 6788 − 6795, 2013.

17. Von Bremen, U. Invisible ultraviolet fluorescence, *Journal of Forensic Sciences*, 10, 368, 1965.

18. Creer, K.E. Some applications of an argon ion laser in forensic science, *Forensic Science International*, 20, 139, 1982.

19. Djozan, D., Baheri, T., Karimian, G., and Shahidi, M. Forensic discrimination of blue ballpoint pen inks based on thin layer chromatography and image analysis, *Forensic Science International*, 179, 199 − 205, 2008.

20. Neumann, C., Ramotowski, R., and Genessay, T. Forensic examination of ink by high-performance thin layer chromatography—the United States Secret Service Digital Ink Library, *Journal of Chromatography A*, 1218, 2793 − 2811, 2011.

21. Gernant, M.N. and Urlaub, J.J. An introduction to the gel pen, *Journal of Forensic Sciences*, 41, 503, 1996.

22. Mazzella, W.D. and Khanmy-Vital, A.A. Study to investigate the evidential value of blue gel pen inks, *Journal of Forensic Sciences*, 48, 419, 2003.

23. Brunelle, R.L. and Reed, R.W. *Forensic Examination of Ink and Paper*, Charles C. Thomas, Springfield, IL, 1984.

24. Brunelle, R.L. and Lee, H. Determining the relative age of ballpoint ink using a single solvent extraction mass-independent approach, *Journal of Forensic Sciences*, 34, 1166, 1989.

25. Brunelle, R.L. Ink dating. The state of the art, *Journal of Forensic Sciences*, 37, 113, 1992.

26. Brunelle, R.L. A sequential multiple approach to determining the relative age of writing inks, *International Journal of Forensic Document Examiners*, 1, 94, 1995.

拓展阅读

Allen, M.J. and Rimmer, P.A. The dating of a will, *Journal of the Forensic Science Society*, 28, 199, 1988.

Bertochi, M.P. Envelope association through manufacturing characteristics, *Journal of Forensic Sciences*, 22, 815, 1977.

Blackledge, R.D. and Iwan, M. Differentiation between inks of the same brand by infrared luminescence photography of their thin layer chromatograms, *Forensic Science International*, 21, 165, 1983.

Blacklock, R.E. The laser. A tool for questioned document examination, *Journal of Police Science and Administration*, 15, 125, 1987.

Boyd, P.F.J. Laser technology. A new concept to challenge the forensic document examiner, *Canadian Society of Forensic Science Journal*, 16, 7, 1983.

Cain, S. Laser and fiber optic photographic analysis of single edge paper striations, *Journal of Forensic Sciences*, 29, 1105, 1984.

Cain, S. and Winand, J.E. Striation evidence in counterfeit cases, *Journal of Forensic Sciences*, 28, 360, 1983.

Cantu, A.A. The Paper Mate ink in the Howard Hughes "Mormon Will", *Journal of Forensic Sciences*, 31, 360, 1986.

Cantu, A.A. and Prough, R.S. Some spectral observations of infrared luminescence, *Journal of Forensic Sciences*, 33, 638, 1988.

Chowdry, R., Gupta, S.K., and Bami, H.L. Detection and decipherment of erasures in documents, *Journal of the Forensic Science Society*, 16, 139, 1976.

Claybourne, M. and Ansell, M. Using Raman spectroscopy to solve crime: Inks, questioned documents and fraud, *Science and Justice*, 40, 261, 2000.

Crown, D.A., Brunelle, R.L., and Cantu, A.A. Parameters of ballpen ink examination, *Journal of Forensic Sciences*, 21, 917, 1976.

Dalrymple, B.D. Visible and infrared luminescence in documents: Excitation by laser, *Journal of Forensic Sciences*, 28, 692, 1983.

Day, S.P. Evaluation of the application of the argonion laser to document examination. A review of casework and experimental data, *Journal of the Forensic Science Society*, 25, 285, 1985.

Dick, R.M. A comparative analysis of dichroic filter viewing, reflected IR and IR luminescence applied to ink differentiation, *Journal of Forensic Sciences*, 15, 357, 1970.

Ellen, D.M. and Creer, K.E. Infrared luminescence in the examination of documents, *Journal of the Forensic Science Society*, 10, 159, 1970.

Fryd, C.F.M. The examination of inks on documents, *Medicine Science and the Law*, 14, 87, 1974.

Godown, L. New nondestructive document testing methods, *Journal of Criminal Law, Criminology and Police Science*, 55, 280, 1964.

Godown, L. "Optical contrasters," a new instrumental aid in deciphering faint writings and other low contrast evidence, *Journal of Forensic Sciences*, 12, 370, 1967.

Gross, E., SinDavid, L., and Almog, J. Transmitted infrared luminescence in document examination, *Journal of Forensic Sciences*, 25, 382, 1980.

Gupta, S.K., Mukhi, S.L., and Bami, H.L. Differentiation of inks on documents by dequenching of ultraviolet fluorescence. A case report, *Forensic Science International*, 12, 61, 1978.

Hardcastle, R.A. and Hall, M.G. A technique for the detection of alterations to a document from a carbonless copying system, *Journal of the Forensic Science Society*, 17, 9, 1977.

Hardcastle, R.A. and Hall, M.G. A technique for the enhancement of the infrared luminescence of inks, *Journal of the Forensic Science Society*, 18, 53, 1978.

Harris, J. A preliminary report on the nondestructive examination of ballpoint pen ink on questioned documents by FTIR spectroscopy, *Canadian Forensic Science Society Journal*, 24, 5, 1991.

Harris, J. Developments in the analysis of writing inks on questioned documents, *Journal of Forensic Sciences*, 37, 617, 1992.

Hilton, O. New dimensions in infrared luminescence photography, *Journal of Forensic Sciences*, 26, 319, 1981.

Hilton, O. Characteristics of erasable ballpoint pens, *Forensic Science International*, 26, 269, 1984.

Horton, R.A. and Nelson, L.K. An evaluation of the use of laser-induced infrared luminescence to differentiate writing inks, *Journal of Forensic Sciences*, 36, 838, 1991.

Howes, D.S. A rapid screening device for infrared luminescence examination of questioned documents, *Canadian Society of Forensic Science Journal*, 11, 23, 1978.

Keto, R.V. Characterisation of alkali blue pigment of counterfeit currency by high performance liquid chromatography, *Journal of Forensic Sciences*, 29, 198, 1984.

Kevern, R.M. Infrared luminescence from thin layer chromatograms of inks, *Journal of the Forensic Science Society*, 13, 25, 1973.

Kher, A.A., Green, E.V., and Mulholland, M.I. Evaluation of principal component analysis with high performance liquid chromatography and photodiode array detection for the forensic differentation of ball point inks, *Journal of Forensic Sciences*, 46, 878, 2001.

Kuhn, R.J. Infrared examination with the electronic image converter, *Journal of Criminal Law, Criminology and Police Science*, 45, 486, 1954.

Laing, D.K. and Isaacs, M.D.J. The comparison of nanogram quantities of ink using visible microspectrophotometry, *Journal of the Forensic Science Society*, 23, 147, 1983.

Lyter, A.J. III. Examination of ballpoint ink by high pressure gas chromatography, *Journal of Forensic Sciences*, 27, 154, 1982.

Mathyer, J. Optical Methods in the Examination of Questioned Documents, *Forensic Science Progress*, 2, Springer Verlag, Berlin, 1988.

McKasson, S.C. Dequenching of infrared luminescence, *Forensic Science International*, 16, 173, 1980.

Merrill, R.A. and Bartick, E.G. Analysis of ballpoint inks by diffuse reflectance infrared spectrometry, *Journal of Forensic Sciences*, 37, 528, 1992.

Moore, D.S. Abnormalities encountered in infrared examination of ball point writing over correction fluid, *Forensic Science International*, 45, 265, 1990.

Morgan, D. Using the video spectral comparator in the comparison of carbon copies and carbon paper impressions, *Journal of Forensic Sciences*, 40, 296, 1995.

Noblett, M.G. The use of a scanning monochromator as a barrier filter in infrared examinations in documents, *Journal of Forensic Sciences*, 27, 923, 1982.

Olsen, L.A. Colour comparison in questioned document examination using microspectrophotometry, *Journal of Forensic Sciences*, 31, 1330, 1986.

Ordidge, M. and Totty, R.N. The examination of ink writing on photographic paper, *Journal of the Forensic Science Society*, 24, 43, 1984.

Peace, L.L. The examination of torn and perforated documents, *Canadian Society of Forensic Science Journal*, 15, 116, 1982.

Pfefferli, P.W. Application of microspectrophotometry in document examination, *Forensic Science International*, 23, 129, 1983.

Richards, G.B. The application of electronic video techniques to infrared and ultraviolet examination, *Journal of Forensic Sciences*, 22, 53, 1977.

Riordan, W.M. Detection of nonvisible writings by infrared luminescence and ultraviolet fluorescence, *Journal of Forensic Sciences*, 36, 466, 1991.

Rohilla, D.R., Das Gupta, S.K., Gupta, S.K., and Bami, H.L. A rapid infrared luminescence method for differentiation of ink writing, *Forensic Science International*, 15, 153, 1980.

Sensi, C.A. and Cantu, A.A. Infrared luminescence: Is it a valid method to differentiate among inks? *Journal of Forensic Sciences*, 27, 196, 1986.

Sinor, T.W., Wilde, J.P., Everse, K.E., and Menzel, E.R. Lasers and optical spectroscopy in questioned document examination, *Journal of Forensic Sciences*, 31, 825, 1986.

Stewart, L.F. Ballpoint ink age determination by volatile component comparison. A preliminary study, *Journal of Forensic Sciences*, 30, 405, 1985.

Tappolet, J.A. The high performance thin layer chromatography (HPTLC). Its application to the examination of writing inks, *Forensic Science International*, 22, 99, 1983.

Tappolet, J.A. Comparative examination of ink strokes on paper with infrared and visible luminescence, *Journal of the Forensic Science Society*, 26, 293, 1986.

Throckmorton, G.J. Erasable ink: Its ease of erasability and its performance, *Journal of Forensic Sciences*, 30, 526, 1985.

Totty, R.N. Colour in document examination, *Journal of the Forensic Science Society*, 17, 3, 1977.

Totty, R.N., Ordridge, M.R., and Onion, L.J. A comparison of the use of visible microspectrophotometry and high performance thin layer chromatography for the discrimination of aqueous inks used in porous tip and roller ball pens, *Forensic Science International*, 28, 137, 1985.

White, P.C. In situ surface enhanced Raman scattering spectroscopy of biro inks—long term stability of colloid treated samples, *Science and Justice*, 43, 149, 2003.

White, P.C. and Wheals, B.B. Use of a rotating disc multiwavelength detector operating in the visible region of the spectrum for monitoring ball pen inks separated by high-performance liquid chromatography, *Journal of Chromatography*, 303, 211, 1984.

Zeichner, A. and Glattstein, B. Some special observations regarding visible transmission spectra of inks and an improved method for their discrimination by microspectrophotometry, *Journal of Forensic Sciences*, 37, 738, 1992.

Zeichner, A., Levin, N., Klein, A., and Novoselski, Y. Transmission and reflectance microspectrophotometry of inks, *Journal of Forensic Sciences*, 33, 1171, 1988.

Zimmerman, J., Doherty, P., and Mooney, D. Erasable felt tip writing instrument detection, *Journal of Forensic Sciences*, 33, 709, 1988.

Zimmerman, J. and Mooney, D. Laser examination as an additional nondestructive method of ink differentiation, *Journal of Forensic Sciences*, 33, 310, 1988.

Zoro, J.A. and Totty, R.N. The application of mass spectrometry to the study of pencil marks, *Journal of Forensic Sciences*, 25, 675, 1980.

第八章

印刷及印刷文件检验

引　言

印刷文件是一种与犯罪有关的常见物证之一,但这些文件本身在法庭上很少有争议。然而,如果有人质疑某些印刷文件是伪造的,为了释疑,文件检验人员需要了解印刷文件的制作过程以及制作该文件所需的材料。印刷文件常用的印刷方法主要有活版印刷、平版印刷、激光打印等,识别出具体印刷方法对于案件的侦办起着重要的作用。为了确定文件真伪,文件检验人员需要将真实文件与疑似伪造文件对印刷方法、印刷质量及使用的油墨或碳粉等方面进行比较,甚至有时需要确定打印的文档是否具有同源性。如果疑似文件与真品不同,则可能需要检验文件的打印方式以及原件的复印件。在一些情况下,印版或印刷机的独有特征可以确定伪造品的来源。除此之外,确定文件真伪还需要检验原始文件的制作材料、复印机的品牌等。有时,扫描打印文件与复印文件有很多共同之处,但也存在个性之分,这一点在文件真伪检验鉴定中也需要考虑。

为了能够从相关文件中得到有用的证据,文件检验人员需要对文件打印的过程有所了解,虽然某些问题只能由印刷方面的专家来解答,但许多案例表明,通过文件本身的观察及科学的检验手段也可以提供充分的证据。本章首先介绍常见的传统印刷方式以及识别不同印刷方式的技巧。其次简要介绍印刷油墨及其检验方法。接着介绍常见的非传统印刷方式如喷墨打印和激光打印以及检验这类印刷方式的方法。最后将介绍其他不常见的特殊打印方式。

印刷文件在现代生活中扮演着重要的角色。在静电印刷部分将讨论它们是如何生产、检验以及通过检验可以得到哪些证据。

第一节　传统印刷方法

一、活字印刷

作为古时的印刷方法,活字印刷又叫凸版印刷,是将图像转印到纸上最简单的方法。将油墨涂在凸起的文字或图像等信息上制成版,然后将其压在纸上,由于只有凸起区域涂抹了油墨并接触纸张,所以需要捺印的信息便转移到了纸上。

现如今仍有许多活版印刷的方法在使用。用活字和平板印刷机制作"格子"的传统方法仍然可以用于制作相对较少数量的海报、信头和类似文件,这些"格子"有各种各样的字体可供选择,可以找到合适的字体来制作一份好的文件。这种"格子"印刷方法同样也可用于伪造文件。

更简单的活字印刷形式是那些橡胶印章、邮局注销印章和玩具印刷模具套装等。在涉及可疑文件的许多案件中,这些是相当有意义的,本章稍后将讨论这些问题。

二、石版印刷

石版印刷诞生于 18 世纪末,因最初使用一种特殊的吸水石作为印版而得名。用一种油性物质在吸水石头上作画,石头会吸收并保留这些油性物质,用水弄湿石头,石头上没有油性颜料保护的部分就会吸附水分。用滚动器为石头涂上油墨,石头上含油的部分吸附油墨,而含水的部分则不能,将一张纸压在石头上,油墨就从石头转印到纸上了。

现代平版印刷的方法通常使用照相工艺或直接从电子文件上将图像投影到光敏涂层上制成的印版。通过对印版显影和适当的固定处理,待印刷区域变得防水,而非印刷区域变得吸水后,再在印版上着墨,图像首先转移到胶布上(这一过程称为胶印),最后图像从胶布转移到纸张上。胶印技术现在广泛应用于商业印刷,包括黑白印刷和彩色印刷。由于胶印技术依靠简单的图像来制作印版,价格便宜且操作简单,所以胶印技术很容易用于制造假货。彩色印刷是通过为每种要印刷的颜色使用单独的印版来实现的。最常见的情况是使用青色、洋红、黄色和黑色印版进行四色印刷。印版是使用上述成像过程制作的,通过对每个印版使用不同的滤光片来完成分色,这样形成的图像被分割成小点(这一过程称为半色调印刷),通过在最终图像上以不同比例混合颜色来实现不同色调的颜色。黑色印版使用单独色板,其他颜色可通过调制而成,主要因为三种颜色才能产生一个可接受的颜色范围,但黑色则要求三种颜色都在同一位置印刷,这点很难实现,而且也耗费油墨。如果需要高质量的印刷品,如美术印刷品,可以增加使用的颜色数量,6 色印刷相对比较常见,个别机器可以进行 12 色印刷,但这种机器不太可能用来造假。

平版四色印刷机具有诸多优点:价格相对便宜,所有四个印版都在同一台机器上,并且只有一台大型办公室复印机的大小。使用平版四色印刷机高质量印刷的关键是在每个印版上保证正确的水与墨的平衡,并确保四个印版对齐。因此,在调试的过程中经常会产生大量的废印刷品,这一点对于商用来说可以接受的,但对于造假者来说,可用的纸张数量可能有限,因此他们更有可能使用劣质印刷品。与办公室复印机和激光打印机相比,平版印刷的优势在于印刷数量越多,单价也越低。平版印刷还有一个缺点就是如果不改变整个印版,图像就无法改变,因此,更改编号、更改日期、更改收件人等都不容易实现。由于以上原因,造假者不太可能使用光刻技术来伪造一次性文件。然而,在需要双面、大容量、高质量的印刷品(如货币)的地方,与激光打印或喷墨打印相比,它仍然有许多优势。

三、凹版印刷

活字印刷是从一个高于背景的表面产生的,而平版印刷则与版面平齐。相比之下,凹版印刷使用的是一种图像载体,其中要印的图案低于版面。印版上分布油墨,表面上的墨水被刮墨刀片刮掉剩下的唯一油墨将留在凹陷处,当印版压在纸上时,油墨将以图像的形状转移。凹版印刷通常用于高品质产品,尤其是全彩色图片。

凹版的制版有雕刻和照相制版两种方法。雕刻制版用于钞票和其他高级防伪印刷,印版既可以手工制作也可以借助机器制作。该方法通过实线生成图像和文字,但由于无法复制图片从而导致使用受到限制。

凹版印刷中的照相制版应用较为广泛。需要印刷的图像被投影到感光板上,当光线照射到感光板表面时就会发生化学反应,感光板表面用适当的显影剂处理,使没有印刷图像的区域耐酸,然后,用酸蚀法处理图像凹陷区域,去除耐酸材料,再对印版表面进行高度抛光,这样所有多余的油墨都可以从非印刷区域被刮除。

要转移到纸张上的油墨在印版的凹陷处要保持一定的时间,为保证大面积印刷,需要进一步地操作。在印刷的图片和感光板之间放置一个栅格,以便在表面蚀刻一系列小单元。印刷图案时,单元格中的油墨交叠,从而产生连续色调。通过改变单元格的深度或宽度,可以获得不同的颜色色调。全彩印刷就是通过在不同的印版上使用三种或三种以上颜色的方法来实现的。

四、浮雕印刷

浮雕印刷品的纸张表面是凸起的,它由两块印版制成,一块印版图文内容像浮雕一样凸出,另一块印版图文内容凹陷,凹陷处有油墨,纸张被凸出的浮雕压入凹陷处,由此完成了印刷。与其他印刷方法相比,浮雕印刷油墨的转移量要大得多。热熔印刷是一种产生类似效果的技术,但其印刷过程不同,印刷的图像是用慢干型油墨,然后在湿油墨的表面喷洒一层树脂粉,最后纸张通过加热器压紧,粉末熔化膨胀后产生了凸起的效果。

五、丝网印刷

丝网印刷通过尼龙、丝绸或其他材料制成的网孔挤压油墨,在非打印区域用挡板覆盖,只有挡板未覆盖的部分油墨可以通过,由此完成印刷。该方法主要适用于少量印刷。丝网印刷的主要优点是可以转移较厚的油墨涂层,并且可以在使用压力较小的情况下印刷易破损文件。

第二节　印刷方法的识别

在必要的时候,借助显微镜对印刷材料进行观察,一方面通过检验用于制作的印刷材料可确定具体的印刷方法,因凸版、浮雕、平版、凹版印刷在纸张表面会形成不同的效果;另外一方面检验印刷所用油墨的种类也可以识别印刷方法,这将在本章后面讨论。

一、活字印刷

活字或凸版印刷是将凸出部位上的油墨转移到纸张上,因此需要一定的压力才可以实现油墨的转移。将油墨均匀地涂在字模上,并将字模压在纸上,字模上的油墨部分被吸收,部分保留在纸表面。转移过程中,在压力的作用下字模上的油墨会向外朝向字母的边缘逸出并沉淀,无法保持均匀度,导致印刷信件的文字轮廓有多余的油墨,当印刷在有光泽的非渗透性纸张上时情况更加明显。这种现象在印刷行业被称为"挤墨"。

字模在接触纸张时由于施加的压力作用会在纸张表面形成凹痕,这些凹痕可延伸到纸张背面,从而使背面可见并可触摸。用侧光照明或触摸会发现压痕造成纸张表面不光滑的现象。墨迹分布不均和明显的压痕是活字印刷的主要特征。检验中遇到有墨迹分布不均但纸张表面却没有凹痕的情况时,极有可能是直接复制原版形成,而不是通过照相制版印刷形成。还有一种更复杂的情况,活版印刷通常是"胶印",图像通过中间的橡胶辊将油墨转移到纸张上,虽然挤压特征很明显,但由于印版和纸张之间没有直接接触,因此不会出现压痕。

二、平版印刷

平版印刷依赖于油墨在印版上的沉积,印版与待印图案呈镜像关系,由于图像区域和非图像区域之间的压力没有差异,因此不会产生压痕。油墨均匀地分布在印刷品上,在边缘不会有油墨堆积。

由于平版印刷依靠照相制版,因此导致原始图像会丢失一些细节特征。表现最为明显的是尖角部位和图像的边缘发虚,有时某些字体会变得圆润而失去其边界,小的文字会变得模糊,这些是平版印刷的典型特征,但在印刷良好的文件中只有在显微镜下才能观察到此现象。

三、凹版印刷

凹版印刷常被用来印刷高质量的文件,并且能够进行半色调印刷,从而可以形成颜色浓淡的变化。因此,纸张上油墨厚度可变是这种印刷方式的标志,同时,印刷区域由网络组成的特点导致图像边缘不齐。

第三节　印　刷　油　墨

检验方法

普通的印刷油墨不同于签字笔中的油墨,因为印刷油墨是油基的,无机物含量高。在大多数情况下,印刷油墨的区分不适用于本书第七章中所介绍的书写墨水的检验方法,但某些光学无损检验方法有时可以将二者区分。大部分印刷油墨虽然不溶于任何用作薄层色谱初步分析的溶剂,但技术人员可以寻求其他检验方法进行区分。印刷油墨中所含的黏合剂可通过热裂解质谱或红外吸收光谱技术进行检验,其他无机成分可通过发射光谱、微探针电子显微镜等方法进行检验(见第十章)。与其他法庭科学的检验鉴定一样,检验印刷油墨时,首先要进行无损检验,当无损检验方法无法完成油墨的检验鉴定时,需要采集油墨样本,利用其他现代分析技术进行检验。当前,现代分析技术只需要少量的样本即可完成检验,这对被测文件的破坏很小。[1,2]

有些印刷油墨可以通过更简单的方法进行检验,特别是针对涉密文件和纸币类文件的检验。这些文件上往往会存在潜在的图像,使用的油墨通常对红外线或紫外线格外敏感,在特定的光学条件下可显现。当然,也有一些印刷油墨在不同的激发光照射下会产生不同的光致发光现象。因此,文件检验人员在检验印刷油墨时,首先需要使用光学无损技术进行检验。与其他类型的检验鉴定一样,也需要对同类文件进行比较检验,这一点非常重要。必须将可疑文件与来自同一版印刷的真实文件进行比较。在有些案例中,由于紫外检验的图像缺失,可疑文件被认定为伪造文件,但实际上它是早期打印的真实文件。正如本书其他部分所述,观察只是检验的一部分,正确解释一个事物需要更加专业的知识。水溶性油墨常用于涉密文件的防伪,当用某些化学方法擦除文件上的防伪条目时,水溶性墨水便会被去除。在文件的表面滴水,水会在小部分区域内溶解防伪油墨,但水对假币上的平版印刷非水溶性油墨不起作用。磁性油墨通常用于印刷纸币上的数字,这是为了方便机器准确读取纸币上的数字;假币则更有可能用非磁性油墨。这种差异可以通过使用一种含有细小铁颗粒的装置来检验,这些铁颗粒会对磁性油墨有所反应,而不会和其他油墨反应。[3]

检验印刷油墨成分的目的有两个。第一个目的是确定被怀疑为伪造文件的油墨是否与真实文件的油墨相同。通常情况下,这是不必要的,因为印刷品的外观(宏观或微观)会显示出明显的差异,在其他情况下,两种文件可能使用了不同类型的纸张,这也可以证明了文件是被伪造的。但是,如果平版印刷复制品是由相似纸张上的平版印刷原稿制作而成,那么检验油墨间的差异将非常重要。

对印刷文件上的油墨进行检验的第二个目的是将其与赝品或可疑来源处发

现的油墨进行比较。比较检验油墨可以确定其可能的来源,但不能确定具体的来源,因为油墨种类繁多,不是某一印刷厂独有的。

第四节　识别印刷材料来源

平版印刷方法和印刷过程都需要使用原始文件。找出复制品或复制品的来源是法庭科学文件检验的一个重要方面。

为了制作平版印刷文件的副本,印刷图像由特定的真实文件制成。如果这是所有相同的多个选项中的一个,则不会显示使用了哪一个。但是,如果已经制作了其他标记,例如序列号、书面条目或橡皮戳印模,则这些标记要么必须合并,要么必须在制版的设计阶段移除。如果这些标记被留下,标记的存在将提供明确的证据,证明某一特定文件已被复制。假设该副本仍然存在并且可以比较,原件上的任何文字都不可能与其他文字完全匹配,印文在文件上的位置与其他可能的来源文件也不会完全相同。

如果在制版过程中去除了识别标记,则重叠区域的背景也将被去除。不可能去除所有签名或其他书面条目,尤其是这些内容与印刷的线条或图案交叉的区域。这些擦除痕迹或书写痕迹的位置足以识别出是复制的文件。同样,也可以识别未完全删除的序列号部分。当图像的某些部分以电子方式移除或替换时,检验起来可能会困难得多。

由于纸张上的污渍、缺陷或故意引入的可变特征而产生的意外标记可能会复制到赝品中,这将对识别赝品的来源产生影响。当作为防伪标记加入的随机间隔的彩色纤维与真实文件的其他细节一起被制版时,就会出现上述情况。

在某些情况下,印版可以由多个来源的图像组成。因此,可以打印具有一种原件和另一种原件某些特征拼接在一起的赝品。因此,这两个来源可以追溯到同时拥有这两份文件的嫌疑人,这一点非常重要。

伪造文件可直接与其可疑来源的文件进行比较。复印的签名或印鉴等特征可使用透明胶片与原件比较,透明胶片通过对比投影仪(见第十章)检验或使用可以直接对比高质量文件图像的设备进行检验。

有时可能会发现印刷过程中产生的并可与印刷文件进行比较的印版或其他部件。遇到这种情况,最好是通过对组件上显示的信息进行成像,并将其与原始文件进行比较,例如,通过调整可与原始文件进行比较的图像透明度,印刷文件的缺陷和其他特征可以与原始文件拼接在一起,并且也可以与印刷它们的印版精确拼接。

第五节 办 公 印 刷

到目前为止,在文件上留下印痕的打字机已经讨论过了。在第六章中也讨论了文件中字体、间距、布局和其他特征的识别,这些特征与固定磁头和冲击式打印机(如打字机)有关。随着技术时代的发展,打印设备发生了巨大的变化。如今最常使用的打印机是喷墨打印机和静电印刷机(复印机和激光打印机)。这两类机器与其他类型的打印机将在本章进行讨论。打印机不再依赖影响纸张的物理打印磁头,因此可实现彩色打印,并且打印方式更加灵活多样,可以对文档中的字体、大小和方向进行调整,还可以对图片、照片、图形、文本进行复制与调整。图像是由微小的点组成的,颜色是通过并排打印彩色点来实现的,这些混合的点的组合形成了相应颜色。大多数打印机包含青色、洋红和黄色油墨或碳粉盒的互补色,因此可以形成红色、绿色和蓝色(以及所有其他色调)的颜色(有关颜色的理解,请参阅第七章)。大多数打印机都包含一个单独的黑色墨盒,因为黑色是最流行的打印颜色,而且还经济实惠。虽然混合所有的互补色确实会产生黑色,但对点的配准要求较高,而且会耗费大量油墨,因此通常不用此方法来打印。四色印刷工艺源自商业印刷,与商业印刷一样,使用的颜色越多,色彩的准确性越好。因此,文件检验人员将会遇到一些具有四种以上颜色的高端打印机。

现代打印机打印的内容(包括颜色、布局和总体外观)在广义上都由计算机控制,通过各种设备和使用各种软件程序来完成打印,仅局限于打印机使用的油墨或介质以及机器的规格。打印质量通常以像素大小或每英寸长度内点数(dpi)来衡量。虽然 300 dpi 足以使图像上的单个小点肉眼已不可见,产生完全可以接受的打印质量,但如今行业标准是 600 dpi 或更高,顶级机器是 2 400 dpi。

文件检验人员检验这些机器的要点仍然是这项技术表现出的物理特性。与打字一样,所谓物理表现的目的是为有关情报或调查提供打印机的一些信息,区分是同一台机器上打印的文件还是不同台机器上打印的文件,或确定文件的打印时序。在此过程中,了解打印文件是如何生成的非常重要,如使用不同的软件程序可能会产生哪些差异,使用不同的打印机打印同一文件会有哪些差异。通常,文件检验人员无法确定或了解已使用的打印机或控制打印机的计算机。毫无疑问,这使得检验可疑文件变得更加复杂,取得的成效也更少,但是通过了解打印机制和文件的制作方式,特别是在打印机出现故障的情况下,会有非常重要的发现。这一领域的研究主要局限于对所用材料的检验和分类上,在识别单个打印机的特性方面还有更多的工作要做。

第六节　非击打式印刷

非击打式打印是一个新兴的发展领域。虽然标准的印刷方法都需要通过印版以及对纸张施加一定压力完成印刷,但非击打式要求印版与纸张很少接触或根本不接触。静电打印通过静电电荷的变化将图像从滚筒转移到纸张上,与激光打印类似;其他喷墨打印是在压电驱动装置引导下,在纸张的正确位置上喷墨来完成印刷。

非击打式打印设备还有计算机、计算器、压辊等。曾经,在相同文件中复制相同信息的印刷方法和单独准备的机械印刷材料(如打字)之间存在着明显的区别。现在不再存在这种区别,因为与计算机相结合的相同技术可以充分完成这两种功能。例如,一台传真机,曾经依赖于特殊涂层的热敏纸,现在可能是一台独立的普通纸机,或者与另一台办公机器(如复印机或打印机)组合,使用喷墨或激光打印。从文件检验的角度来看,只有两种常见的制作可疑文件的方法:喷墨打印和静电打印,这些将在以下章节中介绍。激光打印机使用静电打印原理,本部分将对其进行介绍,而对打印件的检验有单独的一节进行介绍。在本章末尾,讨论文件检验人员应该了解的不太常见的或者以前的一些打印技术。

第七节　喷墨打印机

喷墨打印机利用点阵式原理,将墨水输送到矩阵的每个点。喷墨打印机是家用打印机中最常见的打印机器。它们可以进行黑白打印和彩色打印,印刷成本低,印刷速度快,并且可以与电话及大型计算机等许多电子设备连接。事实上,喷墨打印机已在工业上使用多年,喷墨打印的概念起源于19世纪,开尔文勋爵于1867年获得了喷墨打印的第一项专利,该专利技术在20世纪50年代初首次得到广泛开发,西门子于1951年制作并销售了第一批喷墨打印商业设备。[4]喷墨打印机非常适合在包装袋、玻璃、曲面等表面上进行打印,因为打印头本身不需要接触承印物,油墨通过空气从墨盒中喷射出的墨滴进行转移。因此,油墨必须在液滴形成、空气动力学和快速干燥等方面具有非常特殊的特性。因此,油墨是喷墨打印的重要组成部分。

一、油墨输送

今天,大多数喷墨打印机使用两种主要的喷墨方法来输送油墨。热气泡喷墨打印机利用热量产生气泡,进而产生驱动力输送油墨,而压电喷墨打印机利用电动执行器从腔室中泵出油墨,形成液滴。[5,6]

在热气泡喷墨打印机中,打印磁头与墨盒一起更换,对用完的墨盒进行简单检查后,会发现金属板上有一排孔(喷嘴),油墨通过这些孔喷出。转动墨盒的侧面将显示控制喷嘴并且连接到打印机以及最终连接到计算机软件的电极。这种打印磁头中可能出现的故障是喷嘴堵塞,这将在打印过程中产生一条细白线;如果是喷嘴局部堵塞,则可能打印出错误位置的点。[7]后者可能是打印磁头的特征,可以在很多份复印件中表现出来。[8]但是,这种故障只有在喷嘴启动时才会出现,因此很难发现偏差。由打印磁头引起的故障应视为暂时性故障,因为它们可能随着喷嘴堵塞情况而改变(清洁打印磁头可能会打开喷嘴),一旦更换墨水,这些故障将随打印磁头一起丢弃。然而,如果在可疑的文件和已知的样本中都发现类似的缺陷,则它们是非常重要的,因为它们通常很少见。

另一个可能出现的故障是电极脏污。电极不同,其效果也会有所不同,但并非每个电极都控制一个喷嘴。有些故障只会在打印过程中产生线条,例如喷嘴堵塞,但其他故障会产生多条线条。通过用胶带暂时堵塞每个电极,可以在试验机上刻意引入故障,这可能有助于某些检验。同样,如果故障在打印头,则清洁电极或丢弃打印头将消除故障;但是,这些故障有时可能是机器本身的故障,并且会持续存在。这种性质的故障非常罕见,如果观察到,则意义重大。

喷墨打印机使用的另一种喷墨机制是压电技术。在此类打印机中,电流通过晶体来控制压电元件,使其膨胀并喷出墨滴。这种机制更有效且不易发生故障。因此,在这些机器使用寿命内,除了更换储墨罐外,打印磁头一直与打印机在一起。如果出现故障,则会产生与热喷墨类似的故障模式(喷嘴堵塞、电极故障),但这种故障可能是永久性的。同样,这种类型的故障很少见,如果发生,则意义重大。

二、油墨

喷墨打印机最重要的组成部分是油墨。喷墨打印机中使用的油墨非常专业,因为它必须保证以每秒 10 米左右的速度喷射,在飞行中形成一个完美的球体,并在撞击纸张或其他基底时立即干燥。办公室或家中使用的台式喷墨打印机一般使用水性油墨或水、乙二醇、染料和颜料的混合物。如果使用的纸张质量不合格,则墨水可能需要一段时间才能干燥,这会在纸张上形成洇散现象(模糊边缘)。因此,可疑文件和不同打印质量下打印的文件之间的差异并不意味着使用了不同的打印机,有可能是打印纸张的质量不同形成的差异。水性油墨和染料往往用于热喷墨;一般防水防污、高质量的打印机往往使用基于油质颜料的油墨。也有打印机使用平时是固体、塑料油墨,但使用时保持液态的油墨,通过喷嘴发射液滴,与基板接触时固化。在显微镜下,这些油墨会有蜡质的外观。从以上讨论中可以明显看出,油墨对于打印机和机器制造商来说是非常特殊的。虽然在显微镜下检验不同文件时可以看到其中一些差异,但必须找到更可靠的分析油墨的方法。利用第七章中介绍的分析技术,特别是紫外-可见光吸收法和薄层色谱法,可以方便地分析油墨。[9-11] 为了提取油墨及其他材料研究人员还开发了一些专门的技术。[12] 如果能确定油墨之间存在着差异,则这可能是由不同的打印机造成的。如果油墨相同,则意义不大,因为许多打印机使用一样的油墨。喷墨打印机喷出的油墨通常呈彗星状,有一条长尾。[5,13] 在飞行过程中,墨滴的头部和尾部可能分离成不同的液滴,头部成为一个单独的液滴,尾部形成两个或更多的液滴。这些液滴对打印质量产生很大的影响,同时也影响了对打印和复印文件的检验。

墨滴飞溅的外观如图 8.1 所示。墨滴飞溅是打印机和油墨的组合属性,并非在所有打印机中都可以看到。此外,打印磁头沿哪个方向移动受软件控制,并且不管如何移动,墨滴飞溅始终位于打印磁头移动的方向。移动方向和机器打印同一文件的方式不一致可能表明使用了不同的机器或机器/软件组合(见图 8.1)。

打印磁头运动方向

图 8.1　喷墨特征可确定打印磁头的移动方向。喷墨特征主要出现在打印磁头移动方向的打印字符一侧。因此,如果大部分喷墨飞溅物位于字符的右侧,则打印磁头从左向右移动。

三、喷墨打印机的检验

如前所述,喷墨打印机输出的打印文件的外观是由软件控制而不是由打印机控制,并且不同打印机可能有相同的特性,如打印质量和油墨。如果能够排除油墨、打印质量、承印物的差异,那么就可以得出文件打印使用了不同打印机的结论。如果二者存在相似性,那么文件可能是在同一台打印机上打印的,但并不排除在不同打印机上打印的可能性。[13]只有在极少数情况下,才会出现由于打印机故障出现的个性特征,但在这种情况下,还需要检验油墨或打印质量是否相同。[14]喷墨打印机上的许多故障都是暂时的,进行清洁或更换打印磁头都可以排除故障,所以一定要了解产生故障的原因,但仅仅凭借故障是无法认定打印机的。如果此时将可疑文件与机器生成的文件进行比较,只能得出不确定的检验结论,并且也不排除使用一台打印机打印文件的可能性。

偶尔,还会遇到打印机部件故障导致打印的文件产生畸变,通过对打印进行检查就会发现故障原因,这种现象并不常见。[14]

第八节　静电印刷:激光打印和复印

激光打印与静电复印的原理相同,都依赖于感光鼓的充放电。其基本步骤是:先是感光鼓充电,其次是通过激光照射使感光鼓上的非打印区域放电,再次是感光鼓上剩余的打印区域吸附墨粉,接着吸附的墨粉被转移到纸张上,最后一步是将纸张上的墨粉融入纸张表面。

静电印刷中的字符和字体字号由计算机控制,字体是可变的,因此,不能通过字体相同对制作机械作出同一认定。但感光鼓上的故障可以在页面上再现,并形成了相应的斑点,仔细观察可以发现这些痕迹被复制了不止一次,因为感光鼓的周长小于一页纸的长度,它们有规律性地重复出现表明它们起源于感光鼓。[15]

一、复印

复印机与摄影类似,都是复制已经存在的文件。人们采用了许多不同的技术复制文件,最初的复印需要特殊的感光纸,发展至今静电复印成为最广泛的复印方法。其原理是某些带有静电的物质会在光线照射的地方放电,如果光线是打印出来的纸张的聚焦图像,那么只有打印出来的纸张表面的那些部分会保持带电状态,因为它们没有被照亮。表面喷洒了相反的带电粒子,这些粒子被吸引到带电区域,从而打印出图像。

二、静电印刷(静电复印)

静电印刷,也被称为静电复印,它与传统印刷不同之处在于图像不是投射到纸上,而是投射到预先带电的滚筒或传送带上,这些滚筒或传送带经过特殊的涂层处理,被照亮时会放电。带电荷的碳粉在滚筒上形成图像,然后转移到正常未经处理的纸张上并融合到表面。普通纸复印机现在已经取代了那些需要涂布纸的复印机。透明胶片可以代替纸张,这是静电复印技术的另一个优点。全彩复印机用白光扫描文件,通过使用不同的滤镜来进行分色,得到青色、品红、黄色和黑色的打印图像,然后使用各自的彩色墨粉进行显影。

三、激光打印

普通的静电复印利用了激光打印的原理。在复印机中感光鼓上的图像是由被复制文件的投影形成的,在激光打印机中,感光鼓上的图像是由大量的激光脉冲产生的。

感光鼓被分成许多小的正方形网格,激光束依次扫描每一行的每一个网格,每个网格根据激光器的脉冲信号保持带电或放电,而墨粉只被那些带电荷的区域吸附。

一个正方形网格是否接收到脉冲信号是由计算机控制的,计算机可以通过编程形成各种各样的打印材料。打印机并不局限于一种类型的字体,而是可以打印出计算机管理的多种字体。此外,还可以只改变打印材料部分内容,使其余的文本保持不变。

第九节　复印件的检验

复印机和扫描仪现在随处可见,并且越来越多地被用来制作非法文件或伪造文件。检查墨粉和复印件本身如同检验印刷的油墨和印刷材料一样,能为文件检验人员或法庭提供相应的信息。

一、复印墨粉

复印和激光打印形成的文件图像不是由液体油墨在纸上干燥产生的,而是由树脂颗粒在表面融合或挤压产生的,所以与印刷完全不同。复印机使用的是干墨粉,墨粉会在纸张表面堆积形成图像,而不会被吸收。传统的印刷油墨放大观察,其外观不会有太大的变化,但是对于复印文件,不同的墨粉可以通过微观手段来区分。

普通的低倍率显微镜可以检测到熔融或压缩墨粉的形态差异,但使用扫描电子显微镜可以观察到更大的区别。使用大约 1 000 倍或 2 000 倍的放大率,可以检验墨粉表面的结构,并可以观察到不同墨粉之间的区别。

还可以通过进一步的实验来确定墨粉的化学成分。在实验时,可以再次使用扫描电子显微镜来确定元素的组成。有机树脂是所有墨粉的重要组成部分,这一点可以利用热裂解质谱和红外光谱检验。含铁墨粉可以通过它们对磁的敏感性来区分。除了磁化法检验含铁墨粉是无损的,其余检验方法只需要非常少量的材料——不到一平方毫米,检验两种墨粉是否相似可溯源其制造商。通过这些方法和墨粉类型来溯源出一个特定的机器非常困难。墨粉也有可能用于非印刷用途的机器,但这种情况非常少见;大多数墨粉都包装在专门为特定型号的复印机制造的特殊容器中。

历史上,曾经出现液体基墨粉的复印机,形成的图像与平版印刷的外观区别不大,而且沉积物较少,不易检验。还曾使用特殊的涂布纸的复印机,这种纸张表面有氧化锌薄膜,不同的氧化锌薄膜厂家使用不同的配方,但这种复印机已退出市场,被使用普通纸的复印机所取代。当然,对涂布纸无机成分进行分析可以确定纸张的类型,通常也可以确定机器的类型,虽然文件检验人员在今天不太可能遇到这类案件,但如果案件涉及 20 世纪中后期的文件,则有可能出现这种情况。

二、机器特点

除对墨粉分析能检验出复印文件的机器类型,复印文件上的附加标记也能提供额外的信息。附加标记可以分为两类:一类是墨粉成分的标记,可以识别出复印机的制造商和型号;另一类是机器部件标记。

复印机依靠机械装置来输送纸张,机械装置在输送纸张的过程中在复印件上留下特征标记,能反映出复印时所使用机器的型号,这些标记可以是抓手或滚轮造成的凹痕,也可以是墨粉造成的痕迹。如果被复制的页面没有填满所允许的区域,则部分盖板被复制,这样就可以反映出所使用的机器的类型。复印机不能复制出与原件大小完全相同的副本,许多复印件被放大或缩小,大约有 1% 的微小变化,而且不一定在每个维度上都是相同的,这些属性可以显示所使用的机器类型。

三、复印机与复印件

除了可反映机器型号的特征标记外,复印件上还会出现因污损、机器故障等形成标记。如压纸辊上的划痕、灰尘或其他物质,稿件的盖板,原稿台上的玻璃,第一次形成图像的感光鼓上的划痕等均会形成相应的标记。电晕组件发生损坏也会导致墨粉附着到感光鼓上时出现异常,从而形成相应的标记。

压纸辊、盖板或感光鼓形成的标记可以是永久的,也可以是暂时的。永久性的标记因零部件被更换而消失。在每次复制文件时,压纸辊上的标记均会出现;只有当复印对象小于盖板时,盖板才会形成相应的标记;感光鼓形成的标记会有规律地出现,但不是所有复印件的标记都相同,这意味着感光鼓形成的这些标记可以出现在复印件的不同位置,也有可能不出现,主要取决于感光鼓的直径。[16]

充电装置、墨粉装置、纸张运输装置方面的故障表现在纸张上为多余的线条,或在页面上的某些地方复印质量很差,这些特征通常是暂时的,当故障得到修复后这些特征便会消失。

最显著的特征标记是那些由灰尘或部件损坏随机形成的标记。它们在副本上的任何地方都有可能形成斑点或污点，有时会像星云一样，而且这些点很容易识别出来。这些"垃圾标记"可能会产生很长一段时间，斑点的数量还是可变的。因此，尽管两份复印件上的这些标记可能不完全匹配，但通过使用透明照相或比较投影仪很容易地发现有一定数量的点的重叠，这就能证明这两份复印件来自同一台复印机。这种随机性表明偶然匹配是不可能的。

有时还可以判断出文件复印的时序，因为有些特征标记在复印件上表现出渐变的形式。如果在一个文档中出现两次"星云"，也可以确定是在同一台机器上复制的。

复印件上的特征标记并不表示它一定是在复印过程中形成的，也有可能是制作原件的机器形成的特征标记，只是这些特征标记与其他信息一起被复制后形成了现有的复印件。有些复印件会出现来自多台机器的特征标记，这意味着已经复印了一份"原件"副本，但如果使用清洁过的设备可能就没有这些特征标记。检验纸张和墨粉可以帮助确定复制件是否来自不同的设备。一些彩色复印机和彩色激光打印机会在文件上形成一些特殊的隐藏图案，制造商能够根据图案识别出对应的设备。

四、鉴别复印件的来源

复印机复制的文件很容易辨识。手写的笔迹是独一无二的，所以它的复印件不可能有其他来源；打字员利用打字机输出的文件也是独一无二的，因为没有人能以完全相同的方式进行打字；而计算机打印出来的文件不同。然而，许多影印件是由复印件复印形成，而不是原件复印形成，因此，需要找到哪一份是原件的复印件。

解决这个问题的方法既要有逻辑性，也需有一定的常识。在可能的来源之间可以找到差异，找到证据将副本与原始文件联系起来。一份副本上的书写标记与其他任何副本上的书写标记不相同，因此，如果这些标记是复印的，那么包含这些标记的文件就一定是原件。如果这些标记没有显示在副本上，那么可能的原始文件不能因此被排除；这些标记可能是在复印之后另外制作出来的。

除手写笔迹之外，文件上的其他标记也可以被复印。订书钉的孔、皱褶、撕裂、污迹和外来夹杂物都可能被复印。它们的缺失不一定能确定文件的来源，这取决于这些特性首次出现的时间。造纸过程中的缺陷显然比订书钉上的孔或破损更为严重。

　　当用各种复制方法制作一份文件的多个副本时,可以发现各批次的单个副本之间存在微小差异。有些部分可能复制得不完美,可能会留有一些油墨或墨粉的污迹,也有可能同一批次内的"垃圾标记"图案略有不同,这些痕迹可能识别出印刷滚筒上的缺陷。

　　当调查一批副本以确定哪一批副本被复制时,原始文件也必须被视为可能的来源。该文件有可能是第一代副本。复制过程所产生的轻微放大可以用来测量复制的次数,但由于机器的放大程度不同,所以计算时必须谨慎。文件的折叠和折痕也是影响副本大小的一个因素。折痕会缩小文件的尺寸,并混淆了印刷所引起的放大的计算。

　　复印时,可以用纸张或修正液覆盖某些部分,使其变得空白,前者是暂时的,后者是永久的。因为没有原稿上一定会呈现的特征,因此并不排除它被复制的可能性。在某些情况下覆盖物的边缘很明显,但这并不总是如此。

第十节　传　真　机

　　传真机或传真形成的文件可能成为调查和诉讼的对象。由于传真副本是交易的重要组成部分,同时含有时间、日期及传输记录,因此也有可能被质疑。现在,传真可以通过电子方式生成,通过使用喷墨打印机或激光打印机等设备进行打印。基本上,制作传真的过程类似于数码印刷机,使用涂布纸或普通纸将原始文件在距离源文件很远的地方复制。大多数专用传真机可以用作复印机,但由于需要快速地传输数据,因此其打印质量有时不如传统的复印机。

　　在有争议的传真件中有很多问题需要文件检验人员解决。如发送机或接收机的来源是哪儿? 可疑传真件是第一份传真件还是传真件的传真?

　　通常情况下,接收到的传真件的顶部或底部有一行包含发送机的数据,被称为发送终端标识符(TTI)。包含发送者的信息,包括姓名、电话号码、发送的时间和日期等。通过适当的调整可以将这些标识符从机器上移除,但在许多情况下,发送机器的类型可以由字符的数量以及它们的风格和位置来判断。为此需要收集TTI的字体,美国文件检验协会已经为其成员出版了这类图书。将发送终端标识符剪掉,并把另外的信息粘贴在原来的位置可实现替换。这份拼接材料的复印件可能会被误认为是传真原件的复印件。所以用于检验拼接复印材料的方法可以用于检验以上文件。由单个打印区域(称为像素)组成的传真件的特征外观类似于激光打印件,如果替换 TTI,它将具有与传真材料相同的外观,但由于使用了较大的像素,分辨率较低,不像真正的 TTI,它不是由矩阵法产生的,而是在发射终端产生的。

和复印机一样,污物也可以在传真上再现。因为每一行像素都是单独扫描的,所以扫描窗口上的一个片段将被复制为一条垂直线,从 TTI 下方开始,而不是在 TTI 上。这是一个可以通过清理删除的临时特性。

一份传真件是否为第一代的传真,可以通过放大观察单个像素来确定,第一代传真中的直线与第二代副本中的直线单个像素会不同。

第十一节　伪　造　复　印

与传统印刷机不同,复印机操作简单,几乎任何人都能操作。近年来,复印机在日常生活中的使用大幅增加,并且普通纸复印机已经能够生产出高质量的副本,与原始文件没有明显区别。这种媒介的普及意味着复印已毫无疑问地被接受,并且在许多交易中可以取代原件。

这导致了很多复印件是伪造形成的,即一份看似真实文件的复印件,但它实际上是由两个或多个文件拼凑复印形成的,即一些书写或打印的内容被去除后复印而形成的。这种拼凑文件的制作并不难。签名可以从一封信中剪下来加到另一封信上再进行复印形成伪造的复印件。打印出来的文件也可以删除其他部分通过复印只保留标题来使用。也可以用其他打印材料覆盖或替换原有打印内容,完全改变了原有的表达意思,但伪造形成的副本看起来如同原件一样。

通过纸或校正液进行遮挡或覆盖复印时,遮挡纸的边缘在复印件上有时也显示不出来,速干的白色校正液有时也不会被复制。

现在有一些复印机中存在"合并"功能,通过将原始文档扫描到计算机中,然后通过电子方式剪切和粘贴所需的元素到一个新文档中,然后打印出来,不需要采用遮挡复印就可以实现。

通过以上方法可以伪造出一份复印件,但没有任何证据表明它不是一份原始文件的复制品。正因为如此,在没有其他证据证明其真实性的情况下,复印件绝不应被视为交易或协议的真实记录。在某些情况下,由于没有留下任何证据证明它是伪造的,所以也不能说一份复制品不是原始文件的复印件。有时也能找到明确的证据表明它是伪造的,比如纸张边缘的标记没有被消除、文本和标题没有被对齐、添加的内容与其他内容不连贯等。

　　复印件是伪造的证据还有以下方面:签名或附加材料的周围、上面或下面有多余的细线;标题和文本不对应;部分文本的风格或位置与其他文本内容不一致;签名缺失或签名部位有笔画残留;部分文档的背景色有异常(特别是在插入图像的部位)。有时也可能通过复印机产生的双重"垃圾标记"图案来确定该文件是经过两次复印形成的。

　　如果能发现拼接复印的原始文件,那就有明确的证据表明此复印件是伪造的。因为没有两个完全一模一样的签名,因此复印件上的签名如果与一份原件上的签名完全一致,那么此签名一定是来源于这份原件的副本;除以上所述的签名外,如果原件内容与复印件内容有差异,那就说明复印件中表述内容与签名是没有关联的。同样,如果一份原始打字稿的内容与复印件中的内容完全匹配,那就说明此复印件来自它,如果两者部分内容不匹配,那么该复印件就是拼接复印形成的。

　　收到伪造复印件的人不一定能注意到以上这些特征,而有些复印件可能不具备这些特征。有时候文件检验人员就会遇到此类情况,找不到任何证据证明复印件不是真的。没有证据的情况下,尤其是当文字和打字内容几乎能够很好地重合时,很难想象复印件是经过几份原件拼接复印形成的。所以,在没有证据的情况下必须作出这样的假设:不能排除拼接复印形成的可能性。

第十二节　　其他印刷方法

　　除了手写、打字、传统打印、复印外,信息还可以通过其他方式转移到纸上。制作带有签名和其他信息的邮票的工具、制作日期戳的工具、制作连续编号的工具、制作票上价格或时间的工具、玩具印刷套装等,这些都是刑事和民事案件中相关的工具,都可以将信息转移到纸上。此外,还可以采用干转移法将文字和图案转移到纸上;还有印字的胶带——文字被印刷在胶带上,使用时将胶带粘贴在纸上。[3]

一、点阵式打印设备

　　当前办公室流行的打印设备主要是喷墨打印机和静电打印机,而点阵式打印机在某些领域仍然被使用,因为它们便宜又耐用,也是老式技术(打字机)与现代技术之间的桥梁,所以对点阵式打印机及其形成的文件如何检验值得探讨。点阵式打印机打印出的图像不连续,是由一个个点构成的。每个字符都是由一列一列的矩阵组成,类似于微型棋盘。这些区域不是黑白相间的方框,而是按照要打印的字符的形状制成黑色或白色。事实上,这些区域并不是正方形,而是由一系列的点组成。

　　冲击式点阵打印机类似于打字机,使用安装在打印头上的打印针,每次水平移动一个空间。打印时,不同组合的针头打击色带,从而使色料被转移到纸张。比如打印字母"L",开始使用所有的针,然后只使用底部的针,当然这只是一种简化的描述,根据字母的复杂程度和针的数量,可以形成许多不同风格的字母。在热敏点阵打印中,包含点阵的打印头部被压在一种特殊的色带或纸张上,当点阵的一个点被加热时就会形成一个有颜色的点,被冷却时就不会形成有颜色的点。常见的点阵式打印机是 9 针打印机,也有 7 针、12 针和 24 针。

　　点阵式打印机打印的字母的外观取决于矩阵的位置和数量。高质量的点阵式打印机形成的点较清晰而且彼此分离。当使用含有大量圆点的设备时,这些点不太明显,但可以在显微镜下识别出来,特别是在对角线上,圆点更清晰。

　　组成这些点的材料外观显示了它们形成的方式。普通的织物色带适用于针式打印机;而在一些热敏打印机中使用的是热转印色带,色带形成的沉积物与复印机碳粉的外观类似,在纸张表面有凸起。另外一些热敏打印机使用的是热敏纸,纸张受热后变色,热敏纸过度暴露在高温下会使整张纸变黑。

　　在检验点阵式打印机的打印文件时,文件检验人员应思考这样一个问题:这份文件是否由这台机器打印? 单纯根据英文字母的形状可能无法判断,因为字母的形状是由控制软件和打印针的数目决定的。然而,这些机器可能会像打字机一样出现错位,针也可能会永久弯曲,导致打印中出现一致的空白行,或者针松动后导致不一致但反复出现的空白行。针也可能无法工作,导致更宽的白线和不完整的字母。这些特征可能是单个打印机的特征,但在不同的打印机中发生类似故障并呈现类似外观的概率是相当高的,特别是使用多针打印头将会出现以上特征,所以根据以上特征可判断打印工具为点阵式打印机。还有其他点阵式打印机利用点阵上的点产生的电火花来影响金属纸的表面,这类主要用于收银机等,因其纸张特殊而不适用于普通文件的打印。在一个报道过的案例中,机械加法机中的点的错位为案件提供了有力的证据。[3]

另外一种方式是机器书写。装有不同颜色墨水的四支中性笔被安装在装纸的压板前,任意一支笔都可以与纸接触,由机器控制笔的移动并"画"出适当的字符,还可以选择不同的风格和尺寸进行书写。这种书写机器既灵活又价廉,普及率可能会越来越高。如果对机器书写字迹进行显微镜检验,可以观察到连续的线或细长的点。

二、印文

用于转移油墨印痕的印章由金属或橡胶化合物制成,仍然广泛用于需要官方授权或携带日期戳的情况,例如,印章被用在港口货物进出口或偏远边境地区的护照上(已经注销的英国邮局的印章是金属制成的,包含一个可移动的日期部分,每天都更换,但现在这些日期是自动打印的)。这些印章使用比较粗糙的油墨和含有颜料的油基或水基载体。官方印章通常使用的是乙二醇和炭黑的混合物。在某些情况下,确定是否使用了特定的金属或橡皮图章是很有必要的,关于如何确定是否使用某些印章,可以查看在第六章中有关打字机的基础知识的介绍。印章的不同之处体现在印文的大小、字母的风格、文字和图形的相对位置以及线条的质量,尤其是边缘特征。两个印章的图案或许完全相同,但他们的生产工艺可能不同(橡胶印章往往是铸造的,参见下一节),磨损特征和损坏特征可能也不相同。

手工盖印时都会留下质量不一的印痕,这是因为纸张上印文的角度、印章上的墨量以及所施加的压力都会因每次动作不同而有所不同。因此,在比较印文时必须谨慎小心,以确保所有因素都被考虑到。

伪造印文可以通过多种方式实现。可以使用平版印刷方法或通过照相制作凸版的方法,但更常见的是炭黑油墨被蜡纸"粘起",并转印到另一个文件上。转印形成的印文印痕较淡,颜色是灰色而不是黑色,而且在印文表面可以看到一层薄薄的蜡层,通常还会有一定的压痕,这是为了转移施加压力造成的。无论印文如何转移,在显微镜下检查时,通常有足够的证据表明它是伪造的。盖印印文存在可变性,而转印与复印的印文与源印文之间在形态上几乎没有差异,因此可以识别出转印或复印印文的来源。可用比较显微镜进行比较检验,还可以通过复印或照相产生的透明胶片和疑似原件进行重叠检验,检验它们是否重合。此方法也适用于向法庭展示。气相色谱法(见第七章)可以用来确认蜡是否存在于印文表面。

三、橡皮图章

与金属印章一样,由橡胶或类似材料制成的橡皮印章也经常用于文件中,也会成为被检验的对象。橡皮印章与活版印刷有关,都是依赖于从背景凸起的图像。橡皮印章主要有两大类,一类是大规模生产的,另一类是为特殊用途而单独制造的。

由连续的橡胶条制成的日期章都是批量生产的,通常无法与其他相同样式的日期章区分开来。然而,橡皮印章在制造过程中出现的瑕疵及使用过程中出现的损坏会导致印文出现缺陷,这些缺陷能证明某个特定的印章是否与文件上的印文一致。日期印章各个组件的相对位置是可变的,所以以年、月和日的位置有可能不齐,可疑文件上日期印文也会出现无法对齐的现象。

个人或办公室使用的橡胶印章类似于活版印刷的活字,先制作一个可活动的"阳模",它被压入热固性塑料材料中,在其中形成一个凹陷的"阴模",最后在这个凹陷的模型中压出橡皮图章的章面;或者先形成特制凹印模型,再从此模型中提取印面;最后修整承载图像的橡胶垫并安装在章体上做成一个印章。通过这种方式可以制作多个相同的印章,而且只用了一个模具,所以在遇到此类印文时,不能想当然地认为它是由同一枚印章盖印的。带有签名和手印的传真文件也可以采用以上方法制作,因此,在检验时应格外注意。[17]

因此,很难区分由同一模具制成的橡胶印章盖印的印文。但是,在制造或后续使用中,可能会出现一些橡胶印章独有的特性。制章过程中形成的特征有:表面有气泡或不平整、模型缺陷导致个别笔画缺失、章面边缘修剪不齐等,这些特征可以在文件的印文中体现出来,根据这些特征有可能提供相应的线索。同样,印面字母缝隙之间的切割痕迹、磨损痕迹、污垢积累等这些细微特征也能提供一定的线索。所以,根据以上特征可以区分同一模型制成的不同印章。

为了检验一枚印文是否是特定的手持印章盖印形成,必须制作样本印文,然后将两者进行比较检验。通过使用对比显微镜或投影仪、或照相及复印成透明胶片,对两个印文进行比较。因油墨量、盖印力和盖印角度的可变性导致纸张上形成印文有差异;印章在制作和使用过程中形成的缺陷和磨损也会造成印文之间的差异;橡胶印章与油墨一起放置一段时间后会吸收一定的油墨而略微膨胀,也会形成差异。尽管存在以上这些差异,但仍可以根据特征完成检验。

四、印刷模具

还有一种形式的橡皮印章是由单个字母组成的印刷套件,字母被装在配套的模块上,这些印刷的模具大多数被作为玩具或办公用品使用,偶尔被用于刑事犯罪的文件,因此,对涉案文件中的印文有必要确定是否是特定的模具制作出来的。

印刷模具是大批量生产的,所以样式匹配的意义不大。而个性特征的价值较大,比如个别字母的缺陷,但前提是能够找到拼装字母的模块,才能完成同一认定。

这种模块上每个字母的相对位置是由构图的人决定的,变化性很大。即使字符彼此紧挨,字母仍然可能会产生变化。当字与字之间留有空格,或者当有两行或多行盖印时,它们的相对位置是很重要的,因为通过巧合或设计实现相同设置的机会非常小,甚至可以忽略不计。如果印文能够再现模块的边缘,此信息的价值较大。

五、印台油墨

手动盖印印章的储墨垫与印章有时是分离的,有时是集成在一起的。因此,对油墨进行比较检验,有可能找到文件和印章之间的联系。黑色油墨通常由炭黑和合适的悬浮介质制成,一旦在纸上干燥,颜色相同的油墨几乎没有什么区别。黑色油墨和其他颜色的油墨是由溶解在快干溶剂中的染料混合制成的。可以通过第七章中介绍的无损检测和色谱检测方法对油墨进行比较。

有时需要比较橡胶印章字母上残留的油墨。提取油墨必须在下次盖印前完成,不然就会将其污染。如果一套印刷模具的一些字母上有油墨,而其他字母上没有油墨,这就能显示出模具盖印的内容。如果获取了用于相关文件的印刷模具或日期章,则可能仅在文件上盖印的印章所需的字母或数字上有油墨。

六、干式转印法

另一种将字母和其他图案印在纸上的方法是使用干式转印材料,Letraset 或 Blick 等公司出售干式转印材料。由多种颜色的塑料材料制成文字被印在特制的纸张上,将其与目标文件的纸张接触,并用圆珠笔在文字背面施加压力,就能将其转移到目标文件中。

在诈骗和其他犯罪活动中,干式转印法为伪造信笺标题、序列号和金额、索款通知书、匿名信等提供了途径。干式转印可获得的字体种类繁多,并且大多是基于印刷工业中常用的字体,同时也包括一些看起来像手写的字体。对干式转印形成的文件进行检验,有可能识别出制作的材料,还可能确定材料的实际来源。

当利用干式转印法将文字转移到纸上时,文字表面会携带部分黏合剂。用刀片把黏合剂从纸张表面取下来,在显微镜下观察,有独特的结构。因此,根据文字外观区分不同制造商,根据扫描电子显微镜提供的黏合剂的显微结构可以实现进一步区分。具有同样分析功能的仪器也可以用来检验以上材料。

如果能获得转印文字的纸张,可以从两方面进行比较检验。首先,比较缺失的字母与文件中出现的字母是否能够完全匹配。如果纸上缺少的字母与文件上的字母完全匹配,是否同一还取决于使用了纸张上文字的数量,如果数量很大,那么同一的可能性就很小,如果数量较小,那么同一的概率就大。

其次,比较压痕,如果纸上的压痕(用于转移字符的笔形成的压痕)与文档中字符周围的压痕完全匹配,那就说明两者之间是有关系的。有时,转移不完整会导致字母的一部分留在纸上,其余部分被转移到目标文件上,检查这两部分是否匹配。

检验干式转印法转印的文件应小心处理。如果处理不当则会导致有些特征被清除,如潜在的汗液指印。

七、特种打印设备

还有用来打印收据、票据和其他特种文件的打印设备,因为打印设备与打印条目息息相关,所以这些设备及其打印的文件也是文件检验人员研究的对象。在这些比较简单的设备中,很少有证据证明可疑文件是某个特定的设备打印的,只能依据打印的数字风格以及通常存在于机器的色带或垫片中的油墨来判断。

相对复杂的设备反而可以提供打印条目来源的证据。如支票打印机是专门用来在支票上打印金额及其他重要信息的,它可能会出现与打字机类似的故障,使其具有某种个性特征,根据个性特征实现打印材料与打印设备的同一认定。[18]

参考文献

1. Trejos, T., Torrione, P., Corzo, R., Raeva, A., Subedi, K., Williamson, R., Yoo, J., and Almirall, J. Novel forensic tool for the characterization and comparison of printing ink evidence: development and evaluation of a searchable database using data fusion of spectrochemical methods, *Journal Of Forensic Sciences*, 61(3), 715–724, 2016.

2. Donnelly, S., Marrero, J.E., Cornell, T., Fowler, K., and Allison, J. Analysis of pigmented inkjet printer inks and printed documents by laser desorption/mass spectrometry, *Journal of Forensic Sciences*, 55(1), p129–p135, 2010.

3. Welch, J.R. Magnetic aspects of printing: Photocopies and bankcards, *Journal of the Forensic Science Society*, 25, 343, 1985.

4. Doherty, P. Classification of ink jet printers and inks, *Journal ASQDE*, 1(2), 88–106, 1998.

5. Day, S.P. and Shufflebottom, L. *Evidential Value from Ink-Jet Printers*, EAFS, Krakow, Poland, 2000.

6. Badie, R. and Frits de Lange, D. Mechanism of Drop Constriction in a drop-on demand Inkjet System, *Proceedings of the Royal Society*, 453, 2573–2581, 1997.

7. Lorenze, R.V. and Kuhman, D.E. Correlation of misdirected satellite drops and resultant print quality defects with nozzle face geometries in thermal ink jet printers, *Journal of Imaging and Science Technology*, 39, 489–494, 1995.

8. Akao, Y., Kobayashi, K., and Seki, Y. Examination of spur marks found on inkjet-printed documents, *Journal of Forensic Sciences*, 50, 915–923, 2005.

9. Poon, N.L., Ho, S.S., and Li, C.K. Differentiation of coloured inks of inkjet printer cartridges by thin layer chromatography and high performance liquid chromatography, *Science and Justice*, 45, 135–139, 2005.

10. Szafarskaa, M., Wietecha-Posłusznya, R., Woźniak iewicza, M., and Kościelniaka, P. Application of capillary electrophoresis to examination of color inkjet printing inks for forensic purposes, *Forensic Science International*, 212, 78–85, 2011.

11. Gál, L., Oravec, M., Gemeiner, P., and Čeppan, M. Principal component analysis for the forensic discrimination of black inkjet inks based on the Vis-NIR fibre optics reflection spectra, *Forensic Science International*, 257, 285–292, 2015.

12. Braz, A., López-López, M., Montalvo, G., and Ruiz, C. Forensic discrimination of inkjet-printed lines by Raman spectroscopy and surface-enhanced Raman spectroscopy, *Australian Journal of Forensic Sciences*, 47(4), 411–420, 2015.

13. Berger, C.E.H., de Koeijer, J.A., Glas, W., and Madhuizen, H.T. Linking inkjet printing to a common digital source document, *Journal of the American Society of Questioned Document Examiners*, 8(2), 91–94, 2005.

14. Szafarska, M., Solarz, A., Wietecha-Posłuszny, R., Woźniakiewicz, M., and Kościelniak, P. Extraction of colour inkjet printing inks from printouts for forensic purpose, *Acta Chimica Slovenica*, 57(4), 963–971, 2010.

15. Parker, J.L. An instance of inkjet printer identification, *Journal of the American Society of*

Questioned Document Examiners, 5, 5, 2002.

16. Arbouine, M.W. and Day, S.P. The use of drum defects to link laser-printed documents to individual laser printers, *Journal of the Forensic Science Society*, 34, 99, 1994.

17. Casey, M.A. The individuality of rubber stamps, *Forensic Science International*, 12, 137, 1978.

18. Vastrick, T.W. and Smith, E.J. Checkwriter identification—individuality, *Journal of Forensic Sciences*, 27, 161, 1982.

拓展阅读

Allen, M.J. Dot-matrix printers, *Forensic Science International*, 38, 283, 1987.

Anthony, A. T. Examination of magnetic ink character recognition impressions, *Journal of Forensic Sciences*, 29, 303, 1984.

Carney, B.B. Fraudulent transposition of original signatures by office machine copiers, *Journal of Forensic Sciences*, 29, 129, 1984.

CaseyOwens, M. A look into facsimile transmission, *Journal of Forensic Sciences*, 35, 112, 1990.

Crane, A. Identification of ridge and groove cheque protectors by platen ridge defects, *Canadian Society of Forensic Science Journal*, 20, 13, 1987.

Gerhart, F.J. Identification of photocopiers from fusing roller defects, *Journal of Forensic Sciences*, 37, 130, 1992.

Gernandt, M.N. Document image transmission by telecommunication, *Journal of Forensic Sciences*, 35, 975, 1990.

Gilmour, C.L. A comparison of laser printed and photocopied documents. Can they be distinguished? *Canadian Society of Forensic Science Journal*, 27, 245, 1994.

Gilmour, C.L. and Purdy, D.C. Colour printer operating systems and their identifying characteristics, *Journal of the Forensic Science Society*, 29, 103, 1989.

Harris, J. and MacDougall, D. Characteristics and dating of correction fluids on questioned documents using FTIR, *Canadian Society of Forensic Science Journal*, 22, 349, 1989.

Herberton, G. *Rubber Stamp Examination. A Guide for Forensic Document Examiners*, WideLine Publishing, Colorado Springs, CO, 1997.

Hilton, O. Detecting fraudulent photocopies, *Forensic Science International*, 13, 117, 1979.

Holland, N.W. Photocopy classification and identification, *Journal of the Forensic Science Society*, 24, 23, 1984.

James, E.L. The classification of office copy machines from physical characteristics, *Journal of Forensic Sciences*, 32, 1293, 1987.

Keenlyside, J.J. The use of coloured lycopodium to link dry-transfer lettering to its carrier sheet, *Journal of the Forensic Science Society*, 31, 477, 1991.

Kelly, J.D. and Haville, P. Procedure for the characterisation of zinc oxide photocopy papers, *Journal of Forensic Sciences*, 25, 118, 1980.

Kelly, J.S. Facsimile documents: Feasibility for comparison purposes, *Journal of Forensic Sciences*, 37, 1600, 1992.

Kemp, G.S. and Totty, R.N. The differentiation of toners used in photocopy processes by infrared spectroscopy, *Forensic Science International*, 22, 75, 1983.

La Porte, G.M. Modern approaches to the forensic analysis of inkjet printing—Physical and chemical examinations, *Journal of the American Society of Questioned Document Examiners*, 7, 22, 2004.

Lennard, C.J. and Mazzella, W.D. A simple combined technique for the analysis of toner and adhesives, *Journal of the Forensic Science Society*, 31, 365, 1991.

Leslie, A.G. and Stimpson, T.A. Identification of printout devices, *Forensic Science International*, 19, 11, 1982.

Löfgren, J. and Andrasko, J. HPLC analysis of printing inks, *Journal of Forensic Sciences*, 38, 1151, 1993.

Mason, J.J. and Grose, W.P. The individuality of toolmarks produced by a label marker used to write extortion notes, *Journal of Forensic Sciences*, 32, 137, 1987.

Mazzella, W.D., Lennard, C.J., and Margot, P.A. Classification and identification of photocopy toners by diffuse reflectance infrared Fourier transform spectroscopy, *Journal of Forensic Sciences*, 36, 449, 820, 1991.

Mazzella, W.D., Roux, C., and Lennard, C.J. The computer-assisted identification of colour photocopiers, *Science and Justice*, 35, 117, 1995.

Misracht, N., Aizenshtat, Z., Levy, S., and Elkayam, R. Classification and identification of color photocopies by FTIR, *Journal of Forensic Sciences*, 43, 353, 1998.

Moon, H.W. Identification of wrinkled and charred counterfeit currency offset printing plate by infrared examination, *Journal of Forensic Sciences*, 29, 644, 1984.

Moore, D.S. The identification of an office machine copy of a printed copy of a photographic copy of an original sales receipt, *Journal of Forensic Sciences*, 27, 169, 1982.

Morton, S.E. Counterfeits: Three groups, one source, *Journal of Forensic Sciences*, 29, 310, 1984.

Munson, T.O. The classification of photocopies by pyrolysis gas chromatography—Mass spectrometry, *Journal of Forensic Sciences*, 34, 352, 1989.

Osborn, J.P. Fraudulent photocopy of a promissory note, *Journal of Forensic Sciences*, 32, 282, 1987.

Shriver, F.C. and Nelson, L.K. Nondestructive differentiation of full colour copiers, *Journal of Forensic Sciences*, 36, 145, 1991.

Summers, G.G. and Lavell, H.H. Security in instant lottery tickets, *Journal of the Forensic Science Society*, 27, 261, 1987.

Tandon, G., Jasuja, O.P., and Sehgal, V.N. Thin-layer chromatography analysis of photocopy toners, *Forensic Science International*, 73, 149, 1995.

Totty, R.N. Analysis and differentiation of photocopy toners, *Forensic Science Review*, 2, 1, 1990.

Totty, R.N. and Baxendale, D. Defect marks and the identification of photocopy machines, *Journal of the Forensic Science Society*, 21, 23, 1981.

Totty, R.N., Dubery, J.M., Evett, I.W., and Renshaw, I.D. X-ray microprobe analysis of coated papers used in photocopy processes, *Forensic Science International*, 13, 31, 1979.

Totty, R.N. and Rimmer, P.A. Establishing the date of manufacture of a sheet of photocopy paper—A case example, *Journal of the Forensic Science Society*, 27, 81, 1987.

Welch, J.R. The linking of a counterfeit document to individual sheets of dry-transfer lettering through the transfer of fluorescent glue, *Journal of the Forensic Science Society*, 26, 253, 1986.

Williams, R.L. Analysis of photocopying toners by infrared spectroscopy, *Forensic Science International*, 22, 85, 1983.

Zimmerman, J., Mooney, D., and Kimmett, M.J. Preliminary examination of machine copier toners by infrared spectrophotometry and pyrolysis gas chromatography, *Journal of Forensic Sciences*, 31, 489, 1986.

第九章

附属痕迹及其他科学检验方法

引 言

在其他章节中,讨论了钢笔及其他书写工具、打字机和打印过程所产生的痕迹。这些痕迹提供了文件所载的资料内容和文件存在的理由。本章涵盖了凹痕、指纹、损坏特征和其他与文件的预期目的无关但能显示文件历史的特征痕迹。此外,还讨论了文件检验人员所关心的其他问题,这些问题在其他地方没有加以讨论。主要包括护照的检验、怀疑被打开和重新密封的信封的检验,以及DNA 序列的检验。

第一节 压 痕

当压在另一张纸上写字时,会在下面的纸上留下压痕。最明显的部位是当在首页书写时,压痕出现在下一页,但也有许多其他情况下,书写痕迹会出现在底层页面。

压痕的发现具有重大意义。写在一叠信纸上的信可能会以写信人的地址开始,而这封信的书写印痕会留在下面的纸上。如果这一页后来被用来写匿名信或通知书,那么这些压痕能够表明其来源。同样,如果一张纸上的压痕与另一张纸上的压痕相同,那么这两张纸就可以被联系起来。在便笺簿上发现缴款单的印痕,从而提供其来源的证据。

从压痕中还可获得其他信息。从日记或地址簿上撕下书页的后一页可以看到被撕走页上书写的内容;有时通过压痕可以重现被移除条目的内容,提供了犯罪的证据;通过压痕还可以确定在不同页上的书写次序,也许能表明所有页的书写次序都不正确;有时通过页面上压痕的对齐与否,还能表明文档的不同部分是不是在同一时间制作的。

压痕检验

一、侧光

通常可以清楚地看到页面由书写而形成的压痕,长期以来,检验它们的唯一技术手段是增强它们的可见性。尽管提出了许多改进建议,但通过使用侧光照明,肉眼观察,能够获得最佳结果。用低角度点光源照明使凹陷处产生阴影并使肉眼可见。在大多数情况下,有些压痕太浅以至于无法清晰地识别,因此需要足够的耐心。采用移动光源,改变入射角,使压痕的不同部位显示得更清楚。在最佳的光照条件下通过照相的方法记录压痕,但由于光照条件的所有变化不能在一次曝光中出现,因此单一的图像将无法再现所有可以通过实际检验观察到的情况。在侧光照明条件下观察压痕的一个特殊现象是,图像中的压痕有时是凸起的。这其实是一种视错觉,但会使法庭上的外行感到困惑,但只要将图像旋转180°,即可消除这种视错觉。

二、阴影

其他增强压痕可见的方法并不是很好用,有些方法的缺点是会损坏文件。其中一种方法是用软铅笔轻擦压痕表面,这样只有凹陷处不会被涂黑,压痕周围的区域会显示出来。这对于较深的压痕是相当有利的,在任何情况下,侧光都可以显示,但无法探测到浅层压痕。这种方法可能会降低其他方法的效果,因此不应使用。

三、静电检验

另一种完全不同的方法是静电检测法,它不依赖于肉眼观察,也不会损坏文件。留在纸上的压痕会影响其介电性能,所以施加到表面的电荷会产生电位差,压痕所在的位置与周围区域的电位差不同。为什么会出现这种情况尚不清楚,但这种现象对文件检验人员来说具有相当大的价值,可以使用为此专门设计的设备来检验压痕。

由 Foster 和 Frimon 有限公司(EvsHAM,伍斯特郡,英国)制造的静电检测装置(ESDA)包括一个从下方用真空泵抽出空气的多孔扁平黄铜床、卷筒式薄透明塑料薄膜和一个可以被充电到大约 8 000 伏的供电细丝。使用此仪器时，将文件放在黄铜床上，盖上塑料薄膜，然后进行真空处理，这使得薄膜和薄膜下面的文件被紧紧地吸在黄铜床上。然后通过电晕放电单元在薄膜表面上方施加电荷，这将在薄膜上产生静电荷，其电位取决于紧挨着它的纸张的介电特性，由于压痕不同，导致成像薄膜上与压痕相对应的位置的电压不同。

　　然后，通过不同的方法将碳粉施加到薄膜的表面来检测压痕位置之间的电位差。原始设备中包括一个泵，该泵通过喷嘴迫使碳粉从储液器中流出，并与固定在塑料罩中的成像胶片表面带相反的极性电荷。塑料罩被放置在平板上，以便覆盖文件和胶片。当泵接通时，碳粉被带相反电荷的压痕区域吸附。另外一种使用碳粉的方法是将由碳粉和玻璃珠组成的显影剂倒在表面上。使显影剂混合物覆盖倾斜的黄铜床上整个文件，压痕位置吸附的墨粉相对较多（见图 9.1）。最近一些公司上还开发了其他使用粉末的方法，但基本原理相同。

图 9.1　福斯特弗里曼公司生产的静电压痕检测仪（ESDA）

　　静电检验的方法使黑色碳粉黏附在胶片表面的压痕上。大多数压痕将以黑色或灰色的图像出现，与表面其他部分的浅灰色形成对比。这使得大部分压痕可以被清楚地识别出来，而其他压痕则可以根据图像和背景之间的对比也能被轻松地识别。一般来说，压痕越深，图像就越黑，但非常深的压痕通常会在灰色背景下呈现白色。静电法灵敏度高，可用于检验微弱不可见的压痕（见图 9.2 和图 9.3）。

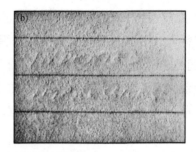

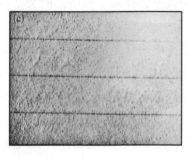

图 **9.2** 三张纸均在另一张纸的下面,上面写着"INDENT IMPRESSIONS",这三张照片是用侧光拍摄的。(a)页紧接在第一张纸的下方,(b)和(c)页分别在第二和第三张纸的下方。

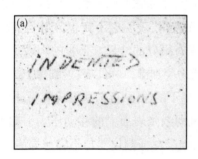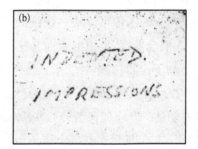

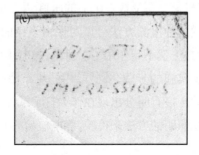

图 **9.3** ESDA 对同一张纸的检查结果(见图 9.2)。请注意,三张纸上的压痕都很容易读出。相比之下,侧光只能探测到前两页笔迹的压痕。

在成像胶片上产生的图像可以通过在表面覆盖一层黏性透明塑料来保存，这种塑料可以用作书籍和其他文件的保护罩。胶卷和胶卷上的图像一起被提取，它们是透明的，可以对其进行修剪，形成一份永久记录压痕的文件。虽然图像在设备上时可以读取很多信息，但在成像膜和黏合塑料的合成层上可以看到更多信息，也可以作为日后诉讼的证据。透明胶粘塑料背板通常放置在层压板后面，以便于观察细节。

这种方法还可以用来覆盖被怀疑造成痕迹的文字，如果文字的来源是确定的，那么与压痕就会有完全一致。痕迹的相对一致性也可以与文字的相对一致性进行类似的检验。如果压痕图像足够清晰，可以将其与嫌疑人的笔迹进行比较。在一个案例中，一封威胁信中的笔迹与嫌疑人的笔迹不匹配，但在信中发现的一些压痕与之匹配。原来真实情况是嫌疑人在前一页纸上写了一份草稿，供同谋抄写。静电法虽然非常灵敏，但在某些情况下并不适用。如一行文字，虽然在纸上有明显的压痕，但不会像其他压痕那样，通常会以相反的方式出现，就像灰色背景上的白线，这其实是一个好的表现，但因为它是在存有压痕的纸上书写的，所以可能会让人混淆，并使痕迹在很大程度上难以辨认。事实上，当发现两页或更多页的压痕时，有时会出现一些问题，比如它们的重叠会导致读取困难。

静电产生的图像可以从一张纸的两面获得，表明它不仅仅能够检测凹陷痕迹，有时人们会发现，页面的背面会比正面有更好的结果。干燥的环境条件或文件似乎不利于检测，如果对纸张、墨粉珠或房间加湿，则可以改善图像。虽然并不清楚这种技术在某些条件下不如在其他条件下的原因，但某些发现表明，检测到的结果很可能是由于施加在与另一张纸接触的纸张表面上的移动压力引起的。例如，一支用尽的圆珠笔会在纸上留下压痕，但静电探测仪器却不容易探测到它们；此外，也不会检测到在塑料上书写形成在纸上的压痕，虽然在纸上留下压痕是塑料与纸接触而产生的。虽然这种检测方法可以对保留多年的文件起作用，但是一旦文件被溶剂浸泡过，这种方法就不起作用了。所以，静电压痕检测过程必须是对指纹进行化学处理之前就要实施的步骤。同样，用一块布擦拭纸的表面也会影响该方法检测效果。打字机的压痕有时会出现在作为打字纸和压板之间做衬底的文件上。这些压痕最好用侧光照明的方法来检验，静电检验的方法对此效果一般。

四、二次压痕

当一张背面有文字压痕的纸放在另一张上时，其他纸张就会对其施加的压力在下一张纸上产生压痕,例如,凸浮雕可以在下面的页面上产生压痕,并且这个压痕可以由 ESDA 检测到。两张纸之间需要一些位移,这样纸与纸的接触就会在压痕位置的表面产生磨损。然后,ESDA 会检测出那些看似在书写时留下的压痕,但其实是由上一页已经存在的深压痕造成的,这些被称为二次压痕。

一般来说,二次压痕是模糊的、发散的、不清楚的,但可以精确地与原始的文字对齐。在书写过程中,如果纸张顶部和底部的页面改变了相对位置,初次压痕可能不会那么紧密地对齐。由于压印页与压印页之间的移动受到限制,二次压痕有时在一个方向上显示较大的宽度。然而到底是几张纸产生出的二次压痕和初次压痕,这一点很难识别。

同样,在压力和移动条件下,静电检验下面紧邻的纸张,可以检测到纸张的物理状态、边缘以及褶皱或撕裂特征。

五、文件上的指印和 DNA

除了压痕,静电检验仪还会显示纸张上的其他痕迹。如果指印是新鲜指印,就可以利用静电检验仪显现,但随着指印逐渐变干,它们在纸上的介电性能不再产生任何差异。由灰尘、水分或压力转移引起的鞋印也可以通过该技术检验。

本节的目的不是介绍指印的比对,但众所周知,一个足够清晰和足够大的标记可以通过它来进行溯源,如特定人的手指或手掌。然而,需要注意的是,在纸上找到了指印,能够明确的是有人触碰过这张纸。

显现提取文件上的指印有许多方法,有些方法是破坏性的,会导致文件中的一些证据丢失,而另一些方法则是无损的。在利用 ESDA 之前,可以在不破坏信息的情况下对文件进行光学提取,但光学检验之后可以应用粉末刷显法和化学法显现提取指印。在纸张边缘或不太可能包含指印的部分(例如文件顶部)需要小心处理,因为有可能生成无关指印。检验时可能会考虑先进行指印提取还是文件检验,但最好是先从文件中获取有用信息。如果涉及指印提取和文件检验,需要两个方向的专家互相合作。

同样,调查人员可能希望文件上能找到 DNA。通常是接触或处理文件时留下的"触摸"细胞中的 DNA 物质,当然也可能是舔舐信封或粘贴邮票所留下的唾液(现在不太常见)。从纸上提取 DNA 主要是用潮湿的棉签擦拭纸张表面,但如果有明显的指印,应该优先提取 DNA,因为 ESDA 机器很可能会污染

DNA。虽然用湿润的棉签擦拭纸张表面可能会损坏压痕(尽管纸不一定会明显变湿),但通常会从最有可能保证纸张无损的区域(例如文件的下角)擦拭。这些区域不太可能包含压痕,因此,通过专家和研究人员之间的讨论,两种检验都可以完成。

第二节　损坏文件检验

一、折痕

有时候需要折叠纸张才能将其放入信封中。虽然这种轻微的损坏在大多数文件检验中没有多大意义,但有时可以从中获得有价值的证据。在显微镜下观察笔在折痕处移动的效果,通常是明显的。将一张纸折叠,会破坏折叠部位的表面,并暴露出具有不同吸收性的纤维。当笔经过受损区域时,纤维会吸附更多墨水。这一点因折痕造成的隆起而更加突出,折痕比没有折痕的平整纸对笔的阻力更大。在交叉点有多余墨水与线条,与其余未被折叠的均匀涂层部分形成鲜明对比。当在书写之后进行折叠时,虽然没有多余的墨迹产生,但会导致折叠处表面断裂,外观会发生一些变化,也会表现出不同的效果。因此,可以根据书写的顺序来判断折叠是在书写之前还是之后形成的。虽然确定折痕与书写的时序很重要,但更重要的是能够确定两部分内容的相对书写时间(每一部分内容都穿过同一折痕)。

其他形式记录的信息,如打字机打的字、铅笔写的字和橡皮印章盖印的图案等,在折痕处也会有不同的表现效果,也可以用来判断它们的制作顺序。两份打字稿可能使用同一张复写纸制作,虽然每份打字稿中包含的信息不同,根据其上的打字内容无法证明两份打字稿有着共同来源,但是根据复写纸上的折痕可以证明它们的来源相同。如果这张复写纸在以前被折叠过,打字机对复写纸施加的压力导致折皱在两份打字稿上都出现了相同的折痕。这种检验虽然不是文件检验的常规方法,但偶尔出现的异常现象往往具有一定的意义。

二、订书钉和回形针痕迹

订书钉通常是为了将一捆文件钉在一起,且它们在犯罪侦查或文件检验人员眼里几乎没有意义。然而,有时知道两个或多个文档是否被钉在一起,或者它们被分开了多少次,这对于案件侦破来说非常重要。

常用的短钉由软金属制成,形状像一个长方形,一侧缺失。当订书机将其压入纸张时,其平行面弯曲成圆形,形成两个孔,或者,如果插入力较大,则在弯曲端会再次穿透纸张在两个钉孔之间再形成两个标记。有时候可以小心地取下订书钉并更换它,而不会留下痕迹,但有时候,订书钉会产生变形,因此会显示其有可能被更换了。

插入订书钉时,预先所选位置将在一定范围内有所变化。虽然许多文档通常在右上角或左上角附近装订,但在手动装订的文档中,装订的确切位置和角度会有很大的变化。这意味着,一旦订书钉被取下,它留下的两个(或四个)孔相对于纸张边缘的位置将与另一捆纸张的位置不同,除非是有极不可能的巧合。如果文档被分开并重新装订,将留下更多的孔洞,孔洞位置恰好匹配的可能性会更小。因此,订书钉在证明两份或多份文件到底是一次或多次被装订在一起具有很重要的意义。在检验装订标记时,必须考虑到这样一个事实,即纸张页面的移动会导致订书孔扩大。如果两份文件都有类似更大的孔洞,这本身就可以提供额外的证据,证明这两份文件具有一定的关联性。在其他情况下,文件被撕掉,在两个孔洞之间可能留下了一道裂缝。对装订标记的检验可以显示复印件是否来自某一特定的装订本。订书钉或其标记通常会显示在文件副本上,或者如果装订本没有分开,则翻转的痕迹会很明显。文件复制的时间也可以通过复制件上是否有订书钉或孔来确定。

如某个案例,一名妇女遭到袭击,手提包被偷,这个案例可以显示非常规的检验在文件检验中的价值。这名妇女的雇主习惯将所有钞票钉在工资包上,方便在取下钉子前检查数目。在嫌疑人身上发现的一张英镑钞票上有一对订书钉孔,与该女子工资包上的孔完全吻合。与其他的工资包的比较表明,该订书钉的位置与其他工资包上订书钉孔有相当大的差异,因此同一认定性较好。

回形针留下的痕迹会比订书钉留下的痕迹更不明显,但仍然可以在纸上发现轻微的痕迹,也可以提供将两份文件关联起来的证据。虽然回形针放置位置的变化较小,但巧合发生精确匹配的可能性仍然很低。

有了回形针和订书针标记的证据,在调查或实验开始后使用其他订书钉和回形针可能会出现无关的痕迹,会造成混淆,所以最好避免损坏正在调查的任何文件。可以使用标签纸标记文档,但是还需要考虑粘贴在文件上的标签也可能破坏一些重要的证据。

三、故意损坏

文件上的标记以及上述标记可以表明文件损坏的方式,但有时为了避免其包含的信息被发现,文件会被故意损坏或销毁。当然,文件也会发生意外损坏。

文件检验人员的职责之一是发现此类案件中文件丢失的内容。如果文件某一页已被完全破坏或丢失,唯一的方法是检验位于被损坏页面底层或相邻的页面,以期找到压痕或其他标记。例如,文件被炭化或浸湿而完全改变外观的情况下,可能会显现在损坏发生之前记载的内容。

(一)烧毁文件

如果一张纸完全燃烧,所有的有机物质都会被破坏,只剩下无机灰烬,其外观取决于纸张化学成分,而化学成分又取决于纸张中的填充剂及纸上的油墨成分。如果灰烬中的油墨来自印刷,而不是书写或打字,则更容易被看到,因为印刷油墨中无机化合物的比例要高得多。

对于烧成灰烬的文件,我们几乎无能为力,因为它们几乎会立即破碎。然而,有一种方法可用于确定未完全燃烧或烧焦的纸张上存在的物质,即对发现的文件进行进一步烧焦,直到其完全由灰烬组成。[1]

更常见的情况是,文件在未完全烧焦的情况下进行检验,虽然此时纸张易碎,但仍可以小心地移动。在这种情况下,根据纸张和墨水的成分,书写、打字或印刷在许多方面与背景形成差异,从而可以观察记载的内容。有许多方法用来提高油墨和纸张之间的对比度,但大多数方法都不会提高清晰度,甚至会使其变得更糟,还可能损坏或分解烧焦的碎片。然而,可以在红外光下进行检验或成像,而且不会损坏文件。这可能让人匪夷所思,因为碳吸收红外线和其他波长的光,而烧焦的黑色碎片中又含有大量的碳。在实践中,的确可以改善对比度,这可能是因为油墨吸收红外辐射,而烧焦的黑色纸张,一部分转化为树脂材料,并没有完全降解为碳。

无论数码照相是否能增强文字或印刷文字与背景之间的对比度,它在记录可见内容方面都具有重要价值。烧焦的文件很容易分解,所以制作永久记录很重要。

烧焦的纸张可以通过将塑料材料溶液滴在其上来进行保存,这样当溶剂蒸发时,塑料材料就会被吸收,从而得到永久的固化,但这也会导致纸上所包含的信息变得不是那么清晰。

（二）浸泡文件

在身份不明的尸体上发现被水浸泡过的处于腐烂状态的文件，或者在嫌疑人的嘴里（试图通过食用来破坏）找到的文件，以上文件在水的影响下，纸张要么黏附在一起，要么使单独的页面变得杂乱无章，水的渗透也可能导致文件上的墨水发生洇散。

为了确定以上浸泡文件上记载的内容，有必要将纸张分开。仔细撬开干燥的文件块可能会成功（收到的文件块通常是干燥的），或者可以先将其润湿，然后再分离和拉直。一般来说，与完全干燥的文档相比，文档在潮湿的情况下更容易分离，也不太可能损坏文档。在红外或可见光下进行检验，可以从残留的不溶性痕迹中识别记录的内容。

据报道，冷冻干燥法能够处理浸泡文件。将干燥的文件块先浸泡在水中，再放入冷冻干燥机的干燥室内，干燥机会将水去除并分解将纸张固定在一起的物质，从而使纸张易于分离。

（三）破碎文件

犯罪嫌疑人可以尝试通过切碎的方式来销毁文档。如果碎纸机是纵向切割的，那么将碎纸拼合在一起从而恢复证据是一个相对简单的过程。根据碎片的大小和回收的材料量，检验耗时也不同。当从垃圾箱或碎纸机收集碎纸时，研究人员应将碎纸保存在发现时的状态，因为同一文件中的碎纸很可能在同一层中发现。现代的安全设备通常会交叉撕碎文件，这导致文件碎片变小，完整文件的恢复也变得极其困难。

可以根据纸张的颜色或类型对碎片进行初步分类。通过使用紫外光查看碎片，可以对白纸进行分类。在分类时，可以丢弃空白或接近空白的碎片。一旦完成了最初的分类，那么只需将纸片放在半黏性的黏合表面上，然后四处移动，直到找到匹配的纸片即可。拼合完的文件可以将其贴在低黏性纸或粘贴在透明胶片上来保存。如果需要进行其他检验，如 DNA 或指印，则最好先进行这些检验，因为检验碎纸文件需要处理碎纸。有人试图通过电子方式将文档拼凑在一起，从而避免过度处理，但这仍然是一项非常耗时的方法。

四、擦除与涂抹掩盖

第七章讨论了擦除和掩盖的方法，以及通过检验墨水和墨水痕迹来识别它们。在化学或机械擦除过程中，纸张表面会受到影响，证明发生了擦除和掩盖事实通常很重要。在文件中发现其他意外或故意留下的痕迹或污点，在调查中具有一定的重要性。

消除字迹时，涂在文件表面的液体会在一定范围内留下痕迹。痕迹在正常光线下可能不可见，但在紫外或红外条件下会显示出来。完全浸入溶剂的文件可能不会显示这种效果，但纸张可能会有不规则的起皱现象。这种情况可以对漂白剂中的氯离子进行检验，但通常没有必要。当某些防伪文件被修改时，溶剂的影响也会被发现；这些纸有时含有特殊材料，在用液体处理时会弄脏纸张。打印文件中的防伪背景也会对此处理产生反应。

一些防伪文件的用纸会对机械作用产生染色反应，但大多数经过修改的文件不会这种反应。使用侧光照明可以检验可能发生擦除的区域，这主要是由于侧光照明可以显示纸张表面涂层破裂而产生的松散纤维，以及磨损表面的粗糙度。X 射线或 β 射线（通常用于检验有水印的文档）也能用于检测出纸张和墨水被清除的区域。

用铅笔或可擦除圆珠笔书写的文字可以用橡皮去除，而不会损坏纸张表面。橡皮的作用力会在纸张表面留下橡胶或其他材料的痕迹，这些痕迹虽然很难看见，但可以通过特殊染色的石松粉检验。石松粉是由非常小的孢子组成，这些有颜色的孢子使它们清晰可见。将粉末放置在已擦除的纸张上时，粉末会黏附在擦除区域的表面，轻轻摇动或轻敲文件会导致未黏附在表面上的粉末脱落，而黏附在表面上的粉末被保留下来，从而显示出使用橡皮擦过的区域。这种技术可能会揭示文件表面留下的其他痕迹，而不仅仅是擦除痕迹，而且粉末可以刷掉，使文档不受影响。[2~4]

五、拆封的信件

在检验可疑文件时遇到的一个特殊问题是确定信封是否被打开并重新密封。这种检验有很多原因。比如，信件的收件人可能会声称在打开信件时，钱或一些有价值的文件不在信封里面，而这个文件打开前是处于密封状态的，或者可能打开了一个密封的包，其中包含了需要做酒精检测的血液样本，以替换分析前的血液。几乎每个文件检验人员都会收到一个打开的信封，让其检验是否有证据表明之前就被打开并重新密封。有时，信封首次密封时采取的安全措施使检验变得比较容易，这些安全措施可能包括使用蜡封或胶带，或者在封口处做标记。

　　为了再次密封信封而打开信封的方法可能是：用水或蒸汽弄湿胶水后，轻轻地将其中一个封口撕开，或者沿着一个边缘划出一个规则的切口。要密封已经打开的信封，可以尝试使用原胶水，或者使用其他黏合剂。对于切边信封，在切边的内侧添加一条非常细的胶水线使其黏合。在有些案例中，在密封之前，可能会在另一边进行了一次失败的尝试，对此类现象需要进行重点检验，首先是使用无损检验方法，然后再用有损检验方法。

　　当用水或蒸汽湿润信封盖，其表面会起皱，而把它从信封主体上撕下来的过程可能会导致封口被撕破。因此，需要进行初步检验，以确定信封顶部、底部和侧面的区域是否平滑且未受损。检验时应轻轻抬起信封边缘，寻找多余的胶水，因为胶水可能会超出信封盖的覆盖区域。对于密封未被改变信封，在信封盖边缘和胶水之间会有一个小间隙，因此，任何出现在边缘的黏合剂都表明这是一个异常现象。

　　使用千分尺测量适当区域的厚度，并将其与未改变的类似信封的厚度进行比较，可以检测到封盖下的多余胶水。检测多余黏合剂的更好方法是使用软 X 射线。胶水较多的区域会比周围区域吸收更多的软 X 射线，与在制造过程中涂在信封上的胶水形成明显的差异，原始信封上的胶水形状均匀，大致呈矩形，而添加的黏合剂则是不规则地涂在信封上，二者形状不一致。

　　当重新密封信封时，在信封的密封口翻盖或接缝上书写的签名可以进行拼合，但将盖口放回原位并使两部分签名完全对齐不太容易。相反，书写文字的一部分可能会出现在翻盖下面，或者，如果翻盖在水平方向上没有对齐，则连续书写的两部分文字将表现得不连续。因此，检验时也必须注意避免得出错误的结论；当第一次签名时，笔有时可能会滑动，而笔从较高的表面移动到较低的表面时会导致书写文字边缘出现一个小间隙。

　　胶带提供了一种密封信封的有效方法，如果想打开信封，在不剥掉信封纸张表层的情况下，很难将其撕下。用另一块胶带替换原来的胶带可能会掩盖信封损坏的表面，而且外观也会不完全相同。通过仔细观察就能发现此类问题。

　　在撕下胶带时，原始胶带下的签名可能会被部分或全部移除，这些签名几乎无法替换；因此，签名的缺失提供了信封被打开过的明确证据。

　　如果无损检测不能提供信封是否被重新密封的确凿证据，则必须拆开信封，最好是在信封上不会销毁任何证据的地方进行切割。可以通过检查信封内表面是否有多余的胶水或切边来确定信封是否被重新密封。还可以通过轻轻拉开封口部位，来寻找任何多余的黏合剂或之前开口的迹象。如果信封是使用黏合剂进行密封的，打开后的信封还可以用残留的黏合剂重新密封信封，但在大多数情况下需要外来的胶水进行密封。

折页或接缝的打开也可能导致纸张内表面撕裂，在第一次开口处形成的撕裂会通过外来的胶水修复。当乳胶密封件被拉开时，胶条断裂并塌陷，在表面留下卷状胶条，这些提供了先前打开的证据。

六、黏合剂检验

通过软 X 射线对打开的信封进行可视检验发现是否存在外来的黏合剂，如果存在外来的黏合剂，则可证明信封被拆封过，但为了表明存在两种不同的黏合剂，需要对黏合剂进行化学分析。此检验需要的检材量相对较少，只需做有限的检测便可识别出它们的类型，但不能识别出生产厂家或批次。

有几种主要类型的黏合剂提供给办公室和家庭使用：糊精或淀粉基产品、蛋白胶、乳胶黏合剂以及一些合成材料，如溶剂型塑料化合物、环氧树脂和氰基丙烯酸树脂等。从信封表面提取一些干燥的黏合剂颗粒，并在低倍显微镜下对其进行检验，通过观察就能确定其类型。例如，乳胶是柔韧的，聚氯乙烯胶看起来很有光泽，而其他的可能很容易破碎或很难破碎。虽然可以用这些简单的方法识别常见的黏合剂的类型，但热裂解质谱法可以将样品分解成小分子碎片，这些小分子碎片的组合是黏合剂类型的特征，这为检验黏合剂提供了一种重要的方法，除了检验黏合剂外，该方法还可以用来比较其他材料。

第三节　护　照　检　验

护照检验会给文件检验人员带来一系列具体的问题，其中一些问题直接涉及其他章节介绍过的文件检验的相关方法，但另一些问题仅在护照、身份证或驾驶证等类似物品上才会涉及。文件检验人员的任务是通过检验文件与真品的差异，确定证件是否被更改和擦除过，进而确定文件的真实性和完整性。护照和身份证件制作过程非常复杂，包含了大量的信息，如全息图、各种数据、机器可读磁条等等。因此,在边境站,检查护照真伪性本身就是一个非常复杂且系统的事项,所以不在本书的研究范围之内。下文仅介绍了所涉及的其他问题。

伪造护照基本上有三种方法:

1. 完全伪造真实护照;

2. 对书面或印刷信息进行修改;

3. 替换护照原件的照片或页面。

如何对前两种造假方法进行检验将在其他地方进行介绍。伪造需要复制纸张、印刷文书内容及原始防伪特征,检验方法依赖于将真文件与涉嫌伪造的文件进行比较。如果没有足够的正版文件进行比较,就不可能确定护照是伪造的。一些正版护照的制作质量不高,这有可能会被错误地认为是伪造的。

由于各种原因,有些人会对护照中的特定页面或印刷内容进行更改。姓名、出生日期和其他条目可以通过删除、覆盖或添加改写的方式进行变造。出入境印章也可以被更改,护照上书写或盖章会被化学或机械去除。现代护照包含许多防伪功能,旨在防止被伪造。然而,熟练的造假者仍然可以对其进行改动,而这些改动在常规检验中很难被发现。第七章介绍了检验此类文件是否被伪造的相关技术。

第三种伪造方法是替换,检验这类伪造方式需要不同的技巧。被盗的护照很可能被另一个人作为犯罪工具,因此对于实施犯罪的人来说,有必要通过移除原件上的照片,改换为自己的照片而伪造护照。在大多数现代护照中,照片是数字化的,并蚀刻在纸和塑料薄膜上,因此几乎不可能对图像进行任何的替换。如果页面上有不需要的条目或图像,则可以利用其他护照上的页面进行替换,这种情况下,页面之间会有明显的不一致,是换页的有力证据。

使用替换的方法伪造证件其实很难成功,因为它需要拆除和重组文件,而且很容易就被检查出来。在技术人员的实验室中,页面替换很容易被发现,但在一个航站楼或其他入口点进行粗略的检查可能很难发现证件被替换了。

检验是否替换了页面的方法是观察。在低倍率的显微镜下进行检验,可以观察到篡改防伪(如盖印的印文和签名)的证据。通过检查护照的装订和对比纸张,可以发现换页的事实。当页面的编号不对时,有时会更改页码。护照每一页上应该出现的图像在替换页上可能会有所不同。与完全仿冒品一样,这项检验的关键是知道原件应该是什么样的,因此得到正版的原件至关重要。

第四节　交叉笔画顺序检验

　　在某些情况下,对交叉的两个笔画进行排序,或确定哪条线是第一条线,具有相当大的价值。签名上方的段落或句子可能会存在争议,签名人可以声称在签署文件时上方的段落或句子是空白的,是后续人为添加的。如果争议段落的部分文字与签名交叉,并且可以确定哪一个先出现在纸上,争议就可以解决。

　　然而,这个问题并不像看上去那么容易解决。一层墨水覆盖另一层墨水的情况很容易想象,但在实践中很难找到相关的案例。墨水不是像油漆那样会形成薄膜层,而是被吸收到纸中。随后在上面画的线填补了未涂墨的空间,并与已经沉积的墨水混合在一起,因此直接观察或放大观察无法区分第一次涂的墨水和后一次涂的墨水。往往给人的感觉是颜色较深或墨迹较浓的线条在颜色较浅或墨迹较淡的线条之上,无论其真实的次序如何,但至少需要知道这是一种错觉,防止误导。其他类似的先后顺序的问题,也会出现在由各种材料、不同书写工具、墨水、不同类型色带的打印、不同打印机输出以及橡皮印章所做的标记组成的线条上。

一、液体墨水先后顺序

　　基于水性或其他流动溶剂的墨水会完全渗入普通纸张的表面,因此不能从表面层来确定形成顺序。这种情形就像一块布被染了两次,较深的颜色将占主导地位,而较浅的颜色将被排除在外。交叉笔画顺序可以通过一条线对另一条线的影响来证明。在现在已基本废弃的铁基墨水中,墨线受到纸张的影响,它会吸收后来的墨水,并通过毛细管作用把一部分墨水从交叉处吸走,这使得在十字交叉处两侧约 1 mm 的距离上的线看起来更暗,这点表明部分变暗的线是先书写出来的。

　　这种现象现在很难发现,但如果两种不同的墨水交叉,第二种墨水可能会抹去第一种墨水的痕迹,并把它带下去一小段。由于这种转移只涉及非常少量的墨水,通常只有当转移的组分发出强烈的荧光且与覆盖的墨水不同时,才能说明问题。

二、圆珠笔油墨

用圆珠笔写字所需要的压力比用液体墨水笔所需要的压力要大。当考虑两条交叉笔画中的哪一个是先写出来时，可以利用由这种压力形成的沟槽。笔穿过凹槽会在一定程度上受到它的影响，这是可以检测到的。然而，压力过大，会使沟槽变形，还会把纸压平，这样在沟槽处与其他处就不会有太大差别。

如果较轻的笔触越过沟槽，则墨线的均匀性将受到影响。大量的油墨会沉积在沟槽的远侧或上坡一侧，纸张表面落入凹陷处的那一侧会有一些损失。这种效果有时可以被看作是墨迹线的变窄和变宽，呈沙漏的形状，因为墨迹线穿过了之前的笔画，这些特征可以在合适的光照及显微镜放大 10~30 倍下观察到。如果两种墨水的颜色相似，或者两种线条都使用了相同的墨水，这些效果就很难或不可能检测到。如果墨水在红外光条件下反应不同，则红外吸收或发光法可以用来确定两次书写的顺序。只有当该线或其他油墨发出荧光，或在其他油墨不可见的情况下检查该交叉点时，才能发现该线的不均匀性。在某些情况下，猝灭效应会使荧光线条显得狭窄，这可能会被误解为这条线在上部的证据。在一页的一边写字可以留下较深的痕迹，足以影响到另一边的表面。由反面的凹陷引起的凸起线条（浮雕）可能会影响写在它们上面的一行。只要笔在划线时施加的压力不太大，使墨脊变平，在上升的一侧就会出现较大的墨层，而在下降的一侧则会出现相应较小的墨层。这些影响可以在纸的两侧的书写线条交叉处上发现。如果双方的书写顺序存在争议，或者如果一方的书写可以从反面的书写中推断出双方的相对顺序，那么它们就可能是有价值的。

圆珠笔画出的纸张凹陷会影响后来用液体墨水画的线条，但相反的笔画顺序很少会留下痕迹。墨水笔通常使纸的表面几乎保持不变，所以不会对表面的形状产生影响。

还可以使用 ESDA 确定纸张两侧的书写顺序，包括需要调查日后添加条目的可能性，其中书写和浮雕的交叉点处（一侧的凹痕会出现在另一侧上）可以形成确凿的证据。这将在本章后面讨论。

人们还提出了其他各种确定交叉圆珠笔油墨线条顺序的方法，但应用并不广泛。其中一种方法是使用一种有光泽的铜版纸，用热熨烫把它压在十字交叉点上，这样墨迹中的部分图像就被转移到纸上。这突出了线条的边缘，因此它们看起来像窄的平行"有轨电车线"从另一条线路穿过断裂线路的连续有轨电车线路表明,形成其图像的笔画是最后一次,但在某些情况下,可能会出现误导性特征。[5]

已经介绍了其他方法检验书写顺序,如使用高倍显微镜和向下聚焦到交叉点的光学检验法。这些方法依赖于表面反射光的差异,一条表示上笔画的连续线,以及下笔画的不同断续反射。拉曼光谱也被用来对油墨进行测序。

书写在光面纸上的圆珠笔油墨和液体墨水笔画在顺序上几乎没有问题。因为它们不会被吸收到纸中,而是在表面干燥,所以它们会受到随后穿过它们的线条的影响。有一种倾向就是,墨水会集中在线条的边缘,就像活版印刷中的挤墨(见第八章),最后一条线由交叉处未断裂的平行边表示,与第一条断裂的边形成对比。

三、转印痕迹

当两张纸压在一起时,书写和打印等标记可能会从一张转移到另一张。转移效果取决于接触材料的干燥度;潮湿的油墨明显比完全干燥的油墨更容易转移。两页之间所需的压力通常由书写工具提供。在一页的一侧书写可能会导致背面或第二页上的文字转移到与其接触的纸张表面。这种转移标记表示书写的顺序,因为笔压传递的油墨必须先出现。这种转移只会在油墨刚涂上时发生。圆珠笔油墨在几分钟内就会变干,因此如果发现转移,这可以用来表明日记中的几页记录是在同一时间完成的。

除了用圆珠笔或铅笔书写外,纸张表面的油墨或污垢等材料也可以转移。转移标记可能肉眼可见,但可以使用其他地方讨论的特殊照明技术来显示更多信息(见第七章)。

四、铅笔笔画

铅笔在纸上沉积痕迹较少,以及它产生的书写线条不会覆盖整个区域,使得两条铅笔线条或铅笔线条与液体墨水或圆珠笔油墨的任何交叉都很难排序。事实上,侦查人员或法院很少对此感兴趣,因为任何有意义的文字内容很少用铅笔书写。

五、蜡笔笔画

蜡笔线条是由较厚的蜡质材料沉积而成,在使用扫描电子显微镜发现其他线条之前,就有证据表明它们是否是由其他线条形成的。该仪器将以高倍率显示组成痕迹的某些材料,以便在纸张表面看到它们。但是,这种仪器不会显示其他内容(例如液体墨水),因为它们在纸里面,而不是在纸面上。

蜡笔形成的痕迹呈颗粒状,圆珠笔油墨呈糊状。不均匀的沉积会导致一系列"副作用",但书写笔与蜡笔书写交叉形成的线条会使颗粒表面光滑,无论它是否沉积油墨。通过观察两种材料的相对位置,可以对蜡线或按相反顺序制作的相同线上的圆珠笔进行排序。但对于技术人员来说,这需要一定的经验来识别。

六、压痕和书写顺序

ESDA 检测到的压痕会在透明背景上产生黑色图像(见图 9.3),但干墨书写通常显示为白线(在透明背景上清晰)。在图像相交的地方,有时可以确定它们的前后顺序(见图 9.4)。

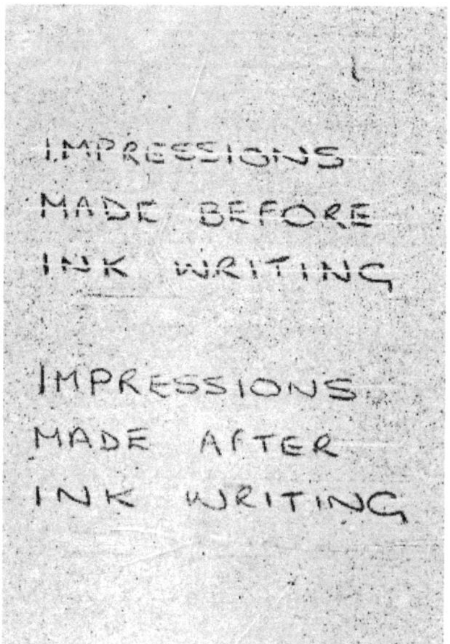

然而,对 ESDA 图像的解读需要谨慎。检验结果表明,当墨迹出现在页面上的压痕之后时,墨迹线的图像在交叉点处的压痕在黑色图像上显示为连续白色。当在墨迹书写后有新的压痕时,发现一部分交点显示为黑色(也就是说,当墨迹线图像的白色线条被黑色压痕图像打断时),但其余部分显示为白色。对于圆珠笔书写来说,从深到白的压痕比例可能很低,但对于水基墨水,如纤维笔或中性笔墨水,则要高得多。因此,当出现一个或很少的交叉点时,唯一可以确定顺序的是观察黑色交叉点。这为压痕出现在墨水之后提供了有力的证据。对于只有

图 9.4　ESDA 检验到的用圆珠笔在水平线前后书写的单词痕迹。请注意,以黑色显示的印痕在线条绘制之前时会被墨水的白色线条打断,但在线条绘制之后绘制时不会被打断。

一个或很少的白色压痕,且没有黑色压痕,必须非常小心,否则无法得出确切的结论,因为两个时序都可能出现白色交叉。

然而,当大量白色交叉点同时出现在一页上时,通常是 10 个或更多的圆珠

笔油墨点,则认为油墨在压痕之后出现是合适的。通常,墨迹线和压痕之间有许多交叉点,对于所有白色交叉点的观察,有一个比较确切的结论,即墨迹线在压痕之后书写;对于黑色交叉点的观察,有一个特定的结论,即压痕在墨迹线之后,即使存在一些白色交叉点,这也是合理的。[6~8]

上述发现也适用于因在页面正面书写而在页面背面检测到的"凸雕"印痕,因此可以确定一张页面正面和背面的书写顺序。ESDA 可以检验纸张的两面,以证实调查结果。如果日记中条目内容的相对书写时间顺序有问题,这个方法就很重要。[9]该方法还可用于确定页面一侧的所有文字是否同时书写的,即确定是否其中一些文字是在背面书写之前书写的,而其他文字是在背面书写之后书写的。

七、办公印刷文件的顺序

虽然现在很少有打字机打印的打字稿,但在涉及旧文件的情况下仍然会有打字机打印的文件。用织物色带上的液体油墨打印的两个文件内容的顺序不太可能被确定,就像用类似钢笔墨水打印的内容一样。同样,着色材料被纸张吸收,不会停留在表面上。类似地,这些笔画书写交叉线的色带所做的打字几乎没有或根本没有证据证明它们的笔画顺序。

使用碳膜色带时,通过沉积一片字母形状的塑料膜来确定书写顺序更加合适。用扫描电子显微镜检验碳带上的沉积物,如果它们与圆珠笔墨水的线条交叉,则可以通过观察每种材料的相对位置来确定顺序。同时,它们的表面也会受到笔尖压力的影响,仔细放大观察后可以找到证据来确定顺序。

用扫描电子显微镜检验交叉线可能需要单独取出交叉线,并将其放置在仪器的一个小腔室中。因此,这在一定程度上是一种破坏性的方法,如果文件只能进行无损检验,就不能使用这种方法进行检验。虽然移除的纸张没有被销毁,可以稍后由另一位专家检验,但文件无法恢复到原始的状态。更简单地说,可以用手术刀在交叉点处提起碳带,检验其下方是否有墨线,以便证明墨迹是否是最先遗留的。

穿过激光打印内容的圆珠笔墨迹线仍保留在熔融墨粉的顶部,在低倍率显微镜下通过其镜面反射可以最清晰地观察到这一点,但来自自来水笔、记号笔或中性笔的液体墨水将浸透墨粉而不可见。激光打印的文档在整个纸张表面上都有熔融的墨粉颗粒,这一事实可以用于检验打印材料和圆珠笔油墨书写的时序,即使书写内容和打印内容没有交叉,但在显微镜下也可以确定熔融颗粒在圆珠笔油墨的上方还是下方。[10]

参考文献

1. Bartha, A. Restoration and preservation of typewriting and printing on charred documents, *Canadian Forensic Science Society Journal*, 6, 111, 1973.

2. Kind, S.S. and Dabbs, M.D.G. The use of lycode powders for the detection of erasures, *Journal of the Forensic Science Society*, 19, 175, 1979.

3. Welch, J.R. Lycode powders in a case of erasure, *Journal of the Forensic Science Society*, 22, 43, 1982.

4. Welch, J.R. Case report. A partial erasure indicated by coloured lycopodium, *Journal of the Forensic Science Society*, 31, 77, 1991.

5. Igoe, T.J. and Reynolds, B.L. A lifting process for determining the writing sequence of two intersecting ballpoint strokes, *Forensic Science International*, 20, 201, 1982.

6. Giles, A. Extending ESDA's capability: The determination of the order of writing and impressions using the technique of electrostatic detection, *Forensic Science International*, 59, 163, 1993.

7. Radley, R.W. Determination of sequence of writing impressions and ballpoint ink strokes using the ESDA technique, *Journal of the Forensic Science Society*, 33, 69, 1993.

8. Radley, R.W. Determination of the sequence of intersecting ESDA impressions and porous tip, fibre tip and roller ball pen inks, *Science and Justice*, 35, 267, 1995.

9. Strach, S.J., Radley, R.W., and Westwood, P.D. Short-term relative time of writing determination by observations of ballpoint pen ink transfer, *International Journal of Forensic Document Examiners*, 4, 152, 1998.

10. Aginsky, V.N. Determining the sequencing of nonintersecting media on documents: Ballpoint pen ink and laser toner entries, *Journal of the American Society of Questioned Document Examiners*, 5, 1, 2002.

拓展阅读

Baier, P.E. Application of experimental variables to the use of electrostatic detection apparatus, *Journal of Forensic Sciences*, 28, 901, 1983.

Barr, K.J., Pearse, M.L., and Welch, J.R. Secondary impressions of writing and ESDA-detectable paper-paper friction, *Science and Justice*, 36, 97, 1996.

Barton, A.T. and Walker, J.D.S. Secondary impressions, *Journal of the American Society of Questioned Document Examiners*, 4, 2, 2001.

Barton, B.C. The use of the electrostatic detection apparatus to demonstrate matching of torn paper edges, *Journal of the Forensic Science Society*, 29, 35, 1989.

Ellen, D.M., Foster, D.J., and Morantz, D.J. Use of electrostatic imaging in the detection of indented impressions, *Forensic Science International*, 15, 53, 1980.

Forno, C. A new method for displaying indented impressions and other markings on documents, *Science and Justice*, 35, 45, 1995.

Godown, L. Recent developments in writing sequence determination, *Forensic Science International*, 20, 227, 1982.

Gupta, A.K., Gubshan, R., and Chugh, O.P. Ballpoint determination of writing sequence of strokes of pen versus ballpoint pen and other conventional writing instruments, *Forensic Science International*, 34, 217, 1987.

Gupta, A.K., Lal, A., and Misra, G.J. Electrostatic development of secret writings, *Forensic Science International*, 41, 17, 1989.

Harris, J. Radiography and passport examination, *Canadian Forensic Science Society Journal*, 23, 25, 1990.

Hart, L.J. and Carney, B.B. Typewriting versus writing instrument: A line intersection problem, *Journal of Forensic Sciences*, 34, 1329, 1989.

Herod, D.W. and Menzel, E.R. Laser detection of latent fingerprints: Ninhydrin followed by zinc chloride, *Journal of Forensic Sciences*, 27, 513, 1982.

Hill, H.J. and Welch, J.R. The sequencing of entries on multipart carbonless sets, *Journal of the Forensic Science Society*, 34, 221, 1994.

Horan, G.J. and Horan, J.J. How long after writing can an ESDA image be developed? *Forensic Science International*, 38, 119, 1988.

Jasuja, O.M.P. and Singh, A.K. Application of ESDA in demonstrating traced forgeries, *Forensic Science International*, 75, 23, 1995.

Jonker, H., Molenaar, A., and Dippel, C.J. Physical development recording systems 3: Physical development, *Photographic Science and Engineering*, 13, 45, 1969.

Kobus, H.J., Stoilovic, M., and Warrender, R.N. A simple luminescent post ninhydrin treatment for the improved visualisation of fingerprints on documents in cases when ninhydrin alone gives poor results, *Forensic Science International*, 22, 161, 1983.

Leung, S.C. and Tang, M.M.H. The application of half-silvered mirror in conjunction with casting techniques to document examination, *Forensic Science International*, 45, 63, 1990.

Levinson, J. Passport examination, *Journal of Forensic Sciences*, 29, 628, 1984.

Licht, G. and Murano, E. ESDA effects in light of current discussions, *Journal of the American Society of Questioned Document Examiners*, 7, 7, 2004.

Menzel, E.R. *Fingerprint Detection with Lasers*, Marcel Dekker, New York, 1980.

Moore, D.S. Evaluation of a method using powder to detect the site of rubber erasures, *Journal of Forensic Sciences*, 26, 724, 1981.

Moore, D.S. The electrostatic detection apparatus (ESDA) and its effects on latent prints on paper, *Journal of Forensic Sciences*, 33, 357, 1988.

Moyes, B., Munden, E., and Peszat, E. Passport forgeries—What to look for, *International Journal of Forensic Document Examiners*, 1, 186, 1995.

Noblett, M.G. and James, E.L. Optimum conditions for examination of documents using an electrostatic detection apparatus （ESDA） device to visualise indented writings, *Journal of Forensic Sciences*, 28, 697, 1983.

Oden, S. and von Hofsten, B. Detection of fingerprints by the ninhydrin reaction, *Nature*, 173, 449, 1954.

Oron, M. and Tamir, V. Development of SEM methods for solving forensic problems encountered in handwritten and printed documents, *Scanning Electron Microscopy*, I, 207, 1974.

Radley, R.W. Determination of sequence of ballpoint writing utilising infrared luminescence techniques, *Journal of the Forensic Science Society*, 22, 373, 1982.

Riebling, I.J. and Kobus, H. Some parameters affecting the quality of ESDA results, *Journal of Forensic Sciences*, 39, 15, 1994.

Riker, M.R. and Lewis, G.W. Methylene blue revisited: the search for a trouble-free erasure sensitive powder, *Journal of Forensic Sciences*, 33, 773, 1988.

Schuetzner, E.M. Examination of sequence of strokes with an image enhancement system, *Journal of Forensic Sciences*, 33, 244, 1988.

Spedding, D.J. Detection of latent fingerprints with $^{35}SO_2$, *Nature*, 229, 1, 1971.

Spencer, R.J. and Giles, A. Multiple processing of visa vouchers, *Journal of the Forensic Science Society*, 26, 401, 1986.

Strach, S.J. Establishing the sequence of intersecting ballpoint pen strokes, *Forensic Science*, 11, 67, 1978.

Strach, S.J. Statistical evaluation of a method for determining the sequence of writings on the front and back of one sheet of paper, *Advances in Forensic Science*, 3, 97, 1993.

Strach, S.J., McCormack, G.M., Radley, R.W., and Westwood, P.D. Secondary impressions of writing detected by ESDA, *Forensic Science International*, 74, 193, 1995.

Tappolet, J.A. Use of lycode powders for the examination of documents partially written with erasable ballpoint pen inks, *Forensic Science International*, 28, 115, 1985.

Taylor, L.R. The restoration and identification of water-soaked documents: A case study, *Journal of Forensic Sciences*, 31, 1113, 1986.

Waeschle, P.A. Examination of line crossings by scanning electron microscopy, *Journal of Forensic Sciences*, 24, 569, 1979.

Wanxiang, L. and Xiaoling, C. A study of the principle of the electrostatic imaging technique, *Journal of the Forensic Science Society*, 28, 237, 1988.

第十章

文件检验中图像的
作用及其他技术

第一节　图　　像

在文件检验中,图像有三个主要功能:固定,文档在某些检查过程中损坏之前对文档进行永久记录;检验某些不可见的特征;用于法庭演示。

一、记录图像

原则上,文件检验人员不能损坏检材,但对于文件上出现的墨水、其他物质以及纸张本身的检验都需要进行轻微的有损检验。与其他检验不同,文件检验很少会损坏文字,而指印检验会弄脏整个文件,在处理指印时干式转印导致文字可能会与纸张分离。

一张文件的图像可以显示原件上可见的大部分信息,因此可以在法庭或初步调查中用于替代文件。现在,制作高质量图像通常需要扫描或数字成像,而不是传统的摄影。在制作图像时,应尽可能少地处理文档,并避免过度接触。一些摄影实验室可能有一个永久性的工作台,可以通过安装在上面的数码相机拍照。这使得操作简化,并可以保证正确的焦距并获得适当大小的图像。当偶尔需要成像时,可以使用复印机或扫描仪进行成像,但在进行此操作时,必须注意不要更改文档,否则可能会导致失真。如果文档没有垂直放置在台板上,则图像可能倾斜,如果没有使用适当的扫描设置,则图像质量可能较差。有一种方法是使用现代扫描技术,文档通过内联扫描仪滚动可以同时处理多个页面。但是应避免使用这种技术,因为这会改变文件本身,有可能在文件上添加滚筒标记和捡拾标记,还可能会从滚筒处引入灰尘。如果这样的话,需要在每页扫描之前进行清洁,其实使用平板扫描仪就足够了。

彩色图像有非常大的优势,因为它们可以显示油墨颜色的差异,但它们也有一定局限性,尤其是在打印时,因为真实的颜色可能无法准确再现。用于记录的数字图像,无论是通过扫描还是数码照相产生的,通常以未压缩的文件格式存储,不会显著降低图像质量。无论原始文件是如何存储的,都不应进行任何后续的图像处理,在检验或处理图像时应始终在文件的副本上进行。如果以电子方式存储,也要保证图像的原始性。

作为记录而拍摄的图像,虽然质量很好,但并不能替代用来科学检验的原始文件。如果没有正确的设置,可能无法检测到痕迹或其他的证据,如果没有足够的放大倍数,笔迹的构造方法可能也不可见。在许多情况下,尤其是在高分辨率图像中,如果文件不再可用或不适合直接检验,则可以在图像上找到足够的证据,作为确定结论的基础。记录成像应在任何后续活动(如指印或 DNA 提取)之前进行,以便作出真实记录。这可能需要采取防污染等预防措施,而数码照相则可能是更好的方法,因为它不需要与物品直接接触。

二、不可见光成像

成像不仅能够再现可见的信息,而且在某些情况下还能记录眼睛无法观察到的信息。许多传统数码相机包含内置软件或镜头以消除紫外线和红外线。但有些人可能会购买对紫外线和红外辐射以及 X 射线都敏感的专业成像设备,这些光线都是肉眼看不见的。因此,利用这些不可见光来区分墨水或显示擦除的水印的技术可以使用这种成像作为主要检验方法,并永久记录证据。

红外吸收、紫外和红外发光以及 X 射线吸收等方法的意义已在其他地方介绍过。在文件检验中,后者的检验完全是通过某种形式的成像来实现的。

紫外辐射激发可见光谱范围内的发光可以使用滤光片成像,从而防止激发光进入 CCD。红外光现在可以用 CCD 记录,但最初只能通过摄影来检验。福斯特和弗里曼 VSC 系列等文件检验工作站使这些图像更容易获得。

三、使用滤光片

除了如上所述利用红外反射或发光与背景分离外,还可以使用滤光片来增加文档两部分之间的对比度。滤光片只允许某种颜色的光通过,并且会导致该颜色的文字或标记消失,这使得不相关的打印背景或标记部分或完全不可见。黑色墨水与蓝色墨水部分被擦除掉不能通过其他方式进行识别,可以通过深蓝色滤光片查看或成像。这可以在不影响黑色进入的情况下降低蓝色光的强度,并且可以提供足够的对比度来解决。相反的情况是,消除黑色墨水的影响,这种方法很难实现,因为任何有色滤光片都不能使黑色区域看起来更亮。虽然可以在原始文档上使用滤光片进行处理,但也可以使用适当的软件在文档的数字图像上进行计算机处理。

即使是在通过滤镜成像时,也不能通过增加两种油墨图像的对比度来进行检查。然而,成像可以帮助以下这些案例。可以制作被抹掉痕迹的放大数字图像,那些明显来自被抹掉的墨水部分可以通过覆盖它们在视觉上被去除,只留下那些看起来来自被抹掉的最初的痕迹。通过使用一些不同的技术复原这一过程,可以揭示原始内容条目的不同部分;通过叠加,被抹掉的最初痕迹的图像就可以建立起来。如果把它们与抹去痕迹的操作撇在一边,对它们的解释就容易得多了。通常,在物理成像上这样做比较容易,但是使用适当的电脑软件,可以通过电子方式在图像文件上这样做。在这种情况下,操作者清楚地了解软件正在做什么,以避免可能被误认为在修改证据,这一点是很重要的。在某些情况下,覆盖的墨水不能被滤镜显示,但需要被识别时,可以使用一种巧妙的方法。使用滤镜使所需的条目不可见,然后使这些条目与其背景的对比度尽可能高的条件下,对同一区域制作第二张图像。将第二张图像制成正片,并将其与第一张负片放在一起,使它们的图像完全重叠。负片图像往往会抵消正片覆盖和背景,并使所需条目的图像不受影响。为了达到适当的平衡,需要对图像的强度进行一些调整,并且可以生成组合图像。同样,这可以通过适当的软件以电子方式实现。在某些情况下,该技术可能非常有效。

四、以图表的形式展示图像

虽然法院越来越多地使用良好的成像和信息技术(IT)系统,但在制作用于演示目的的图像时,最好制作一份可以展示、复制并提供给陪审团的物理文件。如果法院随后希望以电子方式显示此信息,那么他们可能会这样做,但是拥有实物图像可以在现场专家证词结束后为法院提供永久记录。图表应尽可能简单,不要包括难以理解的图像,例如光谱图像。这是为了展示证据,而不是证明它们的合理性。如果在出庭前提前制作能为辩护方提供服务的图表,有可能根本不需要出庭。

图表应涵盖需要在法庭上展示的文件检验人员所作的结论。最常见的做法是制作文字图像,以展示已知和存疑的文件之间明显的相似之处和差异之处。在这种情况下,可以对文字而不是整个文档进行成像,以便在打印最终图表时提供最大分辨率。与记录成像相比,文件的每个细节都应该复制出来,有时也可以从图片中删除那些与要演示的内容无关的内容。支票上的彩色防伪背景,或银行收银员在签名上做的标记,通常与存疑的文字颜色不同,因此可以使用适当的成像软件从图像中去除。

不必以相同的放大倍数打印每个书写示例。在某些情况下,必须将字母大写与小写进行比较,当展示它们的细节时,两者的图像在大小上大致相似显然是有利的。在许多比较中,尺寸并不是一个重要因素,因为文件本身或它们的副本会清楚地表明存在尺寸差异,所以任何误差都应该是最小的。如果已知和有问题的笔迹在大小上显示相似,则更重要的相似之处或差异在细节上会更清楚地体现出来。

油墨的差异、擦除痕迹的恢复、红外辐射检测到的擦除或紫外线激发的发光通常在监视器屏幕上清晰可见,在任何后续打印输出上也都清晰可见。在这种情况下,打印输出本身就适合作为证明结果的一种方法。如果打印输出的结果不清晰,则可以通过将图像显示在可用的监视器屏幕上来说明其证据属性。在使用图像来展示发现的情况下,如果还包括正常光学图像,这对那些将要向其展示发现的人是有帮助的。这使得可以进行"之前和之后"的比较。

如果静电检验不可用或不适用时,则压痕的成像通常有助于显示套摹签名的线索或展示压痕本身。使用接近于纸张表面的侧光照明对文档打光,压痕会投射阴影并使它们在图像中清晰可见。然而,为了达到令人满意的结果,需要相当仔细的操作。同样,与侧光照明下拍摄的图像形成对比的正常光学图像也对证明案件有着重要意义。

第二节　可疑照片的检验

与数字图像相反,传统的胶片照片有时本身就是有问题的文件。针对这种类型的检验,可能需要识别出制作负片的相机。相机中的遮蔽框可能由损坏或污垢引起的不规则的边缘,从而使它们的图像暴露在胶片上。因为不规则性通常是足够随机的,以致没有实际机会巧合匹配,所以将底片以及可能由它制成的照片与相机联系起来的证据可能非常有力。

　　照片可以通过合成和重新拍摄来伪造。这类照片可以检验到另一张照片剪切部分的边缘,并且阴影或焦点不一致,可以清楚地证明照片是合成的。此类检验需要摄影理论及其实践方面的专业知识,通常不被视为文件检验人员的职责工作范围。

　　对于数字图像,什么时候由图像检验专家检验而不是由文件检验人员检验尚不清楚。大多数文件检验人员会在他们的专业领域内处理文件图像。然而,数字图像本质上是照片的情况下,不是图像检验专家的文件检验人员最好将其视为超出他或她的专业范围。

第三节　实时查看技术

　　红外线和紫外线是肉眼不可见的,因为它们超出了眼睛可以看到的波长范围。一些检测器,例如 CCD,在红外区域可能非常敏感。福斯特和弗里曼公司(Evesham, Worcestershire, UK)生产的 Video Spectral Comparator(VSC)专为文件检验而设计,在一个机器中包含了检验和记录文件墨水差异所需的所有技术。最新版本 VSC8000 包含一系列光源和滤光片,通过计算机连接到高分辨率彩色监视器,可以进行广泛的检验,其中一些检验是自动的(见图 10.1)。

　　VSC 为光学检验提供了许多方便的软件包,其包含的许多技术可以在设备齐全的照明和摄影工作室应用或使用专用设备进行。在文件检验中有价值的光源是由 Rofin(Australia)Pty. Ltd.(Dingley, Victoria, Australia)生产的 Polilight。它使用可调谐干涉滤光系统和强光源来产生连续可变的窄波长范围的照明。它的检验原理是基于激发光波长变化的油墨发光差异。油墨产生的荧光可以通过相关数码相机或使用同一制造商制造的 Poliview 来记录。

　　Foram 3 拉曼光谱仪是专门设计用于将拉曼光谱应用于文件检验的设备,由福斯特和弗里曼(英国伍斯特郡 Evesham)制造,它扩展了墨水无损检验技术的范围(见图 10.2)。

图 10.1　VSC8000 文件检验仪,福斯特和弗里曼公司(Evesham, Worcestershire, UK) 制造。该仪器可以在红外和紫外条件下对文件进行检验。放置在机柜内的文件可在监视器屏幕上实时查看。内置各种照明条件可用于文件的观察以及图像的处理。

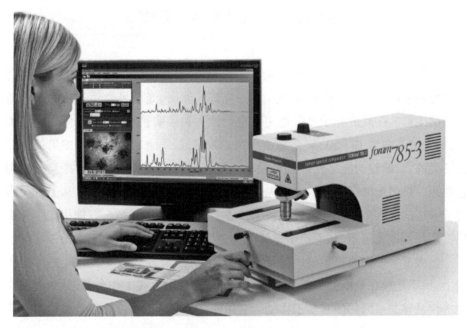

图 10.2　Foram 3 拉曼光谱仪,福斯特和弗里曼公司(Evesham, Worcestershire, UK)制造。该仪器能够捕获拉曼光谱(拉曼光谱是一种振动光谱),能够区分不同的墨水。

第四节　处　　理

　　数字图像由许多称为"像素"（图片元素）的点组成。软件调整可以改变这些像素，从而改变整体画面，可以利用这些变化来增强图像的各种特征。图像处理软件很多而且很容易获得，可以对数字图像进行处理。

　　图片的处理可能涉及边缘增强、对比度增加等基本操作，或者更复杂的操作。无论对数字图像进行什么样的更改，重要的是要保留原始图像并且只处理副本图像。图像处理应保持在解决任何问题所需的最低限度内操作，因为此类操作不会导致创建出可能被误认为是证据特征的人工制品。

　　可以通过多种方式查看监视器上的高分辨率图像，例如将图像并排或叠加，以便比较两个文档或不同照明条件下的同一文档的异同。VSC8000 等设备中集成了执行此类工作的功能。

第五节　光学显微镜

　　放大是文件检验的一个重要操作。可以使用成像技术对文件进行放大，现在高分辨率成像几乎与查看原始文档一样好。然而，光学显微镜是技术人员最常用的工具。一般的光学显微镜主要包括镜头和照明系统，其中立体变焦显微镜，放大倍率约为 10～50 倍，焦距范围相对较宽，最适合文件检验。如果仪器设置正确的话，缩放功能将允许文件检验人员将文件放大 10～50 倍，并且无须调整焦距。显微镜可以从任何方向提供照明，但对于大多数检验来说，从上方照明是最合适的。大多数立体显微镜使用转塔上的一系列不同镜头或使用变焦镜头提供不同的放大倍率，从而提供连续可变的放大范围。

　　显微镜头的安装很重要。对于文件检验来说，最合适的安装方式是放在长臂上，而不是放在紧凑的支架上。该臂允许将文件放置在工作台上，并为大型文件提供足够的空间并使其易于移动。它还使技术员可以自由改变落在被检查区域上的光的方向。

　　手持式显微镜使用了较小的放大镜，虽然它们不具备体视显微镜的效率、灵活性或操作方便性,但更便于携带。拥有放大镜和内置光源的手持式仪器可以提供约 10 倍的放大倍率,对于检验笔迹来说可能是令人满意的,因为它们可以在无法通过直接观察的情况下确定某些字母的构造方法。其他手持镜片或放大镜会提供 2 或 3 倍放大倍率,这通常对视觉有问题且难以近距离观察的中年检验人员具有价值。类似的仪器还有带有环形光源的大透镜,这类仪器也具有相同的功能。

第六节　比较显微镜

比较显微镜有一个光学系统,通过一个镜头分别显示两个客体的图像,以便可以一起观察比较它们。在比较显微镜中,观察到的视野区域在一条垂直线上被分成两个,每个视野区域两个物体各占据一侧,因此可以进行比较。该方法更适用于纤维或子弹的检验,可以观察到痕迹的连续相似性或差异性。如果移动分割线,则可以对一些特定区域进行比较,但通常这种方法在文件检验中不如进行全视场比较,即将两个文件的图像进行叠加。利用数字成像,可以将两个文档叠加显示在一起,但是在这些情况下,并不总是可以确定哪个文档出现了特定的特征。这可以通过提供一个振荡设施来克服,这样第一个文件和另一个文件就可以在同一位置上进行观察。"频闪"的速率可以改变,以便两个图像之间的任何差异都可以通过仅在一个文档上出现的特征的闪烁或在两个文档之间位置变化的特征的明显移动来显示。一个或两个文件也可以用不同颜色的光照或在特殊照明下查看,以便观察对比。现在也可以使用叠加文档电子图像的方法,因此现在也可以比较相同文档在不同照明条件下的图像。这些软件包包含在 Projectina 制造的 Docucenter NIRVIS 和 Foster & Freeman 制造的 VSC8000 等设备中。

第七节　扫描电子显微镜

光学显微镜放大倍率的最终限制是由光的波长决定的。所谓显微镜的分辨率,即系统区分两个相邻点的能力。通过使用具有短波长的电子"照射"样品,可以实现更高的分辨率和放大倍率。正如可以从红外、可见光和紫外辐射与样品的物理相互作用中获取信息一样,使用电子提供的不仅仅是高分辨率图像。

扫描电子显微镜是一种用于观察精细聚焦的电子束在样品表面上扫描时发生各种现象的仪器。其中最重要的是二次电子、背散射电子和 X 射线。二次电子由样品本身发射,它们被收集和处理以形成地形图像,并显示在视频监视器上。扫描电子显微镜可以获得 100 000 倍或更高的放大倍率,其放大倍率的上限通常取决于样品的性质,而不是电子的波长。扫描电子显微图像具有很大的景深,通常是光学显微镜的 300 ~ 400 倍,而对于文件检验来说,正是这种特性,而不是高倍率,才是更重要的。事实上,由于可以获得更大的景深,该仪器通常用于在光学显微镜范围内的放大倍率下确定书写顺序、识别干转刻字和印刷材料等问题。

背散射电子是来自初级光束的电子,它们从样品表面反射,反射的入射电子比例与原子序数有关;铬、铁和铅等元素比碳产生更多的反向散射电子,因为它们具有更高的原子序数。此特性可用于区分相同颜色但具有不同化学成分的墨水,以及对红外线无法穿透的内容进行成像。

最后,可以通过收集由于电子轰击而发射的 X 射线并测量它们的能量来确定样品的元素组成。元素周期表中从钠向上的所有元素都可以被检测到。分析显示为 X 射线光谱或显示特定元素在样品表面上分布的图像。可以分析印刷和防伪油墨以及纸张的各种矿物成分。但从许多圆珠笔和水基油墨中获得的有用信息很少或根本没有,因为它们含有无法通过 X 射线光谱法检测到的化学元素。为获得最佳效果,文件上感兴趣的区域通过真空镀膜涂上一层薄薄的碳或金,以使表面导电。只要可以折叠并能够承受样品室的真空环境,就可以在不取样的情况下检验与一张新闻纸一样大的物品。如果无法避免对文件进行取样,则可以通过使用改进的皮下注射针头冲出小圆盘来最大限度地减少损坏。通过这种方法产生的孔通常只有在纸对着光线时才能看到。

拓展阅读

Baier, P.E. Technical improvements of scanning electron microscope methods in document examination, *Forensic Science International*, 22, 265, 1983.

Beattie, J.A., Denton, S., and Morgan, B. Visualisation of obliterated features on Polaroid SX70 photographs, *Journal of the Forensic Science Society*, 23, 103, 1983.

Behnan, A.P. and Nelson, L.K. Additional applications of digital image processing to forensic document examinations, *Journal of Forensic Sciences*, 37, 797, 1992.

Chaikovski, A., Brown, S., David, L.S., Balman, A., and Barzovski, A. Color separation of signature and stamp inks to facilitate handwriting examination, *Journal of Forensic Sciences*, 48, 1396, 2003.

Creer, K.E. Unusual photographic techniques in document examination, *Forensic Science International*, 7, 23, 1976.

Creer, K.E. The forensic examination of photographic equipment and materials, *Forensic Science International*, 29, 263, 1984.

Gupta, S.K., Rohilla, D.R., and Das Gupta, S.K. Photographic negatives as evidence—A case report, *Journal of the Forensic Science Society*, 21, 355, 1981.

Hart, L.J. and Hart, R.P. Photographically subtracting interfering images from ESDA print, *Journal of Forensic Sciences*, 34, 1405, 1989.

Hicks, A.F. Computer imaging for questioned document examiners 1: The benefits, *Journal of Forensic Sciences*, 40, 1045, 1995.

Hicks, A.F. Computer imaging for questioned document examiners 2: The potential for abuse, *Journal of Forensic Sciences*, 40, 1052, 1995.

Kopainsky, B. Document examination: Applications of image processing systems, *Forensic Science Review*, 1, 85, 1989.

Nolan, P.J., England, M., and Davies, C. The examination of documents by scanning electron microscopy and x-ray spectrometry, *Scanning Electron Microscopy*, II, 599, 1982.

Roberts, B.R.G., Totty, R.N., and Merchant, J.J. Enhancement of latent images on backing sheets of Polaroid photographs, *Journal of the Forensic Science Society*, 19, 219, 1979.

Waggoner, L.R. and Spradlin, W.B. Obliterated writing—an unconventional approach, *Journal of Forensic Sciences*, 28, 686, 1983.

Wenderoth, M. Application of the VSC/1/Atari 1040ST processing system to forensic document problems, *Journal of Forensic Sciences*, 35, 439, 1990.

第十一章

可疑文件的法庭质证

引　言

法庭科学技术专家在其鉴定报告中作出的结论是针对其客户的。这份鉴定报告可能有利于客户的利益,也可能不利于客户的利益;无论哪种方式,它都可能没有任何决定作用。因为在许多情况下,最终结果是通过在法庭上举行听证会来决定的。通常,可以通过事先和解、认罪或在刑事调查中决定不起诉来避免,但检验鉴定技术人员的鉴定报告和陈述很可能成为证人最终证词的基础。

民事和刑事法院的两个分支有不同的诉讼程序。然而,不管是民事还是刑事,都必须向法官或陪审团展示结论、优势和劣势以及原因。通常,可以在没有专家出席的情况下阅读没有争议的证据,这意味着原始鉴定报告或声明必须足够清晰不含糊,才能被正确理解。然而,如果鉴定人员亲自到场解释调查结果并解释一方或双方可能特别感兴趣的点,那么可以从法官或陪审团那里获得相当大的优势。

第一节　专家证人制度

提供有意义的检验鉴定证据在文件检验人员的工作中非常重要。如果没有能力让法庭相信他们的结论,他们之前所做的所有工作都将付诸东流。如果得出完美的正确结论,但在法庭上无法充分展示检验鉴定结论时,会产生一定的混淆。相比之下,经过适当准备的解说,将鉴定过程和结论清晰呈现,将使法院更加相信结论的有效性。专家证人的目的不应该是宣布该意见是不可否认的。相反,专家证人应该以合乎逻辑、准确和令人信服的方式论证理由,这样法官和陪审团就会被证据说服,并自己理解结论是合理的。

一、着装

专家证人的态度很重要,法官或陪审团能否对他们所说的话留下深刻印象,这取决于其表达的清晰性和逻辑性,但其他因素如外表和着装也不容忽视。美国的一项调查显示,大多数人都希望专家证人穿着得体、端庄。虽然现在的着装不那么正式,而且可能更多地会关注所说的话而不是更肤浅的个人外表,但不合适的着装可能会被认为是缺乏礼貌。

二、作证方式

证据本质上是给法官和陪审团展示的,而不是给提出证据的律师展示的,所以最好不要向律师回答问题,而是向陪审团或法官回答问题。由于后者将对所说的大部分内容进行详细记录,因此向他或她的方向注视将表明应该提供证据的速度。如果专家向他们提供证据,陪审团会更加欣赏专家,并且通过观察陪审团对他们的话的接受程度,专家证人会注意到他们是否在表达自己的意思。

第二节　技术性证据

技术领域的证据需要得到陪审团的认可。陪审团以前会从非专业证人那里听到事实证据,这在很大程度上是经验性的,但专家证人的不同之处在于专业性。因此,证人必须考虑到这一点并使用通俗易懂的语言。必须使用技术术语的领域需要注意避免特别专业的表达,以防专业术语不会被其他人理解。最好的策略是用足够简单的语言来解释证据的技术特征,以使非专业人士能够理解,但同时避免过于简单化,否则会削弱证据的证明力。一般来说,当一个术语第一次使用时,应该简要描述它,之后可以不加解释地使用它,或者进行简短的提示。更复杂的情况,例如红外吸收或扫描电子显微镜的原理,很难向陪审团解释。然而,这种情况其实比较少,因为此类技术得出的结论准确率极高,难以被质疑。相比之下,笔迹检验及其结论更容易理解,也更容易引起争议;稍后将更详细地讨论笔迹检验和其他检验。如果法官或陪审团在早期阶段没有充分理解和认同证据,则会有一定的盘问,这可能会增加可能已经存在的无根据的怀疑。在法庭对抗阶段,对方律师不会为他们的对手留下不确定性,除非这对他们有利。在这种情况下,即使是最有经验和最有能力的专家证人也可能无法让他们的听众相信他们的证据的有效性。

一、律师的角色

为了在法庭的对抗性环境中充分利用证据,专家需要与律师合作来出示证据。他们的工作使其对代理案件起着最大化的影响,但如果他们知道对方已经接受了,可能会简单地询问结论是什么就结束了。不幸的是,这种做法可能会延伸到有争议的情况下,主要证据即专家证人的第一个证词,没有得到充分的呈现。如果反对者想质疑专家证人的话,仅由专家来表达调查结果,不是一个展示证据的理想方式,尤其是笔迹相关的证据。

二、会面

对于律师来说,介绍证词最有效的方式是与专家会面。这主要有以下几个原因。首先,律师可以在一个复杂的案件中明确他们将参考证据的哪些部分以及他们将以什么顺序介绍这些证据。其次,专家可以明确得出结论的原因和优缺点。如果某些问题出现在盘问中,他们可以说明他们可能会如何回答。一般性讨论,包括特定检验中涉及的原则及其具体的重要细节,应确保这些可能被问到的问题能够提前准备。通常,即使在刑事审判中,专家证人也能够出庭听取任何对他们自己有影响的证据以及对方专家的证据。专家是否参加以及何时参加是可以在会面中明确的一个问题。

三、质证

讯问的目的因情况而异。在一些情况下,文件检验人员的全部证据都与对方利益不符,而在另一些情况下,只有部分证据存在争议。在其他情况下,唯一需要解释的一点是专家在检验时可能未涉及的地方。有时,对讯问者来说,强调已经在主要证据中提出的观点以确保法官或陪审团理解这一点是很有价值的。有时,需要对相同或不同的文件进行进一步检验,并在交叉询问中提出这些要求。

专家证人最明显的区别在于,在讯问中提出的问题通常不像在主证中提出的问题那样可预测。虽然后者将以专家准备鉴定报告为主,也许以会面商定的方式,但不会完全预料到对方律师提出的那些问题。这些问题可能只是对方律师为了澄清一些观点或强调结论的不确定性,但也可能是为了抹黑专家证人,或者是推翻鉴定结论。

在会面或社交交流中的辩论中,专家证人可能会表达激烈争论的观点。然而,在法庭上,专家证人在公共场所或者是媒体报道中,专家证人所说的话可能被少数人注意到或者被媒体详细报道。在这种情况下,专家证人被置于更容易受到伤害的位置,任何错误都会对他或她的声誉产生更大的影响。这样的错误可能是一个小细节而不是一个重要的结论,但在对抗性阶段中,它可能会被讯问律师放大到一定的程度。

因此,证人席上的专家充分了解其证据的方方面面及其背景至关重要。除了如实准确地回答问题外,他们可能还需要预见下一个问题会是什么。在一个答复中承认过多可能会导致进一步的问题,从而将证据的强度降低到不代表正确结论的程度。律师讯问的唯一目的不是找出真相,而是将证据减少到最有利于其委托人案件的位置。然而,证人必须坚持真相,如果这比先前的答案更准确,就承认这一点,如果没有,就不要屈服于压力。

在法庭之外,反对者的态度不如他们提出的观点重要。然而,在证人席上,专家在很大程度上将根据他或她的举止来判断。这是通过讯问的压力来检验的。专家的态度要端庄、有礼貌,回答要公正而坚定。这样,对方律师试图从对手身上找到突破点几乎没有什么可能性,即使这样做的诱惑有时非常大。从长远来看,耐心而权威给人的印象远好于过激的争论。

然而,在某些情况下,坚定的态度是必要的。一些律师采用的策略是,如果对方的答案似乎没有按其"剧本"演出,就打断对方。如果法官不阻止,专家证人应明确表示他们将按照自己的逻辑来完成质证。对律师缺乏尊重或礼貌的态度最好以轻蔑的态度对待,但有时最好明确向法官或对方律师表示这些做法不合适。专家证人要记住最关键的一点是,在法庭上发脾气是错误的做法。

然而,在大多数情况下,对专家证人的交叉询问是按照更加文明的方式进行的,并且通过对询问中采用的方法和得出的结论的有效性进行逻辑提问来检验证据。从讯问者的角度来看,有必要将证词的证据价值降低到法官或陪审团认为它不可靠甚至错误的程度。如果结论是有根据的,讯问很可能会失败,但如果它是由不准确的观察或推理引起的,有效的提问就会暴露这一点。

从专家证人的角度来看,讯问可能是测试,也可能只是浪费时间。如果观察和结论是正确的,这些问题将涵盖所有的可能。显然,如果有重新考虑的理由,就必须接受;不能让骄傲或固执凌驾于承认错误之上。

讯问律师的任务并不容易。作为外行,他们需要了解专家证人的工作方法、技术、发现和推论。律师可以由他们自己的专家协助,他们可能同意也可能不同意专家证人的调查结果。人身攻击收效甚微,也会给人留下不好的印象,甚至是听者可能无法理解其做法。更好和更有效的质疑是仔细考虑专家的鉴定资质以及有争议的鉴定过程。如果问题正确地指向这些问题,错误的意见将很难维持,但如果唯一的挑战是基于证人的诚信,则可以毫发无损。

四、进一步检验

专家提供文件检验鉴定的证据并不总是一个简单的程序。虽然作证的基本模式是正常做法,但有时也会出现复杂情况。其中之一是审查员以前没有看到的其他文件被发现并要求检验鉴定,提供一定的结论。应该抵制这种做法,因为如果没有足够的资源,不可能在如此短的时间内形成一个正确的检验鉴定结论。虽然可以在专家证人的工具箱中使用小型放大镜进行检验,但可能需要更高的放大率才能准确检验;有时可能需要使用红外辐射或类似的、更复杂的技术。然而,问题可能并不是缺乏设备,而是审查员没有适当考虑检验鉴定所需的时间和条件。在这种情况下,专家证人对他或她正在审查的文件进行简单观察是不合理的,除非检验结论非常明显,否则从简单的观察中作出任何推断都是不明智的。协助法院的做法可能值得称赞,但必须考虑到它可能被仓促得出的意见误导的可能性。还必须认识到,要求得出结论可能不是相关证据的需要,而是一个陷阱。正确的检验鉴定结论已经得出,如果再做检验鉴定,结论推导错误导致剩下的证据就会被抹黑。在大多数情况下,最好将新文档带走,经仔细检验后,提供充分考虑的鉴定意见。可以在短时间内通过检查法庭区域内的物品来做到这一点,或者可能需要在实验室条件下进行适当的检验。无论哪种方式都比从专家证人席直接观察中得出结论更可取,并且通常应拒绝陪审团提出此类结论的请求。

五、持反对意见的专家

总有可能找到持反对意见的专家或与第一个专家的结论不符的文件检验人

员。尽管在刑事和民事领域的法律纠纷中,双方都进行了多次审查,但两位专家给出不同结论的情况相对较少。然而,这种情况偶尔会发生,主要是出于以下两个原因:要么是两个称职且诚实的技术员的真正分歧,要么是由于他们中的一个或两个缺乏能力或正直的品格。

第一种情况是不寻常的,尤其是在存在根本分歧的情况下。更常见的情况是,结论的证明力不同,一位专家可能认为证据比另一位更有力。在这种情况下,主问和盘问都应该弄清楚每个人在说什么,因为差异会在表述中逐渐明确。使技术性证据明确的问题并不总是在陈述中得到解决,并且这些问题可以继续成为证据,但适当的问题可能会澄清立场,证词也会表明两位专家的结论相差不大。笔迹鉴定中结论不一致的另一个原因可能是已知的笔迹不同,并且每个技术人员的工作基础不同。

在英国,法院可以命令持反对意见的专家会面并制作一份联合报告,详细说明他们同意和不同意的部分。庭审可以集中处理分歧部分。如果存在分歧,则将两种观点提交法院,然后法院必须在考虑其他证据的情况下在两者之间作出决定,并根据适用的证明标准作出裁决。

六、不称职的鉴定人员

第二种情况是,一个不称职的检验鉴定人员。用于检验笔迹和从检验鉴定中得出结论的技术方法对于外行来说并非不可能理解。方法的逻辑性和观察的准确性可以通过交叉询问来检验,应该能够证明技术人员是否称职。这并不总是能够实现,因为进行盘问的律师可能没有充分了解正确的方法,并且发现自己对错误调查结果的复杂解释的可信度感到困惑。即使看起来缺乏可信度,他们也可能会发现很难打破结论。

他们稍后会调用或之前被调用的专家的帮助将是有价值的,但这并不总是可能的。如果已发出通知,其详细信息可能不如证人席提供的详细信息,因此必须迅速作出关于盘问和个别问题的决定。最好的问题,就像最合适的答案一样,可能直到为时已晚才提出。许多参与诉讼的人(无论是作为律师还是专家证人)的经验是,最好的问题或答案是在从法庭回家的路上想到的。

因此,在反驳错误结论时,审查员有必要了解对主题的正确方法和特定案例的细节。建议在对方专家提供证据之前会面,以便律师了解这些细节。此外,他们背后的专家的存在是有利的。虽然两人之间的交流并不容易,但在律师站着和坐着的专家低声建议或匆匆写下笔记的情况下,可以将可能有益于证人的观点传达给交叉询问者。大多数法官愿意在等待盘问的证人仍在会议室内时,花时间在法庭上与律师和他们的专家进行简短的磋商。

第三节　笔迹鉴定意见的展示

在对笔迹检验提供证据时,专家最好详细描述鉴定结果及其原因,以便法官和陪审团自己了解得出结论的过程。从这个立场来看,质证在减少证词的影响方面不会那么有效。

预期的结果可以直接通过参考相关专业书籍来实现,或者最好通过简要概述所采用的方法的原则,然后证明这些原则适用于法庭上的笔迹鉴定。如果律师觉得这些原则没有完全理解,可以通过适当的语言口头描述一般原则,但字母结构和比例的细节最好通过特别制作的放大图像来显示细节特征。

图表演示

在英国,为法庭准备此类图像的常用方法是准备图表,并列显示已知和质疑的笔迹,以便最好地展示它们之间的异同。也可以使用替代方法,例如显示在监视器屏幕上的图像。

为了制作图表,需要准备已知和可疑文件放大图像。如果字迹很大,则不需要放大,在某些情况下,也可能会缩小一定的尺寸。当字迹特别小时,需要更大的放大倍数。选择一定放大尺寸的目的是对笔迹检验鉴定很重要的细节进行说明;只要可以舒适地看到这一点,实际放大的程度并不重要。与书写无关的干扰性彩色背景可以通过在记录图像时使用过滤器或通过图像软件从图像中"去除"。如果某些不需要的无关的特征与所讨论的文字颜色接近,可能会增加检验鉴定难度,如果不是,则检验鉴定可能会非常方便。其他特征,如虚线或表格上的文字最好保留,以显示它们与文字的关系。

获得合适的图像后,可以通过电子方式将图像或图像的一部分复制并粘贴到新文档中,然后打印,即可轻松制作图表。为此应使用高分辨率打印机,当前大多数的激光打印机都可以产生适当质量的输出。如果文字措辞相似,图表可以基于整个文档或单个单词,或者可以单独显示单个字符进行打印。

大多数情况下,已知和可疑笔迹中的单个单词位于单独但相邻的区域。出现在每个单词中的相同单词或包含相同字母的单词彼此相对放置,便于进行比较。

选择要放在图表上的内容很重要。如果可以显示所有文字,则应该这样做,但在许多情况下这是不切实际的。所需要的是足够的文字来证明每个字母是如何制作的,以及它如何与已知材料进行比较。最好使用一两份文件的所有书写笔迹来代表比较的全部内容,而不是从每个文件中选择少量。所选笔迹应能代表整体。当需要显示差异和其他原因时,类似的考虑也适用于已得出签名和其他笔迹是模仿笔迹的结论。

对于英国的法院,图表需要被复制若干份,以便法庭上每个人都可以研究它。大屏幕上的投影图像可以在某些法院或国家内使用。如果无法做到这一点,则应为法官、律师、被告和陪审团打印足够的图表副本;民事法庭的要求更少。陪审团通常为每两名陪审员提供一份副本。然后,他们能够一起查阅,共同确定证人或律师所指的内容。

使用图表时,应指出每个示例出现在相关文件中的位置。然后可以要求他或她处理尽可能多的信件或笔迹的其他特征,以向法庭证明调查结果的准确性。应注意差异和相似之处;最好不要让这些在盘问中首先被提及。

与其他证据一样,专家证据的提供是通过问答方式,尽管允许专家比证人占用更长的时间,但显然需要律师提出正确的问题。在某些方面,证词可能类似于讲座,但是,正确处理问题会更有效。听众无法理解的内容可以通过律师的打断来澄清,当他们意识到某一点没有完全理解时。

证人最好避免使用行话,除非有必要,然后应解释所使用的术语。有些人认为专业术语的使用会给说话者带来权威的感觉,但笔迹专家在法庭上的目的是让法官或陪审团能够理解结论的原因,而不是盲目地用他们不理解的术语。明智的外行不会被一个混淆视听的证人愚弄。

因此,应以简单明了的方式提及该检验鉴定报告,并应引导法院需要了解哪些细节,需要多少最好留给律师判断。一位热心的专家阐述可能会持续太久,但是当律师确信已经说得足以说服法院时,应该停止阐述。有时让听众自己找到更多相似之处而不被展示是个好主意。

当图表上显示的细节足以证明结论时,重申笔迹检验的原则和得出的结论是有用的。

第四节　笔迹以外的证据

　　与笔迹无关的文件检验领域的结果的呈现需要其他考虑。尽管笔迹检验很复杂，外行也可以理解，但大多数人都无法接触到红外发光、扫描电子显微镜或静电检验等技术。因此，必须尝试向法庭说明使用这些技术得出结论的所有原因，尤其是在证据有争议的情况下。在法庭上使用插图时，文件检验人员必须牢记这只是插图。因此，不要试图通过图表将陪审团变成专家，也不要试图用科学来迷惑法庭，图表必须是一份独立的文件，以便在专家离开证人席后，图表仍然可以被理解。因此，虽然许多检验不适合在图表上呈现，但有些类型的文件检验本质上是可视的，因此可以制作有效的图表。

一、特种摄影

　　烧焦的文件可以在最合适的条件下成像，以使法院能够阅读烧毁前的文件上写或打印的内容。其他形式的损坏可能会使文件难以阅读，但图像可以为法庭提供记录。

　　由文件的一小部分放大制成的图像对于显示法院无法看到的某些特征具有特别的价值。在更大的放大倍率下，从扫描电子显微镜拍摄的图像可以在法庭上演示。然而，这些给外行人带来了问题，因为它们所展示的东西不在他或她的知识范围之内。虽然可以这样识别放大的签名，但扫描电子显微镜的放大倍数会产生无法识别的印刷线交叉圆珠笔墨水的显微照片。因此，如果有必要使用此类证据，则需要对图片进行详细说明。

二、墨水的差异

　　尽管笔迹之间相似性的证据价值可能很重要，但有时最重要的是两种墨水之间的差异。那些使用红外反射、发光或类似技术的方法很容易说明。在这些条件下生成的图像显示两种墨水不同或可以读取已抹掉的条目本身就提供了无可争议的证据。与在正常光线下拍摄的同一区域的图像并排放置，无论是外行还是文件检验人员，任何人都可以看到差异。两个非荧光数字后面的荧光"0"可能显示为白色，与之前数字的黑色形成对比，清楚地表明使用了两种墨水。

图像显示出明显差异的事实用技术解释为什么会出现这种现象是不必要的。通常只要指出不同的墨水在特殊情况下会有不同的反应就足够了,法院不会再要求了。但是,可能有必要解释为什么会出现这种差异,然后由专家将原因解释为易于理解的术语。应避免通过使用尽可能多的技术术语让听者信服的尝试,但过于简单化到不准确的程度也是不可取的。必须记住,当两种墨水在红外发光的条件下成像时,它们之间的差异可能并非如此,而仅仅是由背景纸引起的差异。因此,此类图像可能会产生误导,但在生成图片之前,称职的文件检验人员已经排除了这种可能性。

三、压痕

当提供有关压痕的证据时,必须首先让法庭了解它们是什么以及它们是如何出现的。尽管对于那些习惯于检测它们的人来说这似乎很明显,但对于那些从未真正考虑过它们的存在的人来说可能并不清楚。如果没有给出解释,一名或多名陪审员可能不知道正在讨论的内容。

显示在这些条件下可读的压痕的图像将对法庭有所帮助,但在许多情况下必须明确图像中不可见的其他压痕也存在。同样,任何关于可能出现的字符的混淆,视错觉的影响都必须清除。在可以成像的压痕不包括所有已找到的压痕的情况下,可以制作第二张图像,所有发现的压痕都可以在上面涂上颜色。这可以指示那些在第一张上不清楚的位置。

静电检测设备产生的透明胶片可以成像,以便有足够的副本供法庭检查。如果需要,可以描述它们的起源,并将原始透明度制作为展览品。以这种方法获得的结果本身通常足够清晰,非专业人士也可以阅读。

四、机械性吻合

如果两份文件之间存在精确或紧密匹配,并且"文件"一词在这种情况下可以具有广泛的含义,则有时可以使用实际证据向法院证明。然而,在大多数情况下,可以通过使用成像来对结论进行更令人满意的说明。

这种匹配出现在描摹的笔迹中,在确定压痕的来源时;或者在两张撕破的纸之间的匹配以及其他领域。在这些情况下,两个文档或其相关部分的图像可以并排放置,以便可以看到密切的相似性。或者,可以将一个透明化,与另一个正常打印一起制作,用订书针将它们钉在一起,以便适当的部分相互匹配。然后可以提高透明度以显示每个文档或者降低透明度以便清晰可见。使用复印机或激光打印机可以廉价地生产透明胶片,并且它们的效果较好,可以证明两个文档之间的匹配度。

并非文件检验中的每一种技术都可以向法庭展示。有时外行人可能无法理解测试是如何应用的,可能需要进行描述。在某些演示中,如果没有专家指导的情况下呈现图片,则会对结论产生影响。对审查员和该领域的任何其他专家来说显而易见的东西可能会在陪审团中完全消失。陪审团不要觉得自己必须是专家,这一点很重要。没有制作插图或图表的专家在场,不得向法庭出示任何插图或图表。

拓展阅读

Herkt, A. Court demonstration charts and the use of the photocopier, *Journal of the Forensic Science Society*, 33, 3, 1993.

Nelson, L.K. and Hicks, A.F. Preparation of court charts through digital imaging, *Journal of the American Society of Questioned Document Examiners*, 1, 121, 1998.

Page, M., Taylor, J., and Blenkin, M. Forensic identification science evidence since *Daubert*: Part I—A quantitative analysis of the exclusion of forensic identification science evidence, *Journal of Forensic Sciences*, 56, 1180, 2011.

Page, M., Taylor, J., and Blenkin, M. Forensic identification science evidence since *Daubert*: Part II—Judicial reasoning in decisions to exclude forensic identification evidence on grounds of reliability, *Journal of Forensic Sciences*, 56, 913, 2011.